이 책은 쉽게 말해 '과학 이야기'이다. 그런데 그 저자가 좀 독특하다. 바로 신학자다. 신학자가 들려주는 과학 이야기, 그래서 여러 모로 우리의 관심을 끈다. 사실 과학 이야기를 풀어가는 것은 전문적인 과학자들에게도 무척 망설여지는 작업이다. 그만큼 어렵다. 그런데 이것을 신학자가, 그것도 무척 훌륭한 솜씨로 해냈다는 사실 자체가 놀랍다. 도대체 신학자가 왜 과학에 관심을 가지며, 그것에 대해 글을 쓰는가? 그런데 조금만 깊이 생각해보면 이것은 전혀 이상한 일이 아니다. 신학자가 몰라도 될 과학이라면 그게 진정한 과학인가? 또 이 시대에 과학을 모르고서도 진정한 신학자가 될 수 있는가? "과학 없는 종교는 맹목이며, 종교 없는 과학은 절름발이"라고 한 아인슈타인의 명언을 굳이 내세우지 않더라도, 과학과 신학에 대한 기초적 이해를 가진 사람이라면 이 둘이 결코 분리될 수 없음을 알 것이다. 다만 현대에 이르러 이 둘을 연결하기가 너무도 어려워지고 있기에, 이 작업을 외면하거나 아예 불필요한 것으로 치부해버리는 경향이 생겨나고 있을 뿐이다. 이 책의 저자가 주목받아야 할 점은 바로 이러한 세태에도 불구하고, 또 이러한 어려움을 무릅쓰고 과학과 신학을 연결해야 할 이 중요한 요청에 부응하고 나왔다는 점이며, 그것도 자기 혼자만의 힘으로 훌륭하게 이 일을 해내고 있다는 점이다. 이것은 저자 자신이 그 중요성을 인지함은 물론 그 내용 자체를 온몸으로 체득하고 있음을 말해주고 있다. 이 책은 이러한 과제에 대한 학문적 성과를 소개하거나 제시하는 데 초점을 맞추기보다는, 오히려 자신이 이해하고 있는 과학을 제시하고 자신의 신학적 소신을 바탕으로 이를 음미해나간다. 그렇기에 어떤 난해한 이론을 전개하기보다는 우리가 당연히 알아야 하면서도 놓치고 있는 주제들을 친근한 용어로 우리에게 짚어주고 있다.

주지하는 바와 같이 이 책이 제시하는 과학의 내용이나 그에 대한 해석들에는 저자의 주관이 상당 정도 반영되어 있으며, 따라서 유의미한 반론이나 대안들이 제시될 수 있을 것이다. 그렇기에 독자들 또한 이 책의 내용을 문자 그대로 수용하기보다는 스스로의 사유를 통해 이 책의 주장을 함께 검토해나가는 자세로 읽어야 할 것이며, 그렇게 함으로써 더욱 풍부한 사유의 소재를 만나게 되고 더욱 소중한 지적 결실을 얻게 되리라 생각한다. 오늘날 하루가 다르게 변모해나가는 과학기술시대를 맞이하여 바른 삶의 길이 무엇인지에 대해 깊은 관심을 가진 사람이라면—자신이 어떤 종교적 신념을 가지고 있는지와 무관하게—이 책을 읽음으로써 이 시대에 자신이 처한 상황이 무엇이며 그렇기에 삶의 지향점을 어디에 두어야 할 것인지에 대해 진지하게 반성하는 계기를 맞이할 수 있으리라 생각한다.

장회익 서울대학교 물리학과 명예교수

무슨 믿음을 밝힐까 하는 청년기의 물음은 오랫동안 구름 속에 얹어두고, '광양자테' 레이저 소자를 우연히 발명한 계기로 20여 년간 그 양자론에 골몰하던 나는 은퇴를 앞둔 기간에 신학대학원에서 배우는 오솔길로 접어들게 되었다. 그 길에서 만난 신학자들과 나누는 대화에서 각성과 희열에 넘어지기도 하며 '다른 문화'의 샤워에 옷을 적시곤 하였다. 이런 가운데, 신학자들은 대개 과학 분야에 대해 비전문인이기에 현장과학에 직접 충돌하려 하는 일은 없었고, 백화점적인 포퓰리즘 과학이나 새로움이 없는 기존 사조에 대해 관성적인 모습을 보여주었다. 그리하여 문자적 구원의 타성에 빠져 뒤로 가는 기독교를 되돌리지 못하는 현실을 비판하는 한편, 서구 '과학신학'을 소개하고는 지치고 마는 듯하다. 물론 이것은 현장 과학자의 시각이니 신학자들의 관용을 빈다.

과학을 산책하는 김기석 교수가 펴내는 글들은 결이 조금 다르다. 겪지는 않았어도 과학사적 인물들의 삶에 밀착한 온기를 더하고, 현장 과학자들의 고민에도 긴밀히 공감하며 신앙의 연결고리들을 부단히 탐색한다. 전자기의 맥스웰은 그의 단명처럼 좀 짧아졌지만, 그에 앞서 패러데이의 삶과 업적을 탐색한 것, 아인슈타인의 상대론에서 GPS를 예시한 것, 시간의 신학적 역사의 고리도 들춰보려는 노력, 20세기 전반 플랑크의 삶과 양자론이 등장하던 사건들의 정리, 르메트르 사제의 상대론 해석으로 빅뱅우주론에 접근하려는 시도 등 수많은 예시들이 신학의 볼록렌즈에 담긴다. 진화론적인 신관과 부상하는 인공지능사회까지 확장한 노력들을 장기간의 강의로 부단히 축적해온 결실이, 겉도는 과학신학을 심층화하고 혼란에 헤매는 진리의 심원으로 가는 길을 밝히기를 빈다.

한 가지 아쉬운 바는 많은 과학인들이 뜻은 깊어도 신학의 곁에 접근하지 못하는 현실이다. 그들은 교육과 연구, 특히 전공 관련 연구비 획득과 논문 숫자 올리기에 촌음을 다투어야겠기에 '과학 하는 신학'인들이 될 '정신적 사치?'의 여유가 거의 없이 산다. ('창조과학'이라는 이름의 외도는 논외로 한다!) 수십 년간 나의 삶이 대개 그랬으니 그 현실을 너무나 잘 안다. 더 많은 뜻 있는 과학 기술인들이 우리사회가 가는 종교의 길에 조금 일찍 나섰으면, 조금 일찍 곁을 함께 갔으면 하는 안타까움을 쓴다.

권오대 포항공과대학교 전자전기공학과 명예교수

김기석 총장님은 과학자인 내가 가슴을 터놓고 얘기할 수 있는 이 땅의 몇 안 되는 신학자다. 그는 "진화론이 신앙을 흔들 이유가 없다"고 하고, 나는 "종교가 씨름판에 내려와 과학과 삽바를 쥘 까닭이 없다"고 얘기한다. 종교와 과학은 서로 적대적이라서 소통해야 하는 게 아니라, 함께 세상을 이끌어야 하기 때문에 서로를 알아야 한다. 과학의 대중화를 위해 내가 늘 이마에 써 붙이고 다니는 말이 있다. "알면 사랑한다." 종교와 과학도 서로에 대해 충분히 알아야 사랑할 수 있는데, 이 책이 훌륭한 입문서가 될 것이다. 이 책은 '과학의 이해'라는 교양 과목에 교재로 채택해도 좋을 만큼 탁월하다.

최재천 이화여자대학교 에코과학부 석좌교수, 생명다양성재단 대표

이 책은 신학자가 펼치는 과학 이야기다. 흔히 믿음이 좋을수록 과학을 부정해야 할 것 같은 우리나라 교회 현실을 생각할 때, 이토록 진지하게 과학에 관심을 가진 신학자가 있다는 것은 놀라운 일이다. 기독교환경운동연대에서 함께 뜻을 같이하는 저자는 이 책에서 과학 이야기를 펼치는 동시에 우주와 생명을 소중하게 여기는 생태적 영성을 담아내고 있다. 얼마 전까지 우리나라는 오직 경제성장만을 최고의 가치로 여겨, 무분별하게 환경을 파괴함으로 인해 미세먼지를 비롯해 수많은 심각한 환경위기에 직면하고 있다. 과학과 신학의 대화를 추구해온 저자는 이 책을 통해 인간이 자연 위에 군림한다는 오만한 태도를 반성하고, 다른 피조물과 더불어 상생해야 한다는 깨달음을 전해주고 있다.

김정욱 국가녹색성장위원회 위원장, 서울대학교 환경대학원 명예교수

우리 삶에 깊숙이 들어와 있는 현대과학, 그리고 그 과학에 던지는 다양한 질문과 통찰과 도전에 관해 기독교 신앙은 무엇이라고 답할까? 대중과학서들이 광범위하게 출판되는 시대지만 과학자가 아닌 신학자가 들려주는 과학과 기독교 신앙의 이야기가 무척이나 반갑고 즐겁다. 과학이나 신학에 대한 전문적 지식이 없어도 쉽게 읽을 수 있는 이 책은 과학과 신앙의 관계를 이해하는 기본적인 관점을 검토하고 역사 속에 드러난 과학과 신앙의 만남을 일별하는 것으로 시작하여, 독자들이 궁금해 하는 현대물리학과 빅뱅우주론, 인공지능, 생물진화론 등 굵직한 주제들을 하나씩 다루고 있다. 과학은 우리의 영성이 자라게 하는 양분이 된다는 저자의 메시지를 읽어내는 독자들은 흥미로운 과학 이야기들과 더불어 폭넓은 신앙적 통찰을 배우는 기쁨을 맛볼 것이다.

우종학 서울대학교 물리천문학부 교수

중학교 3학년 여름 즈음이던가, 서울에서 작은형이 내려왔다. 작은형은 초등학교를 마치고 공장을 전전하다 역시 공장 다니던 누이들의 뒷바라지로 이제 막 검정고시를 치르고 대입을 준비하던 중이었다. 하루는 도시락을 싸서 형과 시내 산기슭에 있는 도서관에 갔었다. 산꼭대기 급수장의 풀밭에서 도시락을 먹으면서 형은 내게 상대성이론을 설명해주었고, 우리는 진지한 토론을 이어갔다. 내가 물리학자가 되겠다고 처음 맘먹게 된 것도 그쯤이다. 우여곡절이 있었지만 결국 나는 물리를 가르치는 교사가 되었다. 작은형도 물리학을 공부하고 싶어 했지만 그 꿈은 이루어지지 않았다. 공장을 다니던 누이의 죽음이 있었고 시대를 가로지른 어둠이 있었다. 형은 신학자가 되었다.

교직의 가장 큰 즐거움은 학생들의 초롱초롱한 눈빛을 만나는 일이다. 학생들의 눈빛은 언제나 때 묻지 않은 질문으로 가득하다. 이번에 형의 책『신학자의 과학 산책』을 만나면서도 그러한 눈빛을 읽게 된다. 자연과 세계에 대한 끊임없는 질문들! 물리학자가 되고 싶었던 형제의 꿈은 중단된 것이 아니었다. 우리가 살고 있는 이 세계가 둘이 아니듯 이 세계에 대한 과학적 질문이나 신학적 질문 또한 다르지 않을 것이라 생각한다.

김기혁 경기북과학고등학교 물리교사

과학이 무소불위의 힘을 휘두르는 시대가 되었다. 과학은 옳고 그름을 판가름하는 잣대가 되었고 진리를 검증하는 판관의 자리에 앉게 되었다. 과학은 정치, 경제, 군사 엘리트와 손잡고 세계의 변화를 주도하는 지배 세력이 되었다. 이런 시대에 과학을 모르면 스스로 위축되고 무력감에 빠지지 않을 수 없게 된다. 남의 이야기가 아니라 나 자신이 '길담서원'이라는 인문학 공부를 하는 작은 공간을 꾸려오면서 일상으로 느끼는 정서가 바로 그러하다. 하물며, 돈독한 신앙인의 경우에 자신이 믿어온 신앙과 현대 과학의 가르침이 서로 갈등하고 충돌하는 때에 고민에 빠지게 되고 그 고민이 심각한 깊이에 이르러 신앙의 정체성에 위기가 도래하는 일이 적지 않을 터이다.

김기석 신부님의 이 책은, 참으로 오래 기다렸던 바로 그 책이다. 신앙과 과학 사이에서 묻고 싶었던 물음들이 오죽 많았으며, 궁금하고 알고 싶었던 목마름은 얼마나 간절하였던가! 특히 과학의 세기인 21세기를 살아가야 할 젊은이들이 자아의 신앙과 사상과 세계관을 형성해가는 과정에서 조우하게 될 과학적 물음과 담론들의 도전에 대비할 수 있도록 이만큼이나 친절하고 멋진 길안내 지도를 마련해 놓으셨으니 그 고마움을 표현할 길이 없다.

박성준 신학박사, 길담서원 대표

국내 신학자들 가운데는 이 책의 저자처럼 과학에 접목하여 자신의 신학을 전개해 가는 학자가 아주 드물다. 이 분야는 4차 산업시대에 가장 적절한 신학의 새로운 장르다. 저자가 서문에서 밝혔듯이 하나님께서 열 달란트를 주셨는데 한 달란트를 내어놓는 종처럼 부끄럽다고 표현한 것은 긴 세월 신과 과학을 연구하면서 얻게 된 저자의 신앙적 겸손이라고 생각한다. 그는 2018년 8월에 성공회대학교 제8대 총장 직무를 시작했다. 바쁜 직무겠지만 앞으로도 간단없는 후속 연구서를 기대해본다.

이정구 성공회대학교 총장

저자 김기석 신부는 물리학자이자 신학자인 J. 폴킹혼을 연구한 과학신학자다. 과학과 종교의 대화는 종교 간의 대화 이상으로 중요한 것이지만 한국적 풍토에서는 이에 대한 접근이 어려워 많은 이들이 기피했었다. 어린 시절 굶주린 배를 부여잡고 오묘한 천체 天體를 바라봤던 저자를 시대가 요구하는 과학신학자로 키워 낸 하나님의 신비가 놀랍다. 과학 기술에 혼을 빼앗기며 살고 있으나 정작 그의 진리에 둔감, 무지한 한국교회와 신앙인을 위해 본 책은 귀한 역할을 할 것이다. 과학의 신학적 오용을 치유키 위해서도 본 책의 사명이 크다. 교회 강단을 지배하는 지적설계론, 인공지능에 의한 호모 데우스의 출현에 비판적으로 응답하는 까닭이다. 무엇보다 양자역학, 빅뱅이론에서 밝혀진 사실을 성서적 진리와 공명共鳴시켜 하나님을 다시 찾게 했으니 고마운 일이다. 단순 명료하게 쓰인 이 책을 통해 과학 시대를 사는 기독교인의 자의식을 맘껏 키웠으면 좋겠다.

이정배 전 감리교신학대학교 교수, 현장아카데미 원장

"과학과 종교의 대화"라는 과목을 대략 10년 가까이 가르치고 있지만, 거의 매 학기 개설되는 이 강의는 사실 내 자신에게도 엄청난 부담감을 준다. 과학과 종교의 대화가 왜 필요한지, 그리고 그 대화가 어떻게 진행되고 있으며 앞으로 어떻게 진행되어야 할 것인지를 설명하는 일도 만만치 않지만, 과학이나 신학의 많은 주제들 중 무엇을 선별해서 소개할 것인지를 결정하는 일도 결코 간단한 작업이 아니기 때문이다. 이 책은 그런 점에서 내게 큰 도전을 준다. 대화 모델에 대한 예시와 과학사에 대한 간결하면서도 밀도 있는 설명을 먼저 제공한 후에, 상대성이론, 양자역학, 빅뱅, 인공지능, 진화론, 그리고 우주생명체의 존재여부 등 오늘날 사람들이 관심을 가질 수밖에 없는 주제들을 선별하여 그 주제들로부터 도출할 수 있는—혹은 함의되어 있는—신학적 의미를 간결하고

쉬운 필체로 친절하게 설명해주고 있기 때문이다. 수업시간에 함께 읽을 수 있는 또 하나의 귀한 작품이 탄생한 것에 대해 기뻐하고 감사하며 독자들에게 기꺼이 추천한다.

박영식 서울신학대학교 조직신학 교수, "과학과 종교의 대화" 강의 담당자

신학과 과학은 진리를 추구하는 공동체의 소중한 전승이며 문명을 새롭게 추동하는 지혜다. 성숙한 문명과 인류에게 이 둘은 서로 대립이 아닌 대화의 관계였다. 우리가 살아가는 시대는 과학정신에 대한 신학적 탐색과 대화를 그 어느 때보다 더 필요로 하고 있는데, 이 책에는 신학과 과학이라는 두 진리의 빛을 향하여 산책한 한 신학자의 통찰과 사색이 담겨 있다. 특히 저자는 상대성이론, 양자역학, 인공지능, 진화론, 생명의 문제와 같은 흥미진진한 주제들을 독자들에게 다정다감하게 소개한다. 그것은 과학시대의 종교 이야기이자 종교시대의 과학 이야기다. 과학자가 아닌 신학자가 건네는 자연과 생명과 과학에 대한 대화는 이 작품의 향기이자 매력이다. 저자의 과학 산책은 뫼비우스의 띠처럼 얽힌 종교와 과학의 미로를 푸는 열쇠이자 저 광활한 우주와 마음을 향한 상상력의 원천이 될 것이다. 특히 과학적 지성과 종교적 영성을 찾아 미지의 여행을 떠나는 독자들에게는 유용한 가이드가 될 것이다.

전철 한신대학교 조직신학 교수, 종교와과학센터 센터장

우리가 겪고 있는 인생의 단맛과 쓴맛을 종교에서 가장 동떨어진 것처럼 보이는 곳에서 담담하게 풀어가는 이야기꾼을 본 적이 있는가? 놀랍게도 그 이야기꾼이 들려주는 이야기는 가장 종교적이다. 많은 사람이 물리학, 우주론, 진화론, 인공지능, 뇌과학 등으로 부르는 영역에서 저자는 종교적 지혜와 자비와 사랑을, 온갖 역경을 견뎌낸 이의 삶을 머금고 있는 목소리로 들려준다. 이게 과연 가능하긴 하냐고 묻고 싶은가? 그럼 이 책을 읽어보기를 권한다. 인생의 깊이를 담아 성찰하는 종교인이 들려주는 과학 이야기 속에서 희망을 발견하며 잔잔한 미소를 지을 수 있을 것이다.

신익상 서울대학교 물리학과 졸업, 신학박사

신학자의 과학 산책

과학과 신학의 경계를 걷다

신학자의 과학 산책

김기석 지음

새물결플러스

이 책은 지난 10여 년간 성공회대학교에서 "과학과 종교"라는 제목의 강의를 통해 학생들과 나누었던 이야기들을 묶은 것이다. 나는 이 과목에서 우주와 생명에 관하여 과학적 설명을 제공하는 동시에 종교적 사색혹은 신앙적 성찰을 나누고자 시도했다. 어떤 학생들은 내가 전공인 신학보다 과학 이야기를 할 때 더 열정적으로 변하는 것이 인상 깊었다고 말했다. 이런 말을 들으면 남다른 사연이 많았던 나의 성장기를 떠올리게 된다.

사실 나는 자연과학, 그중에서도 특히 천문학에 관심이 많았던 숫기 없는 소년이었다. 초등학교 5학년 늦가을에 7남매를 남겨두고 어머니가 돌아가셨는데, 가정 형편이 너무 어려워 중학교 진학도 포기하고 공장을 다녀야 했다. 친구들이 중고등학교를 다니던 때 나는 소년노동자로 5년 동안 여러 공장을 전전하였다. 내게 다시 공부의 기회가 주어졌을 때, 나는 그것을 움켜쥐었다. 3월에 학업을 시작하여 8월에는 중학교 졸업자격 검정고시를, 이듬해 4월에는 고등학교 졸업자격 검정고시를 연거푸 통과하였다. 당시 지식에 대한 굶주림과 욕구가 강했던 나는 아무 책이나 손에 잡히는 대로 게걸스레 읽었는데, 특히 문학과 물리학천문학에 매료되었다. 아인슈타인의 상대성이론을 풀이한 책은 나를 몇 달 동안이나 잠들지 못하게 했다. 빛과 중력과 시공간에 관한 이야기들은 나의 가슴을 쿵쾅거리게 했고, 공중을 나는 꿈을 그린 샤갈의 그림처럼 나를 우주적 공상으로 이끌었다. 지금도 나는 가끔씩 별들이 춤추며 회오리치는 장면을 바라보는 꿈을 꾼다.

한편 당시 개똥철학 수준에서 나름 진지했던 나는 무신론에 매료되었고 종교, 특히 기독교에 대해 단호하게 비판적이었다. 그러던 중, 공부를 다시 시작하도록 도와준 누님이 스물여섯 살의 젊은 나이에 암으로 돌아가셨다. 남보란 듯 명문대 합격을 목표로 대학입시에 몰두할 때였다. 누님의 죽음은 내게 기독교 신앙의 문을 여는 계기가 되었다.

대학은 항공기계공학과를 선택했는데 몇 가지 이유로 전공에 흥미를 붙일 수가 없었다. 무엇보다도 내가 대학에 입학한 해는 광주민주화운동이 일어난 1980년이었다.

5월 14, 15일에 '서울의 봄'이라 일컫는 대규모 대학생 시위가 벌어졌고, 마지막 날 밤 서울역 광장에 모인 우리들은, 만일 신군부 세력이 시대적 요구인 민주화 일정을 추진하지 않으면 다시 거리로 나와 투쟁할 것이라는 약속을 하고 해산했다. 그런데 5월 17일에 신군부는 비상계엄령을 선포했다. 휴교령이 내려졌고 대학교 정문에는 완전무장한 계엄군이 M16 총구에 대검을 꽂고 학생들이 캠퍼스에 들어가지 못하게 막았다. 우리는 무서워서 학교 앞을 떠났고, 서울역 앞에서 약속했던 행동에도 나서지 못했다. 우리가 주저앉았던 바로 그날 광주에서는 대학생들과 젊은이들이 계엄군의 총칼에 피를 흘리며 쓰러졌고, 수많은 시민들이 죽임을 당했다는 흉흉한 소문이 들려왔다. 우리는 자취방에 숨어서 한편으로는 두려움으로, 다른 한편으로는 약속을 지키지 못했다는 죄책감으로 몸을 떨었다.

이즈음 대학 선배의 권유로 나가게 된 성공회 성당에서 끝없이 흐르는 눈물 속에 기독교 신앙이 베푸는 은혜와 기쁨을 처음 알게 되었다. 군대를 제대한 후 나는 안정된 미래가 보장되는 항공기계공학을 버리고 신학교로 옮기게 되었다. 신학은 내게 자연과학을 제외한 모든 것, 즉 역사, 철학, 인간의 마음에 대해 알려 주었다. 신학교에서 나는 매우 행복했다. 모든 것이 그분의 섭리처럼 여겨졌다.

제법 세월이 흘러 30대가 끝나갈 다소 늦은 나이에 우연히 찾아온 영국 유학의 기회를 통해 '과학과 종교' 또는 '과학과 신학'이라는 학문의 영역을 접하게 되었고, 즉시 이것이 바로 내가 매진해야 할 공부임을 알아차렸다. 어릴 적 순수한 동경의 대상이었던 자연과학과, 역사와 인생에 대해 거의 모든 것을 설명해주는 신학 간의 대화는 내게 흥미진진한 이야기로 다가왔다. 나는 2004년 영국 버밍엄대학교에서 "한국적 상황 속에서 과학과 종교의 대화"라는 제목으로 박사학위를 받고 모교인 성공회대학교로 돌아와 줄곧 강의를 해오고 있다.

다소 평범하지 않았던 나의 지난 여정을 회고하니 이 책에 담긴 나의 이야기가 너무 보잘것없게 느껴진다. 열 달란트를 주셨는데 한 달란트를 내어놓는 종처럼 부끄럽다. 그런데 나는 정말 복이 많은 사람이다. 너무도 부족한 원고임에도 불구하고 내가 우러러 존경하는 여러 선생님들께서 바쁜 시간을 내어 읽어 주시고, 서평과 수정 제안을 보내오셨다.

과학자로서는 우리나라의 대표적인 원로 물리학자 장회익 교수님, 과학사상회의 권오대 교수님, 과학과 인문학의 통섭을 주도해오신 최재천 교수님, 이 나라의 땅과 강을 사랑하시고 최근 국가녹색성장위원회 위원장으로 부름을 받으신 환경학자 김정욱 교수님, 천문학자로서 신학과의 대화를 전개해오신 우종학 교수님께서 졸고를 읽어 주시고 원고를 바로잡아 주셨다. 또한 나의 사랑하는 친동생 김기혁 물리교사도 즐거운 마음으로 이 과정에 참여하였다.

신학자로서는 민중신학자이자 길담서원 대표 박성준 선생님, 미학자이자 교회건축신학자 이정구 총장님, 한국적 생명신학을 정초하신 이정배 선생님, 서울신학대학교 박영식 교수님, 한신대학교 전철 교수님, 물리학을 전공한 신학자 신익상 박사님께서 원고를 꼼꼼히 읽어 주시고 추천의 글을 보내오셨다. 한 분 한 분 선생님의 과분한 사랑에 어떤 말로도 감사의 뜻을 다 표현할 수 없다. 선생님들께서 보내주신 수정할 내용을 읽으며 나는 남모르는 즐거움을 누렸는데, 이는 선생님들의 수정 제안으로 인해 이미 과학과 신학의 대화가 시작되었기 때문이다. 그럼에도 불구하고 아직도 군데군데 발견되는 오류 및 미흡한 표현은 전적으로 나의 탓이다.

이 책의 출판을 결정해주신 새물결플러스 김요한 대표님께 깊은 감사를 드리며, 맨 처음 초고를 다듬어 책의 꼴을 만들어주신 박상용 선생님, 최종 편집자로 수고해주신 왕희광 선생님께도 많은 빚을 졌다. 마지막으로 사람을 사랑하는 일이 서투른 내게 인생의 동반자가 되어준 아내와, 어려움을 극복하고 잘 자라준 두 자녀에게 나의 사랑을 전한다.

2018. 7. 1. 항동골에서

온강溫江 김기석아모스

목차

저자 서문 11

들어가는 말 19

제1부 신앙에 대한 과학의 도전

01 과학! 신앙의 적인가, 동지인가 25

02 종교와 과학의 네 가지 관계유형 31

03 우주론과 기독교 52

04 갈릴레이와 뉴턴의 과학과 신앙 72

05 빛을 둘러싼 과학과 기독교의 사색들 85

제2부 현대과학과 기독교

01 상대성원리와 신학적 성찰 101

02 양자역학과 결정론 115

03 양자역학과 하나님 128

04 빅뱅우주론과 하나님의 창조 142

05 우주와 인간 159

제3부 진화론과 창조 신앙

01 진화론을 둘러싼 교과서 논쟁 187
02 진화론 193
03 창조론 운동 199
04 지적설계론 205
05 유신론적 진화론 210
06 창조 신앙의 현대적 해석 215

제4부 인공지능과 한국교회

01 인공지능의 현재와 미래 223
02 인공지능의 약속과 위험성 234
03 인공지능 시대에 하나님의 창조와 인간 245
04 인공지능과 인간의 주체성 255
05 알파고 그 이후, 인공지능 시대의 신학 267

제5부 과학과 영성 사이에서

01 보이는 세계, 보이지 않는 실재 273
02 동물! 인간의 친구 278
03 우주는 생명을 환영하는가? 284
04 기후변화와 인류의 미래 290
05 영화 〈콘택트〉로 읽는 과학과 신앙 296
06 가이아로서의 지구 301
07 우주와 인간 307

산책을 마치며 313

현대는 과학의 시대다. 우리는 아침에 눈을 뜨는 순간부터 잠들기까지 과학기술에 의존하며 생활하고 있다. 심지어 '침대는 과학'이라고 강변하는 어느 가구 회사의 광고 문구를 보면 잠자는 순간조차 과학에 의존하고 있다는 생각이 든다. 과학은 단지 삶의 편리만 제공하는 것이 아니라, 진리의 자리를 차지하고 있다. 오늘날 흔히 어떤 사실을 설명하면서 "과학적으로 증명된 사실"이라고 말하면 사람들은 그것을 진리로 받아들인다. 예를 들어 "웃으면 복이 온다"라는 말을 목사가 하면 그저 좋은 덕담으로 받아들이지만, 이것이 어떤 대학의 연구를 통해 "웃음이 사람에게 여러 가지 부수효과를 일으켜 행복해질 수 있는 확률을 높인다는 것이 '과학적'으로 입증되었다"라고 하면 사람들은 이를 진리로 받아들인다. 실로 오늘날 과학은 진리와 동일한 권위를 지니고 있다.

한편 지난 수천 년 동안 인류는 각자의 문화권에서 저마다 발전된 종교에 의지해서 이 세계와 인간을 이해해왔다. 특히 기독교는 오랫동안 성서에 근거하여 이 세계와 생명 그리고 인간의 기원에 대해 설명해왔다. 그런데 근대 이후 눈부시게 발전한 현대 과학이 과거 기독교의 독점물이던 '진리의 왕좌'를 차지하게 되었다. 이렇게 되자 기독교인들은 우왕좌왕하였다. 그중 일부는 과학과 맞서 싸우려고 하고, 다른 이들은 과학을 외면하거나 무관심한 척하기도 하며, 어떤 사람들은 무조건 과학을 끌어안으려고 한다. 여전히 대다수의 기독교인들은 과학과 대면할 때 어떤 입장을 취해야 할지 혼란스러워한다. 유감스럽게도 기독교인들은 이에 대해 제대로 배운 적이 없다.

특히 교회학교에 속한 어린이들과 청소년들에게 과학의 문제는 큰 고민거리다. 학교에서 과학을 배우기 시작하면서 이 진지하고도 어린 기독교인들은 말 못할 고민이 깊어지기만 한다. 마치 유치원을 졸업하면서 너 이상 산타클로스 할아버지를 믿지 않는 것처럼, 이제 이들은 학교에서 과학을 배우면서 지금까지 믿었던 천지창조 이야기를 포기해야 하는지를 고민하게 되는 것이다. 그러나 교회에서는 아무도 이러한 고민에 대해 관심을 기울여주지 않으며 적절한 설명조차 해주지 않는다.

요즘 우리나라에는 특히 인터넷을 중심으로 반기독교 정서가 매우 강하게 자리 잡고 있는 형편이다. 인터넷 뉴스에 새로운 과학적 발견에 관한 소식이나 기독교 관련 기사가 나오면 그 아래에는 어김없이 기독교를 '개독교'라 표현하며 신랄하게 비판하는 댓글이 무수히 달린다. 이러한 현상은 주로 부유한 대형 교회에서 발생하는 갖가지 비윤리적인 행위로 인해 한국 사회에 확산된 반기독교 정서에 기인하지만, 그 뿌리를 깊이 살펴보면 과학과 신앙의 관계에 대한 잘못된 이해가 핵심적인 이유로 작동하고 있다. 오늘날 많은 사람들은 과학과 기독교혹은 종교를 대할 때 그것을 양자택일의 문제로 접근하곤

한다. 이러한 사고방식은 과학과 신앙에 대해 '하나가 진리면 다른 하나는 허구'라는 잘못된 선택을 강요한다.

이 책은 이러한 고민 가운데 있는 기독교인들을 염두에 두고 기획한 것이다. 이를 통하여 과학이 소위 '진리의 교도권'을 장악하고 있는 현대를 살아가는 목회자나 신학생 그리고 평신도들로 하여금 과학과 신앙의 다양한 관계에 대해서 이해의 폭을 넓히도록 도와주는 한편 종교와 과학의 대화, 또는 기독교 신앙과 과학의 본질이 무엇인지 깊이 성찰해보고자 한다. 아울러 필자는 기독교 신앙의 의미를 현대과학과 관련해서 재음미하는 것이 일차적인 관심사이지만, 우주와 생명 그리고 정신에 관한 현대과학의 흥미진진한 이야기들을 독자 여러분께 소개하여 과학에 대한 흥미를 북돋는 데도 관심을 가지고 있다.

참고로 이 책의 제목은 "신학자의 과학 산책"이지만 이 주제를 학문적으로 다루는 분야는 '과학과 종교의 대화'이다. 물론 종교라고 말하면 다수의 기성 종교가 포함된다. 그럼에도 불구하고 이 담론이 서구 기독교 신학의 맥락에서 발전되었기 때문에 종교는 대체로 기독교에 국한하는 경우가 많다. 또한 이 글은 다른 종교인들보다는 기독교인을 염두에 두기 때문에 여기서는 맥락에 따라 '기독교 신앙'과 '종교'라는 개념은 서로 교환이 가능하다는 점을 미리 밝혀둔다.

제1부

신앙에 대한
과학의 도전

과학!
신앙의 적인가, 동지인가

과학과 종교의 본질

과학과 종교는 인간을 다른 동물과 구분하는 두 가지 가장 뚜렷한 특징이라고 말할 수 있다. 인간도 생물학적으로는 동물의 일종이며, 사회생물학에서는 인간의 사회적 행동의 기원을 인간과 가장 가까운 친족인 영장류에게서 상당수 찾아내었다. 그러나 어떤 동물도 종교를 가지지 않으며, 과학을 발달시키지도 않았다. 즉 과학과 종교는 인간만이 가진 고유한 특징이다. 다른 말로 표현하자면 인간을 인간답게 만드는 것이 곧 과학과 종교라고 할 수 있겠다.

과학과 종교의 담론에서 과학은 자연과학의 모든 분야를 포함한다. 본격적인 과학은 근대 유럽에서 출현하였지만, 그 기원에 대해 많은 학자들은 기원전 5세기 경의 탈레스Thales, BCE 624-BCE 546?를 필두로 한 일군의 그리스 자연철학자들에게 공을 돌린다. 그 이유는 이들이 눈에 드러나는 사물의 복잡한 현상 너머에 그것을 지배하는 어떤 원리가 존재하리라 가정하고, 그것을 찾으려 시도했기 때문이다. 이러한 가정과 시도는 곧 가설과 실험으로 대표되는 과학의 본질과 일맥상통한다. 그리스 자연철학자들이 제시한 세계의 근원은 각각 달랐고, 그 방법들도 오늘날의 관점에서 보면 정밀하지 못했기 때문에 실패했지만, 이들이 진리를 추구한 방식은 오늘날 가설을 세우고 실험이나 관측을 통해 이론으로 정립해가는 현대과학의 방법론과 본질적으로 일치한다. 그래서 그리스 자연철학자들을 과학 정신의 선구자들로 인정하기도 한다.

과학은 자연의 질서와 신비를 탐구하는 과정에서 탄생했다. 과학은 우주의 기원과 구조에 대해서, 생명의 탄생과 진화의 역사에 대해서, 의식의 작용이 어떻게 이루어지는지에 대해서 우리에게 많은 사실을 알려주었다. 이렇듯 과학은 우주와 자연과 생명 및 정신 현상 속에서 근본적인 원리를 찾는 인간의 독특한 행위이다. 과학의 영역을 가장 기초적인 분야부터 위계적으로 살펴보면 물리학, 화학, 생물학, 신경과학인지과학, 뇌과학 등이 있다. 이러한 과학의 진보로 인하여 우리는 우주와 생명 그리고 정신현상에 대한 심오한 이해에 도달하게 되었다. 그런데 이러한 과학적 설명은 필연적으로 종교와의 대화를 불러오게 되었다. 왜냐하면 종교는 오래 전부터 인간이 우주와 생명 그리고 마음에 관해 나름대로 설명해온 체계이기 때문이다. 아주 오래된 옛날부터 우리의 선조들은 모닥불 주위에 둘러앉아 "이 세상의 기원이 무엇인지, 저 밤하늘에 빛나는 별과 달이 왜 움직이는지, 저 바다 너머에는 어떤 세상이 펼쳐져 있는지, 이토록 수많은 생명은 어디에서 왔는지, 인간은 어디서 와서 어디로 가는지"에 대한 이야기를 나누어왔으며 이러한 이야기들은 세대에서 세대로 전해졌고, 마침내 종교의 경전에 기록되었다. 그런데 오늘날 우리는 과학이 이룩한 새로운 발견으로 인하여 이에 대한 새로운 이야기를 들어야 하고, 이에 비추어 오래된 이야기들 속에 과연 어떤 의미가 담겨 있는지를 성찰해야만 한다.

이렇듯 과학의 맞은편에는 종교가 있다. 종교의 영역에는 기독교 로마 가톨릭, 동방 정교회, 성공회, 다양한 개신교 교단, 유대교, 이슬람교, 힌두교, 불교, 도교 등 각 문화권마다 나름의 종교가 있다. 종교는 신, 절대자, 혹은 궁극적 존재를 추구한다. 비록 어떤 종교는 인격적인 창조주 Personal God에 대한 개념이 없지만, 그럼에도 불구하고 궁극적인 존재나 원리 자체를 부정하는 종교는 없다. 그리고 이러한 신이나 궁극적 존재는 사랑과 자비, 생명과 평화, 정의와 평등, 헌신과 봉사, 선함과 아름다움 등의 가치를 소중하게 여기며 진리를 따르도록 가르친다. 따라서 종교도 과학과 마찬가지로 인간을 진리로 이끌어간다. 결국 과학과 종교는 서로 달라 보이지만 공통점이 있는데, 그것은 둘 다 진리를 추구한다는 것이다.

과학과 종교, 적인가, 동지인가

흔히 종교와 과학은 서로 공존할 수 없는 적으로 알려져 있다. 이러한 대중적인 믿음에는 역사적인 이야기들이 큰 몫을 하였는데, 이와 관련한 두 가지 유명한 이야기가 있다.

하나는 갈릴레이 재판이고, 다른 하나는 진화론 논쟁이다. 로마 가톨릭교회가 갈릴레이의 지동설태양중심설을 탄압한 것은 유명한 이야기인데, 갈릴레이가 지동설을 번복하라는 판결을 받고 재판정을 나오면서 "그래도 지구는 돈다"라고 중얼거렸다는 전설은 사실 여부와 관계없이 널리 퍼져 있다. 그러나 갈릴레이의 재판을 둘러싼 갈등에는 단순히 진리와 독선의 대결이 아니라 훨씬 복잡한 요소가 개입되어 있었는데, 이 이야기는 나중에 자세히 다루기로 하겠다.

또 하나 유명한 진화론 논쟁은 다윈의 진화론이 출간된 지 1년 뒤인 1860년 옥스퍼드에서 열린 영국과학진흥협회에서 극적인 장면을 연출했다. '다윈의 불독'이라는 별명이 붙을 만큼 그의 열성적 지지자인 토마스 헉슬리Thomas Huxely, 1825-1895의 진화론에 관한 발표가 끝나자, 당시 옥스퍼드 교구의 부주교이자 명망 있는 과학자로서 권위 있는 이 과학자모임을 이끌던 사무엘 윌버포스Samuel Wilberforce, 1805-1873가 헉슬리에게 조롱하는 말투로 "당신 말대로 인간이 원숭이로부터 진화했다면, 당신의 원숭이 조상이 부계인가, 모계인가?"라고 질문했다. 좌중의 웃음과 소란이 가라앉기를 기다린 헉슬리는 득의만면한 태도로 하나님이 인간에게 주신 고귀한 선물인 지성을 이런 식으로 잘못 사용하는 것이 인간의 특성이라면, 자신은 기꺼이 원숭이 조상을 택하겠노라고 응수했다고 전해진다.

이 외에도 과학과 종교 간의 불화가 표출된 수많은 이야기가 떠돌고 있다. 저명한 수학자이자 철학자였던 버트란드 러셀Bertrand Russell, 1872-1970은 1935년에 출판한 『종교와 과학』Religion and Science, 1935이란 책 제목 아래에 '독단과 이성의 투쟁사'란 부제를 달았다. 설명할 필요도 없이 여기서 독단은 종교를, 이성은 과학을 가리킨다. 나아가 두 영역의 만남을 "종교와 과학의 갈등의 역사" 또는 "기독교 왕국에서의 과학과 신학의 전쟁의 역사"로 표현한 책들이 서구 지식인에게 큰 영향을 끼쳤다. 이러한 책들은 한결같은 목소리로 과학과 종교는 서로 화해할 수 없는 적대적 관계라고 주장하였다.

그러나 우리가 경청해야 할 다른 목소리도 있다. 알프레드 노스 화이트헤드Alfred North Whitehead, 1861-1947는 "종교의 원리는 영원하지만, 그 표현방식은 과학의 발전에 따라 수정되어가야 하며, 그렇게 될 때 과학은 종교에 유익하다"라고 주장했다. 그는 기독교 신앙의 표현 역시 끊임없이 발전하는 과학에 맞춰 조화롭게 개정해나가야 할 필요성을 지적한 것이다.

또한 2015년은 아인슈타인Albert Einstein, 1880-1952이 일반상대성이론Allgemeine Relativitätstheorie, Theory of General Relativity을 발견한 지 100주년이 되던 해인데, 일반상대성이론의 발견을 통해 우주의 기원과 구조, 진화과정을 이해하는 데 결정적인 기여를 한 아인슈타인은 "과학 없는 종교는 장님Blind이며, 종교 없는 과학은 절름발이Lame다"라고 말했다. 이는 종교와 과학이 상호보완적 관계임을 말해주고 있다. 그리고 초기 교회Early Christianity가 그리스 철학과의 대화를 통해 발전한 것처럼, 역사적으로 언제나 신학은 당대의 지배적인 사상으로부터의 도전과 이에 대한 응전을 통해 발전해왔다는 사실을 상기하면, 오늘날 기독교 신학에서 과학과의 대화가 얼마나 중요한지 깨달을 수 있다.

이러한 맥락에서 지난 1세기 동안 신학의 흐름을 살펴보면, 최근의 대표적인 신학들이 과학과의 교섭 및 대화에 적극적이지 않았다는 아쉬움을 느낄 수 있다. 20세기의 주도적인 서구 신학 사조들이라 할 수 있는 칼 바르트Karl Barth, 1886-1968의 신정통주의 신학이나, 불트만Rudolf Bultmann, 1884-1976의 실존주의 신학 모두 각각 '계시' 또는 '실존'이라는 개념에 집착함으로써 신학을 과학으로부터 근본적으로 고립시켜 왔었다. 또한 서구 신학을 비판하면서 등장한 제3세계 신학도 자연과학에 무관심하기는 마찬가지였다. 남미의 해방신학과 한국의 민중신학, 그리고 아시아 신학이나 종교 간 대화 신학을 비롯한 기타 상황신학도 민중이 겪는 억압과 고통스런 상황의 절박성 내지는 종교문화 현상에만 관심을 집중함으로써 현대 과학이 이룩한 새로운 발견과 영감에 관한 적극적인 성찰을 담아낼 수 없었다.

이러한 가운데 지난 20세기 후반부터 과학과 신학, 또는 과학과 종교 사이의 학제적 연구Interdisciplinary research에 몰두한 몇몇 학자들이 있는데 그 맨 앞에 섰던 이가 이안 바버Ian Barbour, 1923-2013다. 그는 이 분야에 새로운 이정표를 세운 학자로 평가된다.

종교와 과학의
네 가지 관계유형

종교와 과학의 어원

종교와 과학은 각각 인간의 고유한 본성을 나타내는 특질이다. 종교학자 미르체아 엘리아데Mircea Eliade, 1907~1986는 인간의 본질을 '호모 렐리기오수스'Homo religiosus로 정의하였다. 인간은 거룩한 실재신와의 만남을 통해 비로소 존재의 의미를 찾는다는 것이다. 성스러운 실재와의 만남이 그 어떤 경험보다도 가장 강렬하고 본질적인 것으로서 인간에게 삶의 의미와 역동성을 부여하는 원동력이라는 것이다. 비슷한 맥락에서 루돌프 오토Rudolf Otto, 1869~1937는『성스러움의 의미』Das Heilige, The Idea of Holy, 1917에서 종교현상의 본질을 '초월적인 성스러움numinous에 대한 경험'이라고 기술하였다. 먼저 종교의 어원적 의미를 살펴보고자 한다. 종교religion라는 말은 라틴어 '렐리기오'religio에서 기원했다. 이에 대한 여러 가지 해석이 있다.

로마 공화정 시대의 정치가인 키케로Cicero, BCE 106-BCE 43는 이를 '다시 읽는다'relegere는 의미라고 풀이했는데, 종교의례 때 신들에 관한 이야기를 반복해서 읽는 데서 종교란 말이 생겼다는 해석이다. 초기 교회 교부인 락탄티우스Lactantius, 250-325는 종교를 '다시 묶는다' 혹은 '재결합시키다'religio는 뜻으로 설명했다. 인간의 죄로 인해 끊어진 하나님과의 관계가 그리스도의 속죄를 통해 다시 결속된다는 의미로 해석한 것이다. 히포의 아우구스티누스Augustinus, 354-430는 이를 '다시 뽑는다're-eligere는 뜻이라고 가르쳤다. 하나님께서 처음에 이스라엘을 선민으로 선택했으나 보편적인 인류 구원을 위해 예수 그리스도를 통해 교회에 모인 모든 백성들을 선민으로 다시 뽑았다는 해석이다. 이러한 해석을 종합해보면 라틴어 'religio'에 담긴 뜻은 "선택 받은 믿음의 백성들이 함께 모여서 경전을 되풀이하여 읽는 행위"라고 정리할 수 있다.

한편 우리가 사용하는 한자어 '종교'宗敎는 '마루 종宗'과 '가르칠 교敎'의 결합어이다. 곧 '높은 마루에 걸려 있는 가르침' 또는 '모든 사람이 보고 따를 가르침'이라는 뜻이다. 이 말은 본시 불교에서 사용하던 용어인데, 일본 학자들이 서양 학문을 수용할 당시 '릴리전'religion이란 단어에 상응되는 한자어가 없어서 불교 용어인 '종교'라고 번역했다고 한다. 이런 점에서 한자어 '종교'에는 라틴어에 포함된 '반복', '재결합', '재선택' 등의 핵심적인 의미가 빠져 있음을 알 수 있다. 하나님에 대한 거룩한 체험과 교훈을 회중들이 모여서 다시 배우고, 기념하고, 결단한다는 본래적 의미가 포함되어 있지 않은 것이다. 이는 교회를 중심으로 공동체적 기념 행위를 강조하는 기독교와 개별 존재의 해탈에 관심을 두었던 불교 간의 차이를 말해준다. 어쨌든 종교적 경험의 의미 범주는 동서양 종교의 특성 모두를 포함해야 할 것이다.

그렇다면 이제 과학의 뜻이 무엇인지 알아보자. '사이언스'science라는 단어는 라틴어의 '스키엔티아'scientia에서 비롯되었는데, 이 말의 뜻은 '지식' 혹은 '앎'을 의미한다. 좀 더 자세히 살펴보면 사이언스는 '안다'know는 뜻의 동사 '스키오'scio와 관련이 있으며, 이는 또다시 '분별하다' 혹은 '구분하다'라는 뜻의 인도-유럽 어근에서 유래했다. 이 단어는 '잘라낸다'cuts off는 뜻의 산스크리트어 '치야티'chyati, '찢다'to split라는 뜻과 관계가 있다. 이러한 어원을 살펴볼 때에, 과학이란 "사물 속에 감추어져 있는 참모습을 발견하고 진리를 자각하는 일"이란 뜻이다. 사전적 정의에 따르면 보편적인 진리나 법칙의 발견을 목적으로 한 체계적인 지식을 지시하며, 넓게는 '학'學, 좁은 의미로는 자연과학을 가리킨다.

한자어 '과학'科學이란 말은 '종교'라는 단어와 마찬가지로 일본 학자들이 서구 문물을 접할 때, 영어의 '사이언스'에 해당하는 한자어가 없자 고심하다가 '과목 과'科, '배울 학'學 자를 결합하여 만들어 낸 신조어라고 전해진다. 한편 중세에서 계몽주의 시대까지, 사이언스란 말은 모든 종류의 체계적이거나 정확하게 기록된 지식을 가리켰으며, 따라서 그 무렵에는 과학이 '철학'philosophy이라는 단어의 넓은 의미로부터 구별되지 않았다. 예컨대 뉴턴Sir Isaac Newton, 1642-1726의 만유인력의 법칙을 다룬 저서의 제목은 "자연 철학의 수학적 원리"Philosophiæ Naturalis Principia Mathematica, 프린키피아로서 자연철학이라는 용어가 과학의 의미로 사용되고 있다.

과학과 종교의 관계 유형

과학과 신앙 혹은 종교의 관계를 무조건 적대적인 것으로만 보는 것은 지나치게 단순한 시각이다. 과학과 종교의 관계를 보다 심층적으로 연구한 이안 바버Ian Barbour는 양자의 관계를 갈등, 독립, 대화, 통합의 관계로 나누었다.

갈등conflict

과학과 종교의 갈등 관계는 양 진영의 극단적인 입장이 서로 충돌함으로써 형성된다. 과학 진영에서는 물질적 환원주의Material Reductionism 또는 과학만능주의가 있고, 종교 진영에는 성서 문자주의 Biblical Literalism나 종교근본주의가 있다.

물질적 환원주의는 모든 존재와 현상이 궁극적으로 물질로 환원될 수 있다는 관점이다. 정신도 그 근원을 따져보면 근본적으로는 물질이 만들어내는 현상이라고 본다. 또한 진리를 탐구하는 유일하고 유효한 방법은 환원적 방법이라고 주장한다. 즉 겉으로 아무리 복잡해 보이는 현상일지라도 더 이상 쪼갤 수 없는 원자와 같이 가장 근원적인 단일한 존재를 찾아 그것이 운동하는 원리를 밝혀내면 마침내 궁극적 진리에 도달하게 된다는 것이다. 나아가 과학만능주의는 모든 문제의 해결은 결국 과학에 의해서만 가능하다고 믿는 입장이다. 이러한 극단적인 과학주의의 관점에서는 신, 정신, 영적 존재란 단지 인간의 뇌 속에서 뉴런과 시냅스, 그리고 신경화학물질이 복합적으로 작용해서 만들어내는 물질의 부수적 현상에 불과할 따름이라고 정의한다. 종교란 과학시대 이전의 구시대적 유물이며, 종교에서 말하는 신은 그저 상상의 산물에 불과한 허구라고 치부한다.

이에 맞서 갈등을 일으키는 종교 진영의 대표선수가 바로 성서 문자주의라고 할 수 있다. 이 입장은 "성서의 모든 내용은 일점일획도 틀림이 없는 하나님의 말씀으로서 문자적으로 해석하여야 한다"라는 것이다. 이 입장에 따르면 제아무리 과학이 잘났다 해도 그 내용이 성서에 부합되는 한도 내에서만 진리로 인정할 수 있다는 것이다. 예컨대 1600년 무렵 아일랜드 교회의 제임스 어셔James Ussher, 1581-1656 대주교는 구약성서의 문자적 기록을 근거로 삼아 천지창조의 연도와 날짜를 계산했다. 그는 바빌로니아 제국이 예루살렘을 정복한 해인 기원전 586년을 기준으로 잡고, 그 이전에 나오는 인물들이 생존한 햇수를 더해서, "천지창조는 기원전 4004년 10월 22일 오후 8시에 일어난 것이 분명하다"라는 주장을 펼쳤다. 어셔 주교의 연대기 계산법은 성서 문자주의의 가장 전형적인 경우를 보여주는데, 오늘날 들으면 다소 어이없는 내용이지만 이러한 시도가 결코 과거의 일만은 아니다.

현대에도 이러한 성서 문자주의가 상당한 인기를 끌며 등장했다. 오늘날 성서 문자주의의 가장 대표적인 예는 창조과학이다. '창조과학'은 20세기 미국에서 점증하는 사회와 대학의 세속화 현상에 위기의식을 느낀 몇몇 열렬한 기독교인들에 의해 시작되었는데, 그 중 대표적인 인물은 헨리 모리스Henry M. Morris, 1918-2006다. 그는 서재 창틈에서 정교하기 짝이 없는 벌의 날개와 구조를 관찰하면서 "이렇게 훌륭하게 잘 만들어진 생명체가 결코 우연돌연변이과 자연선택이 지배하는 진화의 산물일 리가 없다"라고 결론을 내리고, 모든 생명은 창세기에 기록된 그대로 하나님의 직접적인 창조의 결과라고 주장했다. 또한 노아의 홍수를 비롯해 많은 이야기들 역시 틀림없는 역사적 사실임을 설파하였다.

이처럼 물질만이 유일한 존재의 근원이라는 물질적 환원주의와, 하나님의 말씀이 유일한 진리의 원천이라는 성서 문자주의가 만날 때 과학과 종교는 서로 충돌할 수밖에 없다. 한국사회에서도 이러한 갈등 관계를 어렵지 않게 찾아볼 수 있는데, 인터넷을 검색해 보면 양자의 입장이 충돌하는 것을 쉽게 발견할 수 있다. 특히 새로운 과학적 발견 기사나 기독교 관련 기사 아래에는 거의 예외 없이 과학만능주의자들의 기독교에 대한 비난과 독설이 이어진다. 이러한 배경에는 과학에 배타적이고 반지성적인 한국 기독교 일부 교단과 성직자에 대한 짙은 반감이 자리 잡고 있다. 미국과 더불어 한국은 전 세계적으로 창조과학회가 가장 활발하게 활동을 펼치는 나라이다. 최근에도 중고교 과학교과서를 개정해 진화론을 삭제하거나 창조론을 소개하려 시도한 것이 뒤늦게 알려져, 교육계와 과학계에 적지 않은 파장을 몰고 왔으며, 이 소식은 외신으로도 알려져 전 세계의 과학계로부터 조롱 섞인 주목을 받기도 했다.

한편 우리나라에서 과학에 대한 인식은, '과학은 국력'이라는 구호가 말해주듯이 주로 빠른 산업화를 가능하게 해주는 도구적 기능으로서 받아들여졌다. 이런 인식 속에 진리탐구라는 과학의 본질은 가려지게 되었고, 우주와 물질, 생명의 기원과 신비를 밝혀내는 연구는 돈벌이가 되지 않아 도외시되고, 오직 당장 써먹을 수 있는 돈벌이의 수단으로만 과학을 생각하는 경향이 크다. 우리나라에서 과학 분야의 노벨상 수상자가 나오지 못하는 이유도 바로 이것 때문인데, 기초과학 연구에 대한 정부나 연구재단의 지원이 턱없이 부족한 것이 현실이다. 게다가 최근에는 이과의 우수한 학생들 거의 대부분이 자연과학 분야보다는 의대로만 쏠리는 현상이 심화되었다. 국내에 세계적으로 두각을 나타낼 수 있는 재능 있는 과학도들이 적지 않지만 과학에 대한 지원과 인프라가 너무 열악하기 때문에 한국 과학의 미래를 낙관하기 어려운 것이 현실이다.

분리independence

과학과 종교의 관계를 분리하는 것은 과학과 종교의 영역이 서로 다르다고 보는 입장이다. 스포츠로 비유하자면, 갈등 관계가 럭비나 축구처럼 한 운동장에서 서로 부딪히는 것이라면, 분리는 배구나 테니스 경기처럼 각자의 영역을 정해놓고 서로 침범하지 않는 것이다. 이를 두고 스티븐 제이 굴드Stephen Jay Gould, 1941-2002라는 생물학자는 '겹치지 않는 교도권'Non-Overlapping Magisterium이란 용어로 표현하기도 하였다. 교도권이란 교황에게 주어진 진리에 대한 유권해석의 권한을 뜻한다. 중세에는 서구에서 교황의 교도권이 실질적인 지배 권력으로 작동하기도 했다. 과학과 종교가 각각 서로 겹치지 않는 교도권을 가지고 있다는 것은 곧 과학은 과학의 영역에서, 종교는 종교의 영역에서 고유한 진리해석의 권위를 지닌다는 뜻이다. 과학의 영역은 전통적으로 물질과 생물이었는데, 최근에는 심리학과 신경과학을 통해 뇌와 정신 현상에까지 탐구의 영역을 확장하고 있다.

다른 한편 종교가 교도권을 행사하는 영역은 마음이나 영혼이라고 할 수 있다. 하지만 과학의 발달에 따라 점점 그 영역은 축소되고 있다. '철학은 신학의 시녀'Philosophia ancilla theologiae라는 유명한 말이 있듯이 근대 이전까지 과학은 종교의 권위 아래 있었다. 그런데 독자적 영역을 갖지 못하던 과학이 자신의 고유한 교도권을 확보할 수 있게 된 것은 근대에 서양에서 발흥한 계몽주의 때문이었다. 과학과 종교의 분리는 계몽주의와 함께 진행되었다고 말할 수 있는데, 계몽주의Enlightenment란 말의 의미는 '불을 밝히는 것'이다. 즉 무지의 어둠 속에 지식의 불빛을 환히 밝혀 사물의 본모습, 즉 진리를 드러내는 것이 바로 계몽주의다. 계몽사상가들은 모든 사물에 대해 객관적이고 정확한 지식의 목록을 작성하여 백과사전을 만들고, 지구의 둘레를 재서 미터법을 만들고, 그것을 기준으로 전 세계가 공통으로 사용할 수 있는 도량형을 제정했다. 오늘날 우리가 사용하는 미터법은 계몽주의 시대의 학자들이 지구의 둘레를 4만등분하고 그 길이를 1킬로미터로, 다시 그 1,000분의 1을 1미터로 결정함으로써 시작되었다. 이러한 기획에서 우리는 인간의 확실한 합리성과 지식으로 세계를 재구성하고자 한 계몽주의의 의도를 읽을 수 있다.

대표적인 계몽주의 철학자인 임마누엘 칸트Immanuel Kant, 1724–1804는 합리성과 이성을 통해 새롭게 밝혀내는 지식이 전통적인 기독교의 가르침과 서로 충돌하는 부분이 있다는 걸 깨닫고서 이를 방지하고자 진리의 성격을 '순수이성'Reine Vernunft과 '실천이성'Praktische Vernunft으로 나누었다. 수학이나 과학 같은 순수한 이성과 엄밀한 논증을 통해 밝혀내는 진리와, 사랑과 희생 혹은 영적 감화를 통해 체득하는 진리는 근원이 다르다는 것이다. 이러한 분리는 전통적인 교회의 권위와 새로운 지식으로 무장한 지식인 계급과의 충돌을 막아보려는 꽤 괜찮아 보이는 아이디어라고 할 수 있다. 그러나 이러한 시도는 결국 임시방편에 불과하다고 할 수 있는데, 왜냐하면 진리란 궁극적으로 서로 다르거나 분리될 수 없기 때문이다. 어느 한 영역에서만 통하는 진리는 궁극적 진리가 될 수 없으며, 과학과 종교의 영역에 금을 긋는 분리의 관계는 한편으로 양자의 직접적인 충돌을 막는다는 면에서는 어느 정도 유용하지만, 다른 한편으로 이렇게 해서 얻어진 진리는 궁극적인 진리가 아니라 부분적으로만 통용되는 진리에 불과하다는 것을 인정해야 하는 문제가 남게 된다.

앞에서도 언급했듯이 20세기의 대표적인 신학 사조들도 바로 이러한 분리의 입장을 취했다. 또한 한국교회의 많은 목회자들 역시

대체적으로 신앙을 과학과 분리하는 입장에 서 있다. 그러나 이 입장은 위에서 지적했듯이 과학의 질문과 도전에 대해 침묵하거나 외면한다는 아쉬움이 있다. 이러한 문제를 극복하기 위해 대화와 통합의 관계가 제안되었다.

대화dialogue

과학과 종교의 세 번째 관계 방식은 대화다. 과학과 종교는 상호충돌하거나 분리된 것이 아니라, 서로 대화함으로써 보다 궁극적 진리에 다가갈 수 있다는 것이다. 상대성이론을 발견한 위대한 과학자 아인슈타인Albert Einstein도 이러한 대화의 필요성을 인정하였다. 그는 "과학 없는 종교는 장님blind이고, 종교 없는 과학은 절름발이lame"라며 과학과 종교의 상호 보완성을 설파했다. 여기서 장님이란 맹목적 믿음을, 절름발이란 일방적 관점에 치우친 편견을 지칭한다. 그는 온전한 진리란 가설과 실험을 통해 자연법칙을 탐구하는 과학적 사고와 더불어 사랑을 바탕으로 인간에 대한 깊은 이해로 안내하는 종교적 영성을 갖출 때에 비로소 그 감추어진 모습을 드러낸다고 생각했다. 과학적 합리성과 종교적 영성의 상호 보완성을 강조한 아인슈타인의 태도는 한편으로는 근대 계몽주의 이후에 합리주의라는 명분 아래 형성된 오만한 과학만능주의를 경계하면서, 다른 한편으로는 보편적 상식과 합리성을 거부하는 맹목적인 종교근본주의를 거절하는 것으로 볼 수 있다. 또한 아인슈타인은 "자신에게 가장 이해하기 어려운 사실은 이 우주가 이해 가능하다는 것"이라고 말했다. 이는

신학자의 과학 산책

우주를 지배하는 법칙이 간결하고 우아한 방정식으로 표현되며, 또한 우주 안에서 티끌보다도 작은 존재인 인간이 지성을 사용하여 이를 이해할 수 있다는 사실에 대한 놀라움의 표현이었다. 아인슈타인이 볼 때에 물질로 이루어진 우주가 고도로 추상적이고 관념적 언어인 수학을 통해 기술될 수 있다는 점은, 그저 당연한 일이 아니라 간과할 수 없는 불가해한 현상이었다. 실로 20세기 동안에 현대 물리학자들은 우아한 방정식이 우주의 본질에 대한 새로운 발견으로 안내하는 일을 종종 경험할 수 있었다. 이러한 실증적인 경험들은 현대 천문학자들로 하여금 '우아한 우주'Elegant Universe라는 표현을 즐겨 사용하도록 이끌었다. 대표적인 예로 브라이언 그린Brian Greene이 지은 The Elegant Universe₁₉₉₉라는 책을 들 수 있다.

이안 바버Ian Barbour는 대화의 필요성을 '경계질문'boundary questions과 '방법론적 평행'methodological parallels이라는 용어를 들어 설명했다. 다소 어렵게 느껴지는 용어이지만 경계질문을 한 마디로 설명하자면, 과학의 진리 탐구를 위한 질문은 결국 과학으로 답할 수 있는 경계를 넘어서게 되는데, 이럴 때 과학과 종교는 서로 대화의 관계를 맺게 된다는 것이다. 방법론적 평행은 과학과 종교가 각자 이론과 교리를 수립하는 방법론이 매우 유사하다는 것이다.

경계질문은 "왜 근대과학이 세계 여러 문화권 중에서 하필 유대-기독교 문화권인 유럽에서 출현했는가?"라는 질문을 통해서 설명될 수도 있는데, 하나의 가능한 설명은 유대-기독교의 창조 교리가 과학의 출현을 가능하게 했다는 것이다. 과학과 종교를 적대적으로 생각하는 이들에게는 이러한 설명이 언뜻 이해되기 어려울 것이다. 하지만 이 설명은 오늘날 과학역사가들 사이에 널리 알려진 설득력 있는 주장이다. 기독교의 창조 교리는 그리스 철학과 구약성서에 근거하고 있는데, 두 가지 모두 이 세계가 이해 가능하며 질서가 있는intelligible and orderly 곳이라고 간주한다. 그리스 철학자들은 자연의 질서정연한 순환을 보면서 이 세계 속에 어떤 수학적 법칙 내지는 합리적 질서가 필연적으로 존재하며, 이러한 법칙과 질서는 단 하나의 궁극적 원리로 환원될 수 있다고 생각했다. 다른 한편 히브리 성서에 기반한 창조 신앙은 이 세계가 하나님의 선한 의지를 따라 말씀으로 창조되었다고 고백한다. 히브리 창조 신앙에 따르면 이 세계는 바빌로니아 창조설화나 다른 여러 고대 자연종교에서 말하는 것처럼 신들이 하늘에서 벌인 전쟁으로 생겨난 것이 아니라, 온전히 하나님의 말씀으로 생겨난 것으로 이해된다. 또한 자연세계는 신들의 몸으로서 신성이 깃든 장소가 아니라, 하나님께서 세계를 창조하시던 때에 날마다 "보시기에 좋았더라!"라고 외친 것처럼 하나님께서 선한 의지로 창조하시고 인간을 위해 축복하신 장소라고 고백한다.

여기서 우리가 기억해야 할 것은 고대세계에서 자연종교의 여러 신상과 우상은 고대 제국의 왕권 및 지배권력과 신정일치체제로 결합되어 민중들을 억압하고 순치하는 기능을 담당했다는 점이다. 따라서 자연세계가 더 이상 신성한 두려움의 대상이 아니라는 히브리 성서의 기록은 고대 자연종교 및 지배권력과 대척점에 서는 매우 신학적이면서 동시에 정치적인 선언이라는 점이다. 히브리 성서

신학자의 과학 산책

에 나타난 창조 신앙은 자연의 비신성화 과정을 통해 범신론으로부터 인류의 해방을 가져왔으며, 나아가 보이는 세계 너머에 이를 만드신 창조주와 그가 부여하신 질서가 존재한다고 간주함으로써 세계가 과학적 탐구 대상으로 여겨질 수 있도록 이끌었다는 것이다. 이러한 유대-기독교의 자연관이 결국 유럽에서 근대과학을 태동시켰다는 것이다.

근대과학의 정신적 원천인 그리스의 자연철학과 유대-기독교의 창조사상은, 그 모티브는 각각 다르지만 이 세계의 근본적 원리에 대한 경계질문을 통해 서로 대화의 관계를 맺고 있다. 여기서 한 가지 짚고 넘어가야 할 점은 히브리 창조 신앙과 환경 및 생태계 위기와의 관련성 문제다. 린 화이트Lynn White, 1907-1987는 서구인들이 "정복하고 다스리라!"는 창세기 말씀을 잘못 해석하여 자연과 생태계를 마구 파괴하는 결과를 낳았기 때문에 오늘날의 생태계 파괴의 근본적인 뿌리는 유대-기독교의 인간중심주의라고 지적하였다. 이런 지적을 고려할 때에 히브리 창조 신앙은 한편으로는 고대 자연종교의 구습으로부터 인간을 해방시킨 긍정적인 의미를 가지는 동시에, 다른 한편으로는 아마도 기록 당시에는 전혀 예상하지 못했겠지만 수천 년이 지난 현대에 이르러 자연과 생태계에 대한 과도한 착취와 파괴를 초래한 부정적인 기능도 지니고 있다.

과학과 종교의 대화를 요청하는 또 다른 요인은 '방법론적 평행'이라는 개념이다. 이것은 과학과 종교가 대중들의 선입견과는 달리 방법론적으로 매우 유사하다는 사실에 주목한다. 한때 과학은 객관적이고 종교는 주관적이라는 순박한 이분법이 옳다고 믿던 시대가 있었다. 그러나 1950년대 이후 과학철학의 연구 결과는 과학탐구 행위가 결코 가치중립적인 객관적 작업이 아니라, 개인과 시대적 상황에 영향을 받는 것으로 드러났다. 특히 토마스 쿤Thomas Samuel Kuhn, 1922-1996은 자신의 『과학혁명의 구조』The Structure of Scientific Revolutions, 1962 라는 기념비적인 연구를 통해 과학이 결코 순수하게 객관적이거나 중립적인 것이 아니라, 패러다임 의존적이라는 사실을 밝혀내었다.

여기서 패러다임은 과학 공동체의 탐구행위를 규율하는 개념적·형이상학적·방법론적 전제들의 집합이다. 새로운 과학적 관측 데이터 등이 당대의 지배적인 과학 공동체가 공유하는 이론적 틀에 영향을 받아 해석이나 검열의 과정을 거친다는 것이다. 더욱이 양자역학Quantum Mechanics의 발전과 함께 직접적인 관찰이나 묘사가 불가능한 미시세계를 탐구하면서 모델과 해석의 중요성이 커졌다. 미시세계의 소립자들의 운동과 존재 방식은 거시세계와는 전혀 다른 식으로 작동하기 때문에 실험을 통해 얻은 데이터의 해석에 있어 이론의 모델이나 패러다임이 보다 중요할 수밖에 없다는 것이다. 이는 작업가설이 실험이나 관측에 영향을 끼치며, 결과적으로 관측 데이터도 영향을 받을 수밖에 없고, 이러한 과정을 거쳐 과학적 상상이나 유비 및 모델이 만들어지며 그것들은 새로운 이론으로 형성되는 과학적 방법론의 사이클을 구성한다. 이 구조와 과정은 실험관측과 이론을 서로 완벽하게 분리할 수 없다는 현대 과학이 지닌 딜레마를 말해 주고 있다.

그런데 종교적 방법론도 이와 아주 유사하다. 먼저 원초적인 믿음이 있고, 이 믿음은 종교적 경험과 해석에 영향을 끼치며, 이러한 전제 위에서 이야기나 사건, 전례를 통해 종교적 경험을 하게 된다. 예컨대 종교적 환상 체험은 개인이 속한 종교 전통의 맥락 안에서 이루어지는데, 이러한 경험들은 상상과 유비와 모델을 거쳐 교리와 믿음으로 형성된다. 이 사이클은 과학적 방법론과 놀라울 정도로 유사하다. 이러한 방법론적 유사성은 비록 정도의 차이는 있지만 과학과 종교를 통해 우리가 발견한 진리가 완전한 최종 진리가 아닌 근사近似적 진리이기 때문이다. 이는 고린도전서 13:12의 말씀을 떠올리게 한다.

> 우리가 지금은 거울에 비추어보듯이 희미하게 보지만 그때에 가서는 얼굴을 맞대고 볼 것입니다. 지금은 내가 불완전하게 알 뿐이지만 그때에 가서는 하나님께서 나를 아시듯이 나도 완전하게 알게 될 것입니다(공동번역).

통합integration

통합의 방식에는 세 가지가 있다. 첫 번째는 '자연신학'natural theology, 두 번째는 '자연의 신학'theology of nature, 그리고 세 번째는 '체계적 종합'systematic synthesis이다.

'자연신학'natural theology은 자연과 생명 현상에서 창조의 증거를 찾아 하나님의 존재를 입증하는 방식이다. 여기서는 자연과학적 설명을 신학적 목적으로 활용한다. 자연신학은 신학을 입증하기 위해 과학적 설명을 직접 사용하지는 않지만 포괄적인 과학 이론에 담긴 함축성을 찾아내어 신학적 논술을 재구성하는 데 참고한다. 체계적 종합은 과정철학의 예에서 보듯이 과학적 설명을 신학 안에 수용하여 새로운 체계적인 형이상학을 구성하는 방식이다. 자연신학의 대표적인 경우는 토마스 아퀴나스의 신 존재 증명인데, 그는 우주론적 논증에서 모든 사건은 그에 앞선 원인이 있어야 하므로 이는 필연적으로 '부동의 동자'unmoved mover, 스스로는 움직이지 않으면서 운동을 부여한 존재로서 최초의 제1원인을 인정해야 한다고 주장하였다. 근대과학자들은 자연의 놀라운 조화와 질서에 대하여 종종 신앙적 외경심을 표현하곤 했다. 우주를 마치 완벽한 시계처럼 정해진 질서와 법칙에 따라 정확하게 운행하는 기계로 본 뉴턴은 완전한 세계를 고안한 설계자로서 하나님의 존재를 상정하였다.

자연신학자로 가장 유명한 윌리엄 페일리William Paley, 1743-1805는 "만일 어떤 사람이 황무지를 가다가 시계를 발견했다면 그는 당연히 그것을 만든 시계공이 있다고 가정해야 한다"라며 어떤 훌륭한 시계보다 훨씬 더 정교하게 설계된 생명체를 보면서 이것을 창조한 하나님의 존재를 논증하였다. 하지만 이러한 자연신학의 설계논증은 흄David Hume, 1711-1776의 자연신학 비판과 다윈의 진화론에 의해서 위협을 받았다. 또한 프로테스탄트 신학자들은 종교적 믿음이란 본질적으로 인간 이성이 아닌 하나님께서 주시는 계시에 의해 인도되는 것이므로 인간의 보잘것없는 추론과 발견에 기초한 자연신학의 방식에 큰 의미를 두지 않았다. 한편 자연신학과 국가권력의 문제를 간단히 짚고 넘어가고자 한다. 제2차 세계대전 당시 독일교회가 자연신학의 방법론에 근거하여 히틀러를 인정한 점은 자연신학의 큰 허점이 아닐 수 없었다. 본회퍼를 제외한 독일교회 지도자들은 하나님께서 자연의 질서를 부여하셨듯이 이 세상의 권력도 하나님께로부터 유래한 것이라는 논리에 빠져 잔혹한 전쟁범죄에 눈을 감고 나치 정권을 축복해주는 오류를 범한 것이다.

최근 들어 새삼스럽게 자연신학적 토론을 불러온 것은 현대 우주론에서 제기된 '인류원리'anthropic principle 논쟁이다. 빅뱅우주론의 정립과정에서 물리학자들은 우주 안에 지성을 지닌 생명체가 출현할 수 있는 물리적 조건이 확률적으로 너무도 적다는 점에 주목하게 되었다. 예컨대 35억 년 이상 진행된 지구 생명의 진화의 결과로 인류가 생겨났고, 우주의 시간 단위로 볼 때 아주 최근에서야 인간이 우주를 어느 정도 이해하기 시작했는데, 이러한 생명체 진화 및 지성의 출현의 전제조건으로서 현재와 같은 우주팽창률이 유지되기 위한 확률은 숫자로 표현하기 어려울 정도로 작은 수치이다. 팽창률뿐만이 아니다. 지구 생명체는 탄소에 기반하여 생명을 영위하고 있는데 탄소 같은 무거운 원소는 무거운 별이 자신을 태우고 초신성supernova 으로 폭발할 때 만들어지며, 여기에는 우주의 네 가지 근본적인 힘중력, 전자기력, 약력과 강력의 세기가 결정적 요인이 된다. 이러한 수치들을 우주상수라고 한다. 그런데 우주의 모습을 결정하는 몇 가지 우주상수들과 법칙 등 수많은 요인이 마치 누군가 의도적으로 이 우주 안에 지적 생물체의 존재를 출현하도록 설계한 것처럼 완벽하게 미세조정fine tuning해놓은 것이 아니냐는 것이다. 물론 현대 과학자들이 우주가 놀라울 정도로 조화롭다는 점을 발견했다고 해서 그들이 무작정 하나님을 찾지는 않을 것이다. 이러한 미세조정이 제기하는 함축성을 두고서 약한 인류원리, 강한 인류원리, 참여적 인류원리 등 몇 가지 상이한 해석이 있는데, 이 토대로 설계논증과 관련된 자연신학적 토론이 전개되고 있다. 영국의 대표적인 소립자 물리학자였다가 신학자가 된 존 폴킹혼John Polkinghorne, 1930은 자신이 과학과 신학의 토론에 참여하는 이유는 과거 아퀴나스 시대의 자연신학처럼 신을 직접 증명하려는 의도가 아니라, 이 조화로운 우주의 배후에 존재하는 신성한 목적—이를 하나님이라고 부르든 달리 부르든 간에—을 넌지시 암시하는 수준의 수정된 자연신학을 제안하는 데 있다고 밝히고 있다.

'자연의 신학'theology of nature은 자연신학과 달리 과학적 설명에서부터 출발하지 않고 종교적 경험과 역사적 계시에 근거한 종교를 그 출발점으로 설정한다. 그러나 전통적 종교의 교리를 현대의 과학적 지식에 비추어 재구성해야 한다는 필요성을 인정한다. 그리하여 과학과 종교는 크게 보아 각자 독립적인 위치를 가지고 있지만 세부적인 주제들, 예컨대 창조, 섭리, 죄와 죽음, 부활 등에 대하여 종교적인 설명을 할 때에 과학적 발견을 참조해서 새롭게 기술해야 한다고 주장한다. 테이야르 드 샤르댕Teilhard de Chardin, SJ은 예수 그리스도, 역사의 종말, 인간의 본성에 대하여 전통적 신학의 도식에 머무르지 않고 진화론적 도식을 빌려서 신학적 성찰을 펼쳤다. 샤르댕의 자연의 신학에서 역사는 오메가 포인트를 향해 나선형으로 진화하며, 예수 그리스도는 인간의 의식이 광물에서 출발하여 생물과 정신적 존재를 거쳐 진화의 끝자락에서 성취해야 할 최종적인 모습이다.

현대의 여성생태학자들과 생태신학자들 역시 자연의 신학이라는 방법론을 사용하고 있는데, 이들은 생태계 위기의 현실 가운데서 창조 신앙의 신학적 성찰을 재구성하면서 기후변화와 생태계 멸종에 관한 과학적 예측을 차용하여 전개하고 있다. 기후변화와 생태계 위기 문제에 대해 적절한 대응책을 마련하기 위해서는 반드시 과학과 종교의 협동이 필요하다. 과학은 현상에 대한 정확한 분석과 예측을 담당하고, 종교는 사람들에게 윤리적 동기를 제공하여 행동에 나서도록 조직하는 역할을 담당할 수 있다.

바버가 마지막으로 분류한 '체계적 종합'systematic synthesis이란 과학과 종교를 하나의 종합적인 형이상학의 구도 하에 체계적으로 결합시켜 일관된 단일 세계관을 구성하는 것이다. 대표적인 예로는 과정 사상을 들 수 있다. 화이트헤드A. N. Whitehead가 제창한 과정신학의 거대한 구상 속에서 물질과 정신, 육체와 마음, 자연과 인간, 시간과 영원은 이원론적 구분을 뛰어넘어 유기체적으로 서로 연결된 존재로 종합된다. 이 두 가지 카테고리는 그동안 전통적으로 과학과 종교가 각각 주도권을 행사해온 고유한 영역이었다. 과정신학에서 신은 세계를 초월하지만 동시에 그 안에 내재한다. 신은 전지전능한 통치자이기보다 새로움과 질서의 원천으로서 사건들 속에 내재하며, 피조물의 고통 가운데 동반하면서 그들이 지닌 원초적 본성이 진화를 통해 귀결적 본성으로 발전해가도록 설득하는 존재로 사유된다.

지금까지 이안 바버의 구분에 근거하여 과학과 종교의 네 가지 관계 유형에 대해서 살펴보았다. 과학과 종교의 관계 유형론은 과학과 종교 간의 토론을 시작할 때 대개 맨 먼저 다루는 주제인데, 바버 외에도 여러 학자들이 각자 다른 기준을 가지고 두 영역의 관계 유형을 규정한다.

폴킹혼의 경우는 과학과 신학의 만남을 '동화'assimilation와 '공명'consonance의 두 유형으로 나누었는데, 동화란 과학적 함축성에 동화하여 종교적 진리를 사유하는 것을 말하며, 공명이란 과학적 설명과 전통적인 기독교 교리 각각의 자치권을 어느 정도 보장하면서 양자 사이에 조화로운 울림공명을 찾는 방식을 말한다. 전자는 통합에, 후자는 대화에 가깝다고 볼 수 있다. 테드 피터스Ted Peters는 과학주의, 과학제국주의, 교회 권위주의, 과학적 창조론, 두 언어 이론, 가설적 공명, 윤리적 중첩, 뉴에이지 영성 등으로 보다 세부적으로 분류하고 있다.

오늘날 곳곳에서 문명의 위기를 알리는 경고음이 높아가고 있다. 핵무기와 원전, 기후변화, 지구온난화, 생태계 파괴, 신자유주의로 인해 심화되는 양극화, 지구촌 시대로 인한 종교, 인종, 문화 간의 충돌 등이 문명의 미래를 위협하고 있다. 이러한 위기는 과학의 힘만으로, 혹은 종교의 힘만으로는 해결할 수 없다. 이러한 문명의 위기를 직시하면서 동양의 전통적 종교와 지혜를 바탕으로 이를 극복할 수 있는 실마리를 제시하는 프리초프 카프라Fritjof Capra,

1939의 주장은 우리에게 한국 상황에서의 과학 정신과 기독교 정신 간의 관계를 다시 돌아보게 한다『새로운 과학과 문명의 전환』2007; The Turning Point: Science, Society, and the Rising Culture, 1982. 유불선으로 대표되는 우리나라의 전통적인 종교 문화는 서로를 극단적으로 배척하기보다는 오랫동안 공존하면서 하늘과 땅과 인간의 조화로운 합일을 최고의 덕목으로 여겨왔다. 그러나 한두 세기 전에 서구로부터 도입된 기독교와 과학이 우리나라에서 서로 갈등하고 적대시하고 있다. 그것은 한 편에는 진리탐구라는 과학 정신의 진면목이 아니라 돈벌이 수단으로서의 과학이 과학을 대표하고, 그 반대편에는 비지성적인 문자주의적 해석에 기반한 '창조과학회'가 과학에 대응하는 한국교회의 대표주자처럼 여겨지고 있기 때문이다. 이와 같은 이유로 우리는 과학기술에 대한 성숙한 성찰을 이끌어내지 못하고 있는 상황이다. 날로 심각해지는 생태위기에 적절히 대응하기 위해서도 과학과 종교의 진지한 대화가 절실히 필요하다. 겉보기에는 과학적 진리와 믿음의 진리가 서로 다른 것처럼 보이지만, 결국은 서로 통하는 하나의 진리임을 기억해야 한다.

우주론과
기독교

우주론

먼 옛날 인간이 지성을 갖게 되었을 때부터 인간에게는 두 가지 궁극적인 질문이 있었다. 하나는 "나는 어디에서 와서 어디로 가는가?"라는 질문이고, 다른 하나는 "이 세계는 어떻게 생겨났을까?"라는 질문이다. 첫 번째 질문은 자신의 존재에 관한 것이고, 두 번째는 이 세계에 관한 질문이다. 두 번째 질문에 대한 답을 찾는 것이 바로 우주론이다. 아주 오래전, 호기심에 가득 찬 어린아이는 눈동자를 반짝이며 세상 모든 것에 대해 다 설명해주시는 할아버지에게 마구 질문을 던졌을 것이다. "할아버지, 저 산 너머에는 무엇이 있나요? 저 바다 건너에는 어떤 세상이 펼쳐져 있나요? 저 하늘에 빛나는 달과 별은 언제 생겼을까요? 저 붉은 해는 저녁에 서쪽 바다 너머로 사라졌다가 어떻게 아침이면 동산 위로 떠오를 수 있죠?" 이러한 질문은 끝도 없이 이어졌을 것이다. 이렇듯 우주론은 우주의 기원과 구조, 그리고 시작과 종말에 대한 설명을 다룬다. 우주론이 소위 '먹고 사는 데' 어떤 보탬이 되지는 않지만 인간은 끊임없이 이 세계에 대해 알고 싶어 해왔다. 왜 그럴까? 그것은 인간에게는 우리를 둘러싼 세계에 대해 알고 싶은 호기심이 생래적으로 내재해 있기 때문이다. 예컨대 어떤 사람이 정신을 잃었다가 얼마 후 깨어나 보니 자신이 어딘지 알지 못하는 낯선 곳에 뉘여 있다고 상상해보자. 그 사람은 주위 사람에게 제일 먼저 도대체 "여기가 어디인가?"라고 물을 것이며, 그는 자신이 어디에 와 있는지 설명을 듣기 전에는 결코 안심할 수 없을 것이다. 이처럼 우주론은 우리 인간이 지닌 본능적인 지적 욕구다.

오랫동안 인류는 우주론에 대한 설명을 종교를 통해서 듣고자 했다. 서구의 경우 근대과학의 출현 이전까지 진리의 교도권Magisterium은 교회 혹은 교황에게 속해 있었다. 그것은 구약성서와 프톨레마이오스의 천문학에 근거해 성립된 우주론으로서 소수의 성직자와 수도자, 학자들만의 전유물이었다. 하지만 근대과학의 출현 이후, 갈릴레이 재판으로 대표되듯이, 전통 종교와 과학이 충돌한 다음부터 우주론에 대한 탐구는 주로 과학자들의 영역이 되었다. 반면 종교의 교도권은 주로 인간의 영혼에 국한되었다. 이러한 종교와 과학의 독립적 관계가 양자의 충돌을 막는 긍정적인 효과를 가진 것은 사실이지만, 다른 한편으로는 자연과학과 인문과학의 분리가 심화되었다. 근대 이전 시대의 지식인이라면 자신의 전문분야를 막론하고 당대의 우주론에 대한 지식은 기본적으로 갖추어야 할 상식에 해당하는 것이었지만 오늘날은 전혀 그렇지 않다. 오늘날 상당수의 인문학자들은 심지어 박사학위 과정을 마쳤다 하더라도 현대의 우주론에 관해서는 아주 기초적인 수준의 지식조차 갖지 못한 이들이 수두룩한 실정이다. 신학자나 목회자들도 예외는 아닐 것이다. 성서는 세계의 창조 이야기로부터 시작하지만 교회에서 우주나 창조를 주제로 하는 설교는 좀처럼 듣기 어렵다. 신학자나 목회자들도 이 시대의 지식인이 분명하지만 현대과학에 대해서는 잘 알지 못하기 때문에 설교에서 다루기가 곤란한 것이다. 일찍이 과정철학을 창시한 화이트헤드 A.N.Whitehead는 "종교의 원리는 영원한 것이지만, 그러한 원리를 표현하는 방식은 지속적인 발전을 필요로 한다"고 주장하였다. 이는 과학이 새롭게 발견한 지식에 따라 종교의 표현방식을 수정해나간다면 과학은 종교에 유익하며, 종교가 설파하는 진리도 보다 더 설득력을 가질 것이라는 주장이다.

우주론의 변천과정과 신학적 의미

고대 근동의 우주론과 창조 신앙

구약성서 창세기나 시편, 욥기에 묘사된 우주의 기원과 구조에 대한 구절들은 바빌로니아 제국에서 유행한 고대 근동의 창조신화로부터 상당한 영향을 받은 것으로 알려져 있다. 아시리아 제국이나 바빌로니아 제국 등 고대 근동 문화권의 우주론에 따르면 땅대륙의

신학자의 과학 산책

뿌리는 마치 지붕을 받치는 기둥처럼 바다 깊이 박혀 있고, 바닷물은 신이 정한 지경까지만 머무르며, 하늘에는 궁창이 있어 해와 달과 별들이 운행하며 궁창 너머에는 바다와 같은 물이 가득 차있는데 그 궁창의 창문을 열면 비와 눈이 쏟아진다고 믿었다. 어떤 기독교인들은 거룩한 하나님의 말씀인 성서가 고대 세계의 창조신화의 영향을 받았다는 말에 불쾌한 감정을 감추지 못한다. 그러나 히브리어 성서의 창세기 1장에서 2:4까지의 본문이 그 문학적 형식에 있어 바빌로니아의 마르두크 창조신화와 상당한 유사점을 갖는다는 것이 하나님의 말씀으로서 성서의 권위를 떨어뜨리거나 모독하는 것은 아니다. 왜냐하면 비록 문학적 형식은 비슷할지라도 그 안에 담긴 의미, 즉 신학적 관점은 근본적으로 다르기 때문이다. 고대 근동 지역에서 흥성했던 아시리아 제국이나 바빌로니아 제국의 창조신화는 세부사항에서는 조금씩 다르지만 대체로 여러 신들의 전쟁과 그 결과로 인해 세계가 탄생했다고 이야기하고 있다. 이러한 신화의 구조는 주로 혼돈의 여신과 정복자 남신이 등장하고, 남신이 승리하여 혼돈의 여신의 몸을 재료 삼아 우주가 만들어졌다는 것이다. 바빌로니아의 창조설화에 따르면 옛날에 하늘에서 신들 간에 전쟁이 벌어졌고 젊은 남성신 마르두크Marduk가 티아마트Tiamat와 압수Apsu 등 다른 신들을 죽여 그 시체를 펼쳐놓음으로써 이 세계가 탄생하였다고 전한다. 그 신들의 버려진 몸 덩어리들이 산과 언덕이 되고, 핏줄을 꺼내 놓으니 강이 되었으며, 피가 흘러 고여 호수나 바다가 되었다.

이와 달리 구약성서의 창조 이야기는 "빛이 생겨라!"라는 하나님의 말씀에 의해 혼돈 또는 무로부터 이 세상이 시작되었고, 그 뒤로 6일 동안에 걸쳐 각각 인격적인 하나님의 말씀을 통해 이 세계에 존재하는 피조물들이 만들어졌다고 기록한다. 창세기의 창조 기사는 하나님께서 피조세계를 차례대로 지어내는 모습을 상당히 조직적으로 서술하고 있으며, 특히 매번 창조행위를 마칠 때마다 "보기에 참 좋았다"고 감탄하신다. 이는 바빌로니아 신화에서 이 세계가 죽은 신의 몸으로서 두려움과 숭배의 대상이 되는 것과 반대로 창세기에서는 이 세계가 하나님의 선한 창조의 결과이고 축복을 받은 장소임을 의미한다. 그러나 무엇보다도 가장 중요한 차이는 인간에 대한 관점의 혁명적 전환이다. 고대 근동지방의 창조신화에서 인간은 신들의 몸속에서 생겨난 벌레들과 같은 존재로 묘사된다. 적나라하게 말하자면 마치 시체 속에서 구더기가 기어 나오듯이 인간은 신의 몸속에서 생겨난 벌레와 다를 바 없는 존재라는 것이다. 이러한 세계관이 지배담론으로 작동하는 사회에서는 인간의 존엄성이란 손톱만큼도 찾아볼 수 없다. 인간이란 그저 노예처럼 평생 신을 위해 봉사하고 희생되어야 하는 존재에 불과하다.

　고대제국에서 황제나 왕은 신의 대리자였고, 인간은 자신의 존엄성이나 권리는 전혀 말할 수 없었으며, 단지 신의 지상세계의 대리자인 황제와 왕을 위해 평생을 노예로 살아야 하는 존재에 불과했다. 이런 신화의 사회적·정치적 함의를 성찰해보면 창세기 1장의 말씀은 그야말로 놀라운 인권선언이며, 그 핵심은 인간이 바로 하나님의 형상을 지닌 존재라는 것이다. 인간을 두렵게 하는 자연물은 모두 하나님의 피조물의 불과하며, 인간이야말로 그 어떤 피조물의 형상으로 만든 우상과는 비교할 수 없는 소중한 존재라는 것이다.

이러한 선언이 나오게 된 맥락은 바로 바빌로니아 포로기다. 이러한 인권선언은, 이스라엘 백성들이 남북으로 갈라져 반목하면서 부자들의 번제와 돈 냄새로 구역질나는 예배를 드리는 대신 정의를 강물처럼 흐르게 하라는 예언자들의 말씀을 무시하다가, 결국 하나님의 진노를 받아 강대국의 포로로 끌려와 바빌로니아 강가에서 고된 노역에 지친 몸으로 눈물 젖은 빵을 베어 물면서 깊고 깊은 한탄 가운데 깨달은 내용이다. 그리고 이러한 창세기의 인권선언은 출애굽기의 십계명, 우상을 섬기지 말라는 계명에 의해 또다시 명쾌하게 드러난다. 십계명의 첫 구절들은 종교 다원주의를 반대하는 구절이라기보다는 우상을 내걸고 백성들을 노예로 만들어 노동력을 착취하는 이집트 왕과 지배 권력에 대한 반대를 나타내는 것이라고 해석해야 적절할 것이다. 출애굽기에 기록된 이야기들이 역사적 사실이라면 아마도 파라오와 그 사제들은 "하나님을 예배하러 광야로 나가겠다"는 모세의 말을 전혀 이해할 수 없었을 것이다. 왜냐하면 인간에게 필요한 모든 신우상들은 다 제국의 신전에 모셔져 있고, 만일 히브리인들이 그 외에 다른 신이 필요하다면 기꺼이 신상을 만들어줄 수도 있기 때문이다. 그러나 양자가 타협할 수 없었던 이유는 파라오와 모세의 대결이 단순히 어떤 신을 섬기느냐의 문제가 아니라 결국 신학적 세계관의 대결이었기 때문이다. 그리고 서로 충돌하는 두 신학적 세계관의 차이는 인간에 대한 가치, 신과 인간의 관계, 신과 자연의 관계에 대한 서로 다른 관점이라는 것이 문제의 핵심이며, 이러한 성서의 이야기는 우주론이 결국 인간의 삶과 직결되어 있음을 잘 보여준다.

창세기의 구절들이 성서 본문으로 편집되던 상황인 바빌로니아 포로기로부터 자그마치 두 밀레니엄하고도 또 5백여 년이 더 지났지만 이러한 신학적 세계관의 문제는 지금도 여전히 유효하다. 이런 점에서 성서는 살아 있는 하나님의 말씀이라고 할 수 있다. 성서에 담긴 신학적 의미는 외면하면서 단순히 창세기 구절이 고대 제국의 창조신화의 영향을 받았다는 점을 종교다원주의라면서 불쾌하게 여기는 낮은 수준의 신앙을 이제는 극복해야 할 것이다. 신자유주의의 물결이 전 지구를 휩쓸고 있는 오늘날, 특히 그 어느 사회보다도 자본의 논리에 맨몸으로 노출된 한국 사회는 모든 영역에서 돈과 인간 중 무엇을 우선시할 것인지 선택을 강요받고 있다. 그리고 대부분의 경우 우리는 인간보다 돈을 우선하는 현실을 목도하면서 살고 있다. 세월호 참사는 바로 이러한 우리의 선택에 의해 빚어진 사건이다. 그런데 문제는 오늘날 세계를 지배하는 자본의 논리에 대다수의 교회들이 저항하기는커녕 오히려 편승해 맘몬주의를 부추기고 있다는 것이다. 예언자들의 경고를 무시한 이스라엘 백성들이 쓰라린 역사를 경험해야 했듯이 하나님의 말씀을 외면하고 있는 한국 사회의 앞날에 어떤 시련이 다가올지 두렵기만 하다.

창세기와 구약성서 여기저기에 묘사된 고대 근동 시대의 우주론이 그리는 세계의 모습은 오늘날의 과학적 관점에서 보면 시간과 공간의 스케일에 있어 상당한 한계를 지니고 있다. 이는 마치 동심을

간직한 어떤 설치예술가가 이런 저런 아이디어를 짜내 만든 아기자
기한 신화적 세계상을 반영하고 있는 듯하지만, 그럼에도 이러한 신
화적 우주론의 한계는 먼 옛날 우리 선조들이 획득한 세계에 대한 지
식과 상상력의 한계이지, 신학적 한계는 결코 아니다. 성서가 그리는
세계에 대한 모습은 현대과학의 우주론에 의해 수정되어야 하지만,
그 구절에 담긴 신과 인간과 자연의 관계, 그리고 무엇보다도 인간의
존엄성에 대한 의미심장한 통찰은 오늘날에도 계속 되새기면서 이
시대 속에 구현해야 할 영원한 진리다.

이것을 반대로 하고 있는 접근, 즉 세계의 모습에 대한 기록은
문자적으로 고집하면서 그 의미에 대해서는 눈감아 버리는 성서 문
자주의Biblical Literalism에 기반한 창조과학적 접근은 현대의 기독교인이
경계해야 할 믿음의 방식이다.

프톨레마이오스 우주론과 기독교 신앙

기독교가 로마 제국의 변방에 불과한 팔레스타인 지방에 뿌리
를 둔 유대교의 한 분파를 넘어서 로마 제국의 공인을 받아 국교가
되고 유럽 대부분 지역이 기독교 왕국이 되는 중세 시대를 지배한 것
은 프톨레마이오스 우주론이다. 클라우디오스 프톨레마이오스Claudius
Ptolemaeus, CE 83-168?는 헬레니즘 문명의 중심지였던 알렉산드리아에
서 고대 점성술과 천문학을 집대성하여 『알마게스트』Almagest라는 책
을 펴냈다. 그의 천문학은 당시로서는 가장 과학적이고 체계적인 우
주론으로 인정받았으며, 르네상스 시대가 도래하기까지 자그마치

1,400여 년 동안 서구를 지배한 우주론이 되었다.

아프리카 북부 지중해 연안에 위치한 알렉산드리아는 알렉산드로스 대왕이 건설한 도시로서, 기원전 300년부터 약 600년 동안 당시 인류가 알고 있던 지식과 기술이 모두 집결된 위대한 지성의 도시였다. 고대 문명을 모두 접촉할 수 있다는 지정학적 장점과 아울러 알렉산드로스 대왕이 지녔던 왕성한 호기심과 개방성, 그리고 그가 보장한 학문에 대한 최대한의 자유로 인해, 이 도시는 고대 그리스와 이집트 및 근동 아시아의 모든 지적 유산과 문화적 다양성을 품을 수 있었다. 알렉산드리아 대도서관에는 고대 수메르 문명이 남긴 토판에서부터 이집트의 파피루스 책까지, 그리고 탈레스를 비롯한 그리스 자연철학자들의 책부터 아리스토텔레스의 저서에 이르기까지, 보유 장서만도 무려 50만 권^{어떤 자료들은 백만, 혹은 2백만 권이라고 소개한다}이 넘었다고 전해진다. 이러한 자료 중 몇 가지만 소개하자면, 이미 기원전 340년에 월식과 일식 현상, 그리고 위도에 따라 북극성의 각도가 달라진다는 점을 증거로 제시하여 지구가 편평한 판이 아니라 둥근 구체라는 것을 주장한 아리스토텔레스의 『천구에 관하여』Περὶ οὐρανοῦ, De Caelo et Mundo를 비롯하여, 오늘날까지 수학에서 유용한 유클리드의 기하학, 언어의 품사를 정의하여 수사학과 논리학의 기초를 확립한 디오니시우스Dionysios Thrax, Διονύσιος ὁ Θρᾷξ의 언어학, 부력의 원리를 깨닫고 '유레카'를 외친 것으로 유명한 아르키메데스Archimedes of Syracuse, Ἀρχιμήδης의 물리학이 모두 이곳에 집결되어 있었다. 이 도서관에는 세계 전역에서 모여든 학자들이 철학, 종교, 문학, 논리학, 수사학 등 오

신학자의 과학 산책

늘날 인문학의 주제에 대해, 그리고 물리학, 생물학, 약학, 공학, 지리학, 천문학 등 자연과학의 질문을 놓고 토론하며 탐구하였다. 프톨레마이오스의 『알마게스트』는 바로 이러한 지적 분위기의 산물이다.

고대에는 점성술과 천문학이 구분되지 않았는데, 동서를 막론하고 천체의 운행이 땅의 변화를 나타낸다고 믿었던 것이다. 점성술의 동기에서 비롯된 오랜 관측 자료가 천문학의 발전에 밑거름이 되었고, 프톨레마이오스는 스스로 천체를 관측하면서 고대의 점성술과 천문학을 집대성하였다. 그는 별들에게 이름을 부여했고, 밝기를 기록하고 목록을 만들었으며, 지구가 왜 구형인지 설명하고 일식과 월식을 예측하는 공식을 확립했다. 그의 가장 큰 업적은 이 모든 것을 종합하여 우주론의 체계를 세운 것인데, 그는 지구가 우주의 중심이며 해, 달, 별들이 지구를 중심으로 돌고 있다고 생각했다. 이러한 지구 중심의 우주론천동설은 인류가 지닌 가장 자연스럽고 오래된 생각이다. 지구는 엄청 크고 단단하고 고정된 것처럼 느껴지는 데 반해 하늘의 천체들은 하루에 한 바퀴씩 회전하는 것으로 보이기 때문이다. 이러한 고정관념은 1514년 가톨릭교회의 신부였던 코페르니쿠스가 태양중심설지동설을 제시하기까지 당연하게 여겨졌다. 아무튼 프톨레마이오스는 천체의 운행을 하늘에 있는 수정처럼 투명한 천구Heavenly Sphere들의 회전으로 설명하였고, 천체는 그 천구에 보석처럼 박혀 있다고 생각했다. 프톨레마이오스 우주론에서 천구의 순서를 열거하면 다음과 같다. 곧 지구를 중심으로 달의 천구, 수성의 천구, 금성의 천구, 태양의 천구, 화성의 천구, 목성의 천구, 토성의 천구, 항성들의 천구, 원동천의 천구, 하나님이 머무르는 열 번째 천구로 이루어져 있다.

프톨레마이오스 우주론은 오늘날의 과학적 견지에서 볼 때 몇 가지 중요한 결함이 있는데, 하나는 인간중심적 사고에 기반하여 지구를 우주의 중심에 위치시킨 것이었고, 다른 하나는 원운동의 완전성이라는 관념에 사로잡혀 천체는 반드시 완전한 원운동을 한다는 가정을 세운 것이다. 이 두 가지 문제로 인해 이 우주론은 이론과 실제 관측 결과가 일치하지 않았기 때문에 지속적으로 수정이 필요했다. 프톨레마이오스는 천체가 크게 원운동을 하면서 보조적인 작은 원운동을 한다는 '주전원'이라는 개념을 도입하여 문제점을 해결하고자 했지만 이러한 문제는 훗날 태양중심설_{지동설}과 타원운동이라는 생각이 도입될 때까지 근본적인 해결이 불가능한 것이었다. 그러나

▌ 프톨레마이오스의 우주

신학자의 과학 산책

가장 결정적인 문제는 아홉 번째와 열 번째 천구를 도입한 것이다. 원래 프톨레마이오스의 우주론은 여덟 번째 천구까지다. 아홉 번째 천구인 원동천原動天, primum mobile과 열 번째 천구인 하늘나라는 그리스 철학 및 기독교 사상과의 결합이 낳은 관념의 산물이다. 고대 그리스 철학자들은 이 지상세계는 변화하는 4원소, 즉 물, 불, 공기, 흙으로 만들어졌고, 이데아의 세계는 불변의 원소인 제5원소로 만들어졌다고 믿었다. 이러한 그리스 철학과 기독교 세계관은 프톨레마이오스의 우주론을 확장하여, 천사들이 머무르는 아홉 번째 천구인 원동천과, 하나님께서 머무시는 불변의 제5원소로 만들어진 영원한 나라인 열 번째 천구를 추가하도록 만들었다.

이 우주론에 상응하는 하나님의 모습은 신인동형의 하나님으로서 미켈란젤로의 천지창조 그림에 묘사된 것처럼 수염을 날리는 근엄한 할아버지를 상상하게 한다. 그분은 하늘나라에 거주하시며 세계의 만사를 주관하시는 전지전능한 분으로 여겨진다. 하나님은 저 멀리 아홉 번째 하늘 위에 머물러 계시면서 천사들에게 명령을 내려 다른 모든 천구의 운행이 이루어지도록 섭리하시고, 선한 사람에게는 복을 주고 악한 자에게는 벌을 내리시는 분으로 믿어진다. 이 우주론에서는 세계가 지옥계와 지상계와 천상계로 나누어져 있는데, 성서에 나오는 하늘나라와 지옥은 그냥 지어낸 이야기나 은유의 장소가 아니라, 실제로 이 우주 공간에 존재하는 실재로 믿어졌다.

프톨레마이오스 우주론은 처음 등장한 지 거의 2천 년이나 지난 오래된 우주론이다. 코페르니쿠스의 태양중심설과 갈릴레이의 천체

관측, 그리고 뉴턴의 만유인력 이론이 등장하기까지 프톨레마이오스 우주론은 오랜 기간 동안 서구인들의 생각을 지배해온 아주 강력한 우주론이었다. 그런데 놀라운 점은, 이 우주론의 과학적 효력 및 종교적 권위가 상실된 지 수 백년이 지난 오늘날에도 여전히 프톨레마이오스 우주론에 매료되는 대중들이 있다는 것이다. 20세기 후반에 개봉된 〈사랑과 영혼〉Ghost,1990이라는 할리우드 영화는 "악인의 영혼은 죽어서 지하세계로 끌려가고 선인의 영혼은 천사의 호위를 받아 하늘나라로 올라간다"는 권선징악의 오래된 메시지를 담고 있다. 이 영화에서 사악한 인물이 죽자 검은 옷을 입은 지옥의 사자가 나타나 공포에 질린 비명 소리와 함께 악한 그 영혼을 끌고 땅 아래 지하세계로 사라진다. 반면 착한 주인공의 영혼은 천상에서 내려온 천사들의 부축을 받으며 하늘나라로 올라가는 장면을 보여준다. 그야말로 중세 시대의 우주론을 반영한 이 장면을 보면서 많은 사람들이 냉소적인 반응을 보이는 것이 아니라 심지어 눈물까지 흘리며 감동한다는 점은 정말로 놀라운 일이다. 오늘날은 과학의 시대로서, 프톨레마이오스 이래로 코페르니쿠스와 뉴턴을 거쳐, 아인슈타인의 상대성이론과 빅뱅우주론까지 등장하여 우주에 대한 관념을 획기적으로 바꿔 놓았다. 그럼에도 불구하고 이 오래된 우주론이 아직도 '먹히는' 것을 보면서 프톨레마이오스 우주론의 매력을 새삼 돌아보게 된다. 근대과학 이전 시대의 우주론을 반영한 이 장면이 현대를 살아가는 대중들에게 호소력이 있다는 것은, 어쩌면 프톨레마이오스 우주론이 인간에게 정서적으로 가장 부합되는 친근하고 설득력 있는 우주의 모습인지도 모르겠다는 생각을 하게 된다.

뉴턴의 기계론적 우주론과 기독교

폴란드의 고위 성직자였던 니콜라우스 코페르니쿠스Nicolaus Copernicus, 1473-1543는 프톨레마이오스 우주론을 검토하면서 고개를 갸웃거렸다. 그는 기존의 지구중심의 천구이론이 지닌 문제, 즉 이론과 관측 결과가 맞지 않아 주전원이란 보조 원운동을 통해 계속 수정하는 방식이 마음에 들지 않았던 것이다. 코페르니쿠스는 이 문제를 해결하기 위해 고심하다가 획기적인 사고의 전환을 하게 되었는데, 그것은 곧 지구 대신 태양을 천체의 중심에 위치시키는 방법이었다. 그러나 그는 자신의 아이디어가 위험한 사상이라는 것을 본능적으로 알아차렸다. 당시 로마 가톨릭교회는 새로운 사상을 걸핏하면 이단으로 규정했고, 그 대가로 참혹한 형벌이 뒤따랐기 때문이다. 그래서 그는 자신의 태양중심설지동설, heliocentrism을 담은 책『천구의 회전에 관하여』De revolutionibus orbium coelestium의 초판을 비밀리에 인쇄해서 임종을 앞둔 병상에서 비로소 받아보았다는 이야기가 전해진다. 우리는 "그래도 지구는 돈다"Eppur si muove라는 말로 유명한 갈릴레이의 재판을 잘 알고 있으며, 지동설을 탄압한 로마 가톨릭교회의 종교재판의 부당성에 대해서도 공감할 것이다.

하지만 좀 더 세밀하게 이 문제를 살펴보면 그리 간단하게 진리와 비진리를 구별할 수 있는 문제는 아니었다. 코페르니쿠스가 지동설을 제기했지만 아직까지는 태양을 중심으로 공전하는 행성들이

『천구의 회전에 관하여』

타원 운동을 한다는 사실과 그 궤도를 몰랐고 자신의 이론을 입증할
자료가 형편없이 부족했기 때문에 그의 새로운 천문학 가설이 프톨
레마이오스 이론보다 명백하게 옳다는 것을 입증할 수가 없었다. 우
리는 일반적으로 과학이 아주 명백한 것으로 생각하기 쉽지만 실제
로 과학이 다루는 현상과 이론은 직접 눈으로 관찰할 수 없는 영역
도 많고 종종 모델을 통해 이론을 설명하기 때문에 진위여부를 판단
하기 어려운 측면이 있다. 코페르니쿠스의 태양중심설도 하나의 모
델이다. 그가 이 가설을 제시할 때 기존의 이론을 근본적으로 뒤집을
만한 결정적인 관측 자료나 증거를 가진 것은 아니었고, 다만 하나
의 이론으로서의 정합성이 우수했다고 볼 수는 있었다. 하지만 이것
만으로 천년 이상 지속된 기존의 패러다임을 전복할 수는 없었다. 코
페르니쿠스의 전환은 다만 사고의 전환이며, 진정한 태양중심설로의

우주론의 전환은 케플러의 타원이론과 갈릴레이가 망원경을 이용하여 목성을 도는 네 개의 위성을 발견한 일, 그리고 뉴턴의 중력이론을 통해 점진적으로 이루어졌다.

갈릴레이가 목성의 위성들을 관측한 것이 중요한 이유는 프톨레마이오스의 우주론을 지탱하는 관념을 무너뜨렸기 때문인데, 그 관념이란, 하나님께서 창조하신 에덴동산이 있는 지구가 우주의 중심이기 때문에 모든 천체는 지구를 중심으로 회전한다는 관념이다. 목성의 위성은 지구 아닌 다른 천체를 중심으로 원운동을 하는 천체가 있다는 것을 처음으로 입증하였다.

한편 이러한 역사적 과정을 연구한 과학철학자 토마스 쿤은 『과학혁명의 구조』라는 책을 통해 자연과학의 역사 이면에 존재하는 복잡한 사회적 요소들을 검토하고, 일반적으로 과학의 발전은 새로운 우월한 이론이 과거의 낙후된 이론을 점진적으로 대체하며 이루어지는 것이 아니라, 다수의 과학 이론들이 모여 하나의 거대한 패러다임을 형성하고 있으며 새로운 하나의 과학이론이 등장할 때 이 패러다임과 갈등관계에 놓이게 되고, 마침내 새로운 과학의 발견과 성과들이 모여 기존의 과학적 패러다임을 전복시키면서 혁명적으로 진행된다고 주장하였다. 어찌 보면 과학의 발전과정도 신학이나 민주주의의 발전 과정과 크게 다르지 않다는 점을 토마스 쿤의 연구를 통해 알 수 있다.

한편 아이작 뉴턴Sir Isaac Newton은 1687년에 출판한 『자연철학의 수학적 원리』Philosophiæ Naturalis Principia Mathematica라는 그의 탁월한 저서

를 통해 우주의 모든 운동 현상은 중력이라는 단 하나의 원인으로 설명될 수 있다고 주장하였다. 우주는 절대시간 축을 따라 무한한 공간을 가지며 모든 항성들의 운동은 중력이라는 하나의 효과만 고려하면 계산해낼 수 있다는 것이 그의 생각이었다. 그러나 이 우주론은 심각한 결함을 가지고 있었는데 그것은 중력은 오직 인력, 즉 잡아당기는 힘으로만 작용하기 때문에 우주 공간의 별들은 서로 가까워지다가 결국 하나의 질량 중심점으로 붕괴해야 함에도 현실에서 관찰되는 우주는 그렇지 않다는 모순을 내포하고 있었다.

뉴턴 자신도 이 난제에 대해 잘 알고 있기 때문에, 그는 "만일 무한한 공간에 무한한 별들이 분포해 있다면, 무한한 공간이 무한한 별들의 질량을 상쇄할 것"이라는 설명으로 이 문제를 넘어가고자 했다. 하지만 이러한 주장이 전형적인 논리의 오류라는 것을 뉴턴과 다른 과학자들은 알고 있었다. 만일 무한한 수의 별들이 무한한 공간에 펼쳐져 있다면 모든 별이 그 자신을 기준으로 주변에 무한한 별을 갖고 있기 때문에 임의의 어느 별도 우주의 중심점이 될 수 있고, 하늘의 천체들은 중력에 의해 서로 가까워져 마침내 한 점으로 붕괴하고 말 것이다. 하지만 당시만 해도 물리학 분야에서 뉴턴의 권위는 너무 위대했기 때문에 아무도 이러한 문제제기를 끝까지 밀고 나갈 수 없었다. 그리하여 무한한 3차원 공간에 무한한 별들이 펼쳐져 있고 중력이라는 단일한 원인에 의해 정교하게 만들어진 시계의 톱니바퀴처럼 정해진 궤도를 따라 천체들이 운행하고 있다는 뉴턴의 기계론적 우주론이 정립되어 20세기까지 300여 년 동안 지속되었다.

뉴턴의 기계론적 우주론에서 하나님은 시계를 만든 '장인'과 같은 존재로 여겨진다. 기계론적 우주론에서 세계는 정교한 톱니바퀴로 만들어진 시계와 같다. 나폴레옹의 수학교사이기도 했던 라플라스Pierre-Simon, marquis de Laplace는 베르사이유 궁전 정원에 물레방아를 동력으로 삼아 움직이는 복잡한 기계장치를 만들어 나폴레옹에게 구경시켜 주었다. 마치 거대한 뻐꾸기시계와 같이 물레방아에서 비롯되고 톱니바퀴에 의해 연쇄적으로 작동하는 이 장치를 보면서 나폴레옹은 "하나님은 어디에 계신가?"라고 질문하였다. 이에 라플라스는 "시계와 같이 모든 일이 정해진 대로 움직이는 이 세계에서 신이란 가설은 필요하지 않다"는 대답을 했다고 전해진다. 이 대화는 기계론적 우주론에서 하나님의 존재와 역할에 대해 생각하게 한다. 당시의 신학자들과 신을 믿고자 하는 과학자들은 기계와 같은 우주에

▌ 나폴레옹과 라플라스

서 하나님의 존재를 최초의 우주에 운동의 법칙을 부여한 존재로 상
정하였다. 이를 이신론理神論, Deism이라고 하는데, 이 우주론의 모델은
프톨레마이오스의 우주론과 달리 하나님께서 거주할 장소를 허락하
지 않는다. 대신 하나님의 역할은 우주를 지배하는 법칙 혹은 이성으
로서 한정된다. 더 심각한 문제가 있는데, 이 기계장치와 같은 세계
에서 모든 사건들은 인과관계가 분명하고 정해진 대로 발생하며, 우
리는 이를 결정론決定論, Determinism이라고 한다. 즉 우주 안의 사건들은
처음에 주어진 변수에 의해 차례대로 일어날 뿐, 그 어떤 불확실성도
허락하지 않으며, 뿐만 아니라 이신론에서 하나님은 단지 수학 법칙
과 같은 원리로 존재할 뿐, 인격적 존재와는 거리가 멀다. 이는 도움
을 필요로 하는 인간의 간절한 기도에 응답할 수 없는 무감한 하나님
인 것이다.

　그러나 기독교 신앙에서 체험하고 고백하는 하나님은 역사 안
에서 계시되고 인간의 삶 가운데 체험된 인격적 존재이다. 곧 그분
은 절망과 희망, 슬픔과 기쁨, 불의와 정의, 전쟁과 평화, 죽음과 생명
이 교차하고 혼재된 우리들의 삶 속에 나타나시어, 목마르고 상처받
은 영혼의 귓가에 속삭여주시며 정의와 평화와 생명으로 인도하시
는 하나님이다. 이는 이신론의 틀에 갇혀 원리와 법칙과 이성으로서
계측되는 하나님과는 상당한 차이가 있다.

　근대의 기계론적 우주론과 짝을 이루는 이신론은 기독교의 신
앙에 만족을 줄 수 없었다. 그리고 기독교는 결코 인격적 하나님에
대한 믿음을 포기한 적이 없기 때문에, 결국 이 시기 동안 기독교 신

앙은 이전 시대와는 달리 당대의 우주론과 더 이상 동행할 수 없었다. 그러므로 이신론은 과학을 진리의 중심에 두고 이와 병행하여 어떤 식으로든 기독교 신앙을 유지하려 했던 일부 과학자들과 기계론적 우주론을 충실히 받아들이는 대신 전통적인 기독교의 계시신앙을 포기한 소수의 계몽주의 신학자들에게 국한되었다.

갈릴레이와 뉴턴의 과학과 신앙

신앙의 모토는 안셀무스Anselmus, 1033-1109가 가르친 것처럼 "이해하기 위해 믿어라"credo ut intelligam, I believe in order to understand!, 즉 믿음을 통해 불확실한 진리를 확실히 아는 것이지만, 과학의 모토는 "의심을 통해 감춰진 새로운 진리를 찾는 것"이다. 대체로 교회를 포함한 종교 공동체는 오래된 전통을 올바른 신앙을 판단하는 기준 가운데 하나로 간주하는데, 기독교에서 중시하는 전통으로는 예배성사나 성직 제도, 그리고 신앙고백신조 등을 꼽을 수 있다.

이러한 전통들은 교회 안에서 상당한 권위를 지니고 있지만, 전통이 언제나 진리를 판단하는 올바른 척도가 되는 것은 아니다. 거슬러 올라가면 모세의 유일신 신앙은 이집트 제국의 통치 권력과 결합되어 형성된 자연종교범신론의 전통을 정면으로 거스르는 것이었고, 기독교 신앙의 핵심인 예수 그리스도의 십자가 수난과 부활에 관한 증언도 당시의 유대교 전통의 관점에서는 절대로 인정할 수 없는 것이었다. 몽매의 어두운 구름이 짙게 드리운 중세 말엽에 종교개혁가들이 외친 "오직 신앙으로만!", "오직 성서 말씀으로만!"이란 절규도 당시 가톨릭교회의 전통적 가르침과는 상충하는 목소리였다.

프로테스탄트 정신은 기존의 통념에 대해 회의하는 과학의 정신과 상통하는 측면이 있다. 소수의 예외가 있긴 하지만 근대과학의 중요한 업적을 남긴 위대한 과학자들 대부분이 가톨릭 국가가 아닌 개신교 국가 출신이라는 점은 우연의 일치가 아니다.

갈릴레이와 뉴턴은 자신의 과학 탐구와 관련하여 교회로부터 완전히 다른 반응을 경험했다. 교회의 전통과 권위가 기세등등하던 이탈리아에서 태어난 갈릴레이는 자신의 과학적 소신 때문에 당시 로마 가톨릭교회에 의해 억압을 당한 반면, 프로테스탄티즘을 어느 정도 수용한 영국에서 활동한 뉴턴은 교회_{성공회}로부터 아무런 제재를 받지 않고 마음껏 과학 탐구의 자유를 누렸다. 상황은 달랐지만 이 두 과학자는 모두 아리스토텔레스의 전통과 권위에 도전하여 그 아성을 무너뜨리고 인류에게 새로운 세계관을 펼쳐 보여주었다. 이들의 도전이 있기까지 아리스토텔레스의 물리학은 프톨레마이오스의 우주론에 기초해 거의 이천 년 동안이나 아무런 의심 없이 사물의 변화와 운동을 설명하는 진리로 받아들여졌다.

갈릴레이의 과학과 신앙

성베드로성당의 시스티나 채플 정면에 그려진 미켈란젤로의 "최후의 심판"은 프톨레마이오스 우주론을 그대로 반영하고 있다. 여기에는 미켈란젤로가 상상한 지옥세계, 지상세계, 하늘나라의 광경이 아래에서부터 위로 올라가며 차례로 그려져 있다. 이 웅장한 그림을 그린 미켈란젤로가 죽던 해에 새로운 시대의 여명을 밝힌 위대한 과학자인 갈릴레오 갈릴레이Galileo Galilei, 1564-1642가 피사에서 태어났다. 천재 예술가가 사망하고, 새로운 과학의 아버지가 탄생한 1564년은 어쩌면 낡은 우주론과 새로운 우주론의 교체가 시작되는 해였는지도 모른다. 갈릴레이는 "무거운 것은 가벼운 것보다 빨리 떨어진다"는 아리스토텔레스의 오래된 권위 있는 가르침에 정면으로 도전하여, "공기의 저항이 없다면 모든 물체는 무게와 상관없이 동일한 속도로 낙하한다"는 혁신적인 가설을 펼쳤다. 무거운 물체가 가벼운 물체보다 빠르게 낙하한다는 것은 우리의 직관은 물론 일상의 경험과도 일치하지만 갈릴레이는 직관과 경험을 그대로 믿지 않았다. 그는 다음과 같은 상상실험을 통해 그러한 직관이 모순을 지니고 있음을 지적했다. "만일 10킬로그램짜리 쇳덩어리를 낙하시킨 다음, 그와 똑같은 쇳덩어리에 1킬로그램의 쇳덩어리를 추가로 매달아 낙하시키면 처음보다 무게가 늘어났기 때문에 낙하속도가 더 빨라질 것인가, 아니면 작은 쇳덩어리가 무거운 쇳덩어리보다 더 천천히 낙하하기 때문에 위에서 잡아당김으로써 낙하속도를 감소시킬 것인가?

신학자의 과학 산책

마찬가지로 무거운 쇳덩어리를 아주 작은 쇠구슬로 나눈 다음, 가는 줄로 연결해서 떨어뜨리면 낙하속도가 감소될 것인가, 증가할 것인가?" 이러한 질문이 내포하고 있는 의미는 무거울수록 빨리 떨어진다는 아리스토텔레스의 주장이 논리적으로 모순이라는 점을 날카롭게 드러낸다.

그럼에도 불구하고 모든 물체가 공기저항이 없다면 동일한 속도로 낙하할 것이라는 갈릴레이의 주장은 사람들에게 받아들여지지 않았다. 솜과 쇳덩이가 동일한 속도로 떨어진다는 주장은 수천 년간 지속된 아리스토텔레스의 권위 있는 가르침은 물론 사람들의 직관을 거스르는 것이기 때문이다. 그러나 오늘날 우리는 진공상태의 유리 상자 안에서 솜과 동전을 떨어뜨리는 실험을 통해 두 물체가 동일한 속도로 낙하하는 것을 볼 수 있다. 갈릴레이의 낙하법칙을 알고 있는 사람이라도 이런 낙하실험을 눈으로 보면 직관과 위배되기 때문에 상당한 충격을 받기도 한다.

과학의 위대한 발견은 전통적인 관념을 깨고, 현상 너머에 숨겨져 있는 불변의 자연 법칙을 찾아냄으로써 가능하게 된다. 또한 갈릴레이는 최초로 소리의 속도를 잰 사람이다. 그는 조수와 둘이서 각각 진자를 이용한 시계를 동일하게 맞춘 뒤, 서로 맞은 편 산봉우리로 올라간 후 미리 정한 시간에 한 사람은 소리를 내고 다른 한 사람은 그 소리가 도달한 시간을 재는 방법으로 소리의 속도를 측정하였다. 당연히 실험방법과 도구가 원시적이기 때문에 한두 번 만에 신뢰할 만한 데이터를 얻지 못했을 것이다. 아마도 여러 번의 시행착오를 거치고, 수백 번의 동일한 실험을 실행한 뒤에야 신뢰할 만한 의미 있는 데이터를 얻었을 것이다. 마침내 갈릴레이가 측정한 소리의 속도는 오늘날 우리에게 알려진 초속 약 340미터에 95퍼센트 정도 일치하는 정확한 수치였다고 알려져 있다. 그는 음속을 측정한 다음 동일한 방법으로 광속을 측정하였지만 번번이 실패하였다. 광속은 초속 30만 킬로미터나 되기 때문에 그러한 원시적 도구로는 어림없는 도전이었다. 그 후 약 3백 년이 지나 20세기 초반이 되어서야 과학자들은 광속의 측정에 성공할 수 있었는데, 갈릴레이의 불굴의 탐구정신과 실험과 측정을 통해 가설을 확증하는 행위는 바로 근대과학의 방법이었다. 이러한 점이 그를 근대과학의 아버지라 부르게 만든 것이다. 앞부분에서 일본사람들이 영어의 'science'를 한자어 '科學'으로 표기했다고 했는데, 여기서 '科'자는 '쌀을 됫박으로 재는' 행위를 뜻한다. 즉 어떤 물질의 분량을 측정하는 행위를 나타내는데, 이런 점에서 갈릴레이의 음속과 광속 측정의 노력은 과학의 본질을 드러낸 것이라고 할 수 있다.

그런데 당시의 관점에서 이러한 갈릴레이의 행위를 어떻게 보았을까? 당시에는 가장 빠른 마차라고 해봐야 초속 10미터 남짓이었을 것이다. 이는 음속과 비교해볼 때 매우 느린 속도이며, 음속을 알았다고 해서 이익이 될 일은 전혀 없었다. 따라서 많은 사람의 눈에 갈릴레이의 행위는 실생활에 아무런 도움도 못되는 쓸데없는 짓으로 보였을 것이다. 하지만 갈릴레이의 행위는 과학의 중요한 본질을 우리에게 알려준다. 우리는 흔히 과학을 실생활에 도움이 되는 기술과 혼동하는 경우가 많은데, 진정한 과학정신이란 오직 진리를 탐구하는 꺼지지 않는 열정의 불꽃이다. 우리나라는 과학을 도입할 때부터 정부가 주도하여 오직 산업화의 수단으로, 보다 심하게 말하자면 돈벌이의 수단으로 간주하였기 때문에 순수한 기초과학은 걸음마 수준이고, 산업기술력은 세계 최첨단을 달리는 기형적인 구조가 형성되었다. 황우석 사건과 같이 가끔 발생하는 과학계의 연구윤리 위반사건은 상업적 이익이 우선시되는 우리나라 과학계의 왜곡된 현실의 결과물이다. 이러한 상황에서 노벨상을 바라는 것은 그야말로 '우물에서 숭늉 찾기'가 아닐 수 없다. 물신주의가 망쳐놓는 것은 교회뿐만이 아니다. 과학도 마찬가지다. 재물과 하나님을 동시에 섬길 수 없다는 예수님의 가르침은 과학에도 그대로 적용된다.

1632년 갈릴레이는 코페르니쿠스의 태양중심설을 지지하는 내용을 담은 『천문대화』Dialogo sopra i due massimi sistemi del mondo를 출판했다. 코페르니쿠스의 『천구의 회전에 대하여』De revolutionibus orbium coelestium가 출판된 지 80여년이 지났을 때다. 갈릴레이는 이로 인해 로마 교황청의 이단심문소에서 종교재판을 받아야 했고, 평생 가택연금 및 출판금지의 처벌을 받았다. 그는 하나님께서 당신의 뜻을 인간에게 알려주시기 위해 두 종류의 책을 주셨다고 믿었는데, 하나는 성서이고, 다른 하나는 우주라는 책이다. 그는 이렇게 말했다. "철학은 우주라고 하는 이 웅장한 책 속에 쓰여 있다. 이 책은 언제나 우리 눈앞에 펼쳐져 있다. 그러나 먼저 그 말을 배우고, 그것이 쓰여 있는 글자를 읽을 수 있게 되지 않으면 이 책은 이해할 수가 없다. 그것은 수학이란 언어로 쓰였기 때문에 이를 모르면 이해할 수 없다."

여기서 갈릴레이가 말한 철학이란 '자연철학'이며, 오늘날의 자연과학을 뜻한다. 그는 성서가 하나님의 말씀인 것처럼, 우주도 '제2의 성서'로서 하나님께서 만드신 창조의 경륜을 나타내고 있다고 주장했다. 인간은 이 '제2의 성서'인 우주를 바라보면서 하나님의 지혜를 읽을 수가 있고 하나님의 위대하심을 보여줄 수 있다고 믿었다. 당시 성서는 모두 라틴어로 되어 있었기 때문에 성서를 읽으려면 라틴어를 공부해야 하듯이, '제2의 성서'인 우주를 이해하기 위해서는 수학을 공부해야 한다고 생각했다. 로마 가톨릭교회는 갈릴레이의 주장을 위험하고 불온한 생각으로 규정했지만, 갈릴레이의 과학적 탐구심의 동기는 하나님의 창조 사역의 위대함을 보다 분명하게 드러내어 찬양하기 위한 것이었다. 갈릴레이는 지동설을 둘러싼 교회의 두려움과 단죄를 두고, 성서는 우리에게 "어떻게 하늘나라에 가는지How to go to Heaven를 알려주는 책이지, 어떻게 하늘나라天球가 돌아가는지How the heavens go를 알려주는 책이 아니다"라고 말했다. 천구가 어떻게 운동하는지에 대해서는 당연히 수학의 언어로 쓰인 '제2의 성서'를 읽어야 한다는 것이다. 『천문대화』의 서언에서 자신의 믿음직한 후원자였던 토스카나 대공에게 바치는 헌사에서 갈릴레이는 이렇게 말했다.

보다 높은 곳을 우러러보는 사람은 보다 훌륭한 사람입니다. 그리고 철학의 본래의 대상인 자연이라고 하는 웅장한 책을 연구하는 것은, 바로

신학자의 과학 산책

높은 것을 우러러보는 방법인 것입니다. 이 책에서 읽는 모든 일은 모두가 전능하신 창조주의 솜씨이며, 그중에서도 창조주의 훌륭한 솜씨를 가장 뚜렷이 보여주는 것에 최대의 가치가 있습니다. 인간이 이해할 수 있는 모든 자연물 가운데서 우주의 창조야말로 으뜸이라고 생각합니다.[1]

뉴턴의 과학과 신앙

미켈란젤로의 사망과 갈릴레이의 탄생이 같은 해에 일어난 것처럼, 묘하게도 갈릴레이가 사망한 해의 크리스마스 날에 만유인력law of universal gravity과 역학법칙을 발견하여 기계론적 우주론의 성립에 결정적인 기여를 한 위대한 과학자 아이작 뉴턴Sir Isaac Newton, 1642-1727이 태어났다. 시골의 농장주였던 뉴턴의 아버지는 그가 태어나기 세 달 전에 세상을 떠났다. 그는 미숙아로 태어났기 때문에 일주일 후 유아세례를 받기는 했지만 아무도 그가 오래 살 수 있으리라고 생각하지 않았다. 하지만 그는 당시로서는 흔치 않게 85세까지 장수를 누렸다. 그가 스물세 살이 되던 해에 영국 전역에 페스트가 유행하는 바람에 그는 케임브리지를 떠나 고향으로 돌아와 머물게 되었다. 뜻하지 않은 휴가를 얻은 그는 여유롭게 산책을 하거나 사과나무 아래 앉아서 사물의 운동을 일으키는 근원적인 이유가 무엇인지에 대해 사색에 잠기곤 했다.

---

1   와다나베 마사오, 『과학자와 기독교: 갈릴레이에서 현대까지』, 오진곤, 손영수 역(전파과학사, 1995), 45.

뉴턴 역시 갈릴레이처럼 아리스토텔레스의 물리학에 대한 회의와 도전을 통해 과학적 성취를 이룰 수 있었다. 오래전부터 그리스 철학자들은 이 세계가 네 가지 원소에 의해 만들어졌다고 믿었는데, 그것들을 가벼운 순서대로 나열하면 불, 공기, 물, 흙이다. 아리스토텔레스는 이 세계에서 일어나는 모든 운동과 변화가 4원소의 본성에 근거한다고 설명하였다. 불꽃이 하늘을 향하는 이유는 불이 있어야 하는 위치가 원래 하늘이기 때문이며, 새의 깃털이 바람에 날려 공기 중에 떠돌다가 살며시 내려앉는 이유는 깃털에 공기의 원소와 흙의 원소가 섞여 있기 때문이라고 설명했다. 마찬가지로 "돌멩이를 들어 공중에 놓으면 아무도 힘을 가하지 않았는데도 왜 땅으로 떨어지는가?"라는 질문에 대해, 아리스토텔레스는 "돌이 지닌 본성이 이 세계에서 맨 아래에 위치해야 하는 것이기 때문이다"라고 설명했는데, 이러한 설명은 모든 이에게 아주 그럴듯하게 들렸기 때문에 수천 년 동안 아무도 의문을 제기하지 않았다. 앞에서 갈릴레이는 낙하의 법칙은 발견했지만, 낙하를 일으키는 이유에 대해서는 묻지 않았다. 그런데 뉴턴은 이러한 관습적 믿음을 그대로 받아들이지 않았다.

뉴턴이 사과나무 아래에서 사과가 떨어지는 것을 보고 그 순간 만유인력의 법칙을 깨달았다는 그 유명한 전설에서 우리가 놓치기 쉬운 부분은, 뉴턴이 아리스토텔레스의 설명에 회의를 품고 보다 더 지적으로 만족스러운 설명을 찾고자 끊임없이 고민해온 과정 끝에 마침내 아무도 생각해내지 못했던 새로운 개념을 움켜쥐었다는 사실이다. 즉 뉴턴은 보이지 않는 어떤 동인에 의해 발생하는 현상을 그저 사물이 지닌 본성으로 귀결시킴으로써 당연한 일로 받아들이는 아리스토텔레스적 사고방식에 만족할 수 없었던 것이다. 관습적인 믿음에 대한 뉴턴의 회의는 수천 년 동안 모든 사람이 아무런 의심 없이 받아들였던 아리스토텔레스에 대한 도전이었고, 그 도전은 누구의 눈에도 보이지 않는 낙하운동의 근본적인 이유, 즉 만유인력이라는 진리를 발견하게 해주었다.

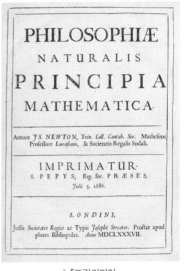

이러한 뉴턴의 역학이론은 1687년에 출판한 『프린키피아』자연철학의 수학적 원리, Philosophiae Naturalis Principia Mathematica 라는 책에 담겨져 있다. 갈릴레이와 마찬가지로 뉴턴도 이 우주를 하나님이 지으신 피조세계로 믿었다. 그리고 갈릴레이가 말한 대

‖ 「프린키피아」

로 '제2의 성서'를 이해하고자 하는 마음에서 '우주라고 일컫는 책'을 연구하였다. 그는 책의 앞부분에서 물체가 운동하는 배경인 공간과 시간은 인간의 감각으로부터는 완전히 독립된 무한하고 균일하고 연속적인 실체로서, '절대공간'과 '절대시간'이라고 전제하였다. 그는 전능하시고 영원하시며 보편적인 하나님께서 창조하신 것이라는 가정하에 인간의 감각을 초월하는 실체로서 공간과 시간의 절대성을 강조했다. 뉴턴은 1713년에 출판한 『프린키피아』 제2판에 하나님에 관한

내용을 추가하였다.

> 행성과 혜성들은 오직 만유인력 법칙에 의해서만 그 궤도를 유지하고 있
> 지만, 이들 법칙으로부터 궤도의 규칙적인 위치를 최초에 스스로 이끌어
> 낼 수 있었던 것은 결코 아니었다. … 참으로 아름다운 태양과 행성과 혜
> 성의 체계는 지혜와 힘으로 충만하신 존재자의 계획과 지배로부터만 태
> 어날 수 있다. 그는 영원하시고 무한하시고 전능하시고 전지하시다. 그
> 분은 영원에서부터 영원으로 이어지고, 그의 존재는 무한에서 무한으로
> 미친다. 그분은 시간과 공간을 설정하시고, 모든 사물을 지배하시며, 어
> 디에든지 계신다. 지고하신 하나님이 필연적으로 존재하신다는 것은 모
> 든 것에 의해 인정된다.[2]

뉴턴은 덧붙여 "우리는 하나님의 본질을 알지 못하며, 그분이 지
으신 우주를 통해서 엿볼 수 있다"고 주장했다. 곧 우주의 합리적인
구조와 질서정연한 운행을 보면서, 궁극인제1원인으로서 참으로 현명
하시고 뛰어나신 하나님의 창조의 신비를 깨닫게 된다고 말했다. 초
판이 나온 지 26년이 지나 이제 70세를 넘긴 노인이 된 뉴턴의 사색
은, 이렇게 하나님의 존재와 창조의 신비를 보다 진지하게 고백하는
경지에 다다른 것이다. 뉴턴은 역학 외에도 광학과 연금술 등 평생에
걸쳐 과학의 다방면에 몰두한 위대한 과학자였지만, 기독교와 성서

2   와다나베 마사오, op. cit., 100.

의 연구에도 몰두하였다. 지금도 남아 있는 그의 친필 원고들을 살펴보면, 그가 과학에 관한 기록보다 성서 연구에 관한 원고를 훨씬 더 많이 남겼음을 알 수 있다.

사람들에게 뉴턴의 중력이론은 우주에서 일어나는 모든 운동을 정확하게 설명할 수 있는 완벽한 법칙으로 여겨졌다. 사실 뉴턴 역학은 태양을 중심으로 공전하는 행성들의 운동은 물론 인간이 실제 생활에서 경험하는 모든 물체의 운동들을 거의 완벽하게 기술할 수 있는 법칙이었다. 예컨대 대포에서 발사되는 포탄의 궤적이라든지 움직이는 물체의 충돌 같은 현상을 설명하는 데 부족함이 없었다. 뉴턴은 만유인력의 법칙에 근거하여 절대시간과 절대공간의 개념을 확고히 다졌다. 즉 과거에서 미래로 흐르는 절대시간의 지배를 받는 무한하게 뻗은 3차원 공간이 바로 뉴턴의 세계였다. 이는 3차원 좌표 및 공간과 무관한 또 하나의 시간 축으로 간단하게 표현할 수 있는 세계인데, 이로써 뉴턴은 새로운 시대, 곧 근대과학에 기초한 기계론적 우주론의 시대를 열었다.

뉴턴 물리학의 성취에 고무된 서구의 지식인들은 이 세계를 완벽하게 이해할 수 있으리라는 희망에 도취하여 계몽주의를 꽃피웠다. 계몽주의 시대의 백과사전파는 이 세계의 모든 지식을 체계적으로 작성할 수 있으리라는 지적 낙관주의에 근거했다. 이러한 낙관주의적 사조는 인식론적 철학의 관점에서는 결정론적 세계관으로 이어졌는데, 이 세계의 모든 사건은 철저히 인과율에 따라 발생하기 때문에 미래의 사건 역시 이미 결정되어 있다는 생각이다. 그 대표적인 인물이 앞에서 언급한 나폴레옹 황제의 신망을 얻은 라플라스다. 그는 우주에서 일어나는 모든 변화와 운동은 철저하게 인과율을 따르기 때문에 만일 우리가 충분한 데이터를 알고 있으면 우주의 모든 일을 완벽하게 설명할 수 있을 것이라 주장했다. 그의 결정론적 세계관에 대한 극단적인 확신은 "우주의 공식을 달라. 그러면 우주를 만들어 보이겠다"는 과감한 주장에서 극치를 이룬다.

뉴턴의 물리학이 우주의 모든 운동을 완벽하게 설명할 수 있는 과학이라는 믿음은 19세기 말까지 흔들리지 않았다. 당시의 '근거 없는 자만심'을 잘 나타내는 이야기가 있는데, 스위스의 어떤 특허청장이 "이제는 더 이상 새로운 게 나올 것이 없어 사표를 내야겠다"고 말했다는 것이다. 그런데 19세기가 거의 끝날 무렵 과학계에 약간 이상한 기운이 감지되기 시작했다. 과학자들은 뉴턴의 이론으로 해결할 수 없는 몇 가지 예외적인 문제들이 있다는 것을 알게 되었다. 당시에는 이를 두고 "청명한 하늘에 걸린 작은 구름 두 조각"이라고 표현했지만, 이때까지도 당시 과학으로 설명이 잘 안 되는 이 '작은 구름' 정도는 곧 과학의 발전에 의해 모두 깨끗하게 해명될 수 있을 것이라고 생각했다. 그런데 얼마 지나지 않아 이 작은 구름 조각이 하늘을 가득 뒤덮는 먹장구름이 되었다.

빛을 둘러싼 과학과
기독교의 사색들

이 작은 구름 하나는 "빛이 입자인가, 아니면 파동인가?"라는 의문이었고, 다른 하나는 흑체Black Body라는 이상적인 물체가 에너지를 흡수하고 방출할 때 일어나는 흑체복사 현상에 관한 의문점이었다.

빛! 창조와 로고스의 발현

하나님이 말씀하시기를 "빛이 생겨라" 하시니, 빛이 생겼다. 그 빛이 하나님 보시기에 좋았다. 하나님이 빛과 어둠을 나누셔서, 빛을 낮이라고 하시고, 어둠을 밤이라고 하셨다. 저녁이 되고 아침이 되니, 하루가 지났다.(창 1:3)

성서는 하나님께서 세상을 창조하실 때 제일 먼저 생겨난 것이 빛이라고 증언하고 있다. 현대과학의 빅뱅우주론에서도 우주가 탄생할 때 가장 먼저 나타난 현상이 빛이라고 설명한다. 그리고 빛의 물리적 특성이 바로 이 우주의 근본적인 특성을 규정한다. 현대과학을 전혀 알지 못하던 수천 년 전에 살았던 성서 저자와 현대 과학자들이 규명한 우주 탄생에서의 빛에 대한 이해가 상통하는 것은 놀라운 점이다. 또한 요한복음서는 예수 그리스도를 "어두운 세상을 비추는 참 빛"이라고 증언한다. 기독교 신앙에서나 물리학에서나 빛은 존재하는 것 가운데 가장 처음 나타난 존재이며, 제일 중요하고 근본적인 요소인 것이다.

과연 빛은 무엇일까? 우리는 빛을 만질 수도 없고 무게도 느낄 수 없지만, 우리는 빛을 볼 수 있고 그 따뜻함열을 느낀다. 우리가 바라보는 햇빛, 즉 태양 에너지는 어마어마한 질량을 가진 태양 내부에서 엄청난 열과 압력중력에 의해 수소원자가 헬륨원자로 바뀌는 핵융합반응에 의해 발생되어, 태양 표면에서 출발하여 1억 5천만 킬로미터의 우주 공간을 약 8분 동안 달려와 비로소 우리 눈에 보이는 것이다. 아무런 무게도 없는 햇빛은 열을 담아 가지고 와서 이 땅과 우리 머리 위에 쏟아 부어 그 열과 더위를 느끼게 한다. 여름이 더운 이유는 태양을 공전하는 지구의 자전축이 살짝 기울어져 있고 여름철에 북반구가 태양에 보다 수직이므로 태양열을 더 많이 받기 때문이다. 지구의 공전궤도는 원이 아니라 타원형인데 북반구를 기준으로 할 때 겨울보다 여름철에 태양과의 거리가 더 멀어진다. 이때 태양과의 거리는 더 멀지만 태양을 향한 각도가 보다 수직에 가깝기 때문에 온도가 올라가게 되는데, 여기서 거리보다는 각도가 중요함을 알 수 있다.

어쩌면 우리와 하나님과의 관계도 이와 비슷할지 모른다. 하나님과의 거리보다는 그분을 향한 열망이 보다 중요하지 않을까? 다시 말해 늘상 입버릇처럼 하나님을 찾고 성령을 부르짖는 거룩한 분위기 속에 있더라도 마음 깊은 곳에서 하나님을 향한 갈급함이 없다면 별로 은혜가 없을 것이다. 반대로 세상 낮은 곳에서 비천한 사람들과 뒹굴더라도 하나님의 얼굴을 보고자 하는 열망이 있다면 은혜가 풍성하지 않을까 생각해본다. 하나님은 바로 이 세상을 지극히 사랑하시는 분이기 때문에 그분을 향한 열망을 품는다는 것은 곧 생명과 사람에 대해 따뜻한 마음씨를 지닌다는 뜻일 것이다. 이러한 사람은 비록 겉보기에는 가난하고 헐벗은 동네에서 살더라도 진정한 하나님의 사랑과 은혜가 넘치는 삶을 살 것이다. 이 대목에서 우리는 요한복음 저자의 고백을 떠올린다.

> 그 말씀은 육신이 되어 우리 가운데 사셨다. 우리는 그의 영광을 보았다. 그것은 아버지께서 주신, 외아들의 영광이었다. 그는 은혜와 진리가 충만하였다.…우리는 모두 그의 충만함에서 선물을 받되, 은혜에 은혜를 더하여 받았다(요 1:14-16).

아리스토텔레스의 광학과 기독교

빛에 대한 최초의 의미 있는 연구 역시 아리스토텔레스에 의해 이루어졌다. 아리스토텔레스는 빛의 본질을 이해하는 실마리를 색깔로부터 찾았다. 그는 빛을 어둠과 대립시키고, 빛의 가장 순수한 상태가 흰색이고 반대로 빛이 전혀 존재하지 않는 상태가 검은색이며, 빛과 어둠과의 혼합 정도에 따라 여러 가지 색깔이 나타난다고 설명했다. 예를 들자면 검은 숯에 불을 붙이면 빨갛게 타오르는데, 이 빨간 색은 불에서 나온 백색 빛이 숯이 지니고 있던 어둠과 적당히 섞여 빨간 빛으로 보인다는 설명이다. 마치 서로 다른 색깔의 액체를 섞어 칵테일을 만들듯이 빛과 어둠이 혼합되어 색깔이 나타난다는 것인데, 이것을 아리스토텔레스의 빛의 변용설이라고 한다. 아침에 바다 위 하늘을 붉게 물들이며 해가 떠오른 다음 하늘이 환해져 모든 색깔이 나타났다가 저녁이 되면 서산 하늘에 석양이 물들며 해가 지고 밤이 되면 캄캄해지는 것도 모두 순수한 하얀 빛과 어둠의 혼합이 만들어내는 현상이라고 한다. 무지개에 포함된 일곱 가지 색깔도 모두 순수한 백색 빛과 어둠의 혼합 정도에 따라 나타난다고 하는데, 이러한 사고는 이 세계가 흙, 물, 공기, 불로 구성되어 있다는 4원소설과도 관련이 있다. 4원소설에서 불의 고유한 위치가 하늘이며 그 너머에는 제5원소로 만들어진 하늘나라가 존재한다고 믿었듯이, 아무것도 혼합되지 않은 순수한 빛으로서 백색은 지상세계와 달리 제5원소로 이루어진 천상의 세계를 반영하는 고귀한 색으로 간주되었다.

이러한 아리스토텔레스의 빛에 대한 철학은 나중에 바울이 로마 제국 곳곳을 다니며 기독교를 전파할 때 도움이 되었을 것이다. 바울은 고린도후서 5:1에서 "땅에 있는 우리의 장막집이 무너지면, 하나님께서 지으신 집, 곧 사람의 손으로 지은 것이 아니라 하늘에 있는 영원한 집이 우리에게 있는 줄 압니다"라고 설파하였다. 기독교에서 말하는 영원한 하늘나라는 어둠과 전혀 혼합되지 않은 순수한 빛의 이미지와 맞닿아 있다. 예수 그리스도를 가리켜 "하나님과 함께 창조 이전부터 계신 로고스이며 어둠 속에서 모든 것을 비추는 생명의 빛"이라고 증언한 요한복음 저자는 어쩌면 아리스토텔레스의 빛에 관한 설명을 잘 알고 있었는지도 모른다. 요한복음 첫 장에서 웅장하게 펼쳐지는 예수 그리스도에 대한 우주론적 설명은 아마도 그 시대에 아리스토텔레스의 사상을 비롯한 그리스 철학에 정통한 지식인들에게는 상당히 설득력 있게 다가왔을 것이다. 이렇게 보면 기원전 5세기에 그리스의 상업도시 밀레토스에서 시작되어 로마 제국이 확장한 헬레니즘 문화권 전역으로 퍼진 그리스 철학은 결국 기독교가 널리 전파될 수 있는 토대를 미리 놓아준 것이라고 말할 수 있다.

한편 빛을 어둠과 대비시켜 완전성 및 불완전성으로 구분하는 아리스토텔레스의 빛과 색깔에 대한 관점은 초기 기독교에 가장 큰 도전이 되었던 영지주의와도 깊은 관련이 있다. 영지주의란 밀교적이고 비밀스러우며 계시적인 '영적 지식'을 뜻하는 그리스어 '그노시스'gnosis에서 유래했다. 영지주의자들은 구원이 예수 그리스도에 대한 믿음을 통해서가 아니라 '영적 지식' 또는 '신성한 영'Divine Spirit

을 알고 접촉함으로써 이루어진다고 믿었다. 이들은 이 세계를 이원론적으로 이해하여 빛과 어둠, 영과 물질이 투쟁하는 장소로 보았으며, 창조 이전에 존재한 물질pre-exiting matter에 깃든 악에 대항하여 비밀스럽고 신령한 영을 모시는 것이 신앙의 핵심이라고 주장하였다. 그들은 영과 정신은 선하고 육과 물질은 악하다는 극단적 이원론에 근거하여 구약의 창조주 하나님을 물질을 만든 저급한 신데미우르고스, δημιουργός, demiurge으로 보았으며, 유대교 전통보다는 그리스 사상의 관점에서 기독교를 이해하려고 한 자들이었다. 지상의 4원소를 초월하여 제5원소로 이루어진 천상 세계를 나타내는 완전체로서 빛을 이해했던 아리스토텔레스의 관점이 이러한 영지주의 사상에 영향을 끼쳤다는 것은 쉽게 짐작할 수 있다.

뉴턴의 광학과 다양성의 문제

과학자로서 뉴턴의 첫 논문은 "빛과 색채에 관한 새 이론"이었다. 그는 이 논문을 1672년 영국왕립학회가 발간하는 「철학회보」에 실었다. 그는 햇빛을 삼각형의 유리 프리즘에 통과시키는 광분해 실험을 통해 아리스토텔레스의 빛 이론이 틀렸다는 것을 입증했다. 햇빛을 삼각형 유리 프리즘에 통과시키면 가장 두꺼운 부분에서는 빨간빛이, 가장 얇은 부분에서는 보랏빛이, 그 중간에는 무지개에서 볼 수 있는 색깔이 차례대로 나타난다. 위에서 설명했듯이 아리스토텔레스는 색이 빛과 어둠이 혼합된 정도에 따라 나타난다고 주장했는데, 이에 따르면 빨간색은 유리의 가장 두꺼운 부분을 통과하면서 그만큼 어둠이 섞인 결과이고, 반대로 보라색은 가장 얇은 부분을 통과했기 때문에 백색에 가까운 것이라고 설명한다. 하지만 뉴턴은 프리즘을 통과한 일곱 가지 빛의 띠에서 하나의 색을 택해 다시 제2의 프리즘으로 통과시켰는데 처음의 색이 그대로 나타났다. 아리스토텔레스의 이론대로라면 제2의 프리즘을 통과했기 때문에 더 어두운 빨간색 쪽으로 변화해야 하지만 실험결과는 그렇지 않았다. 또한 뉴턴은 프리즘을 통과한 일곱 가지 빛을, 두께를 반대로 바꾼 제2의 프리즘에 통과시키면 다시 백색광을 만들어 낼 수 있다는 것도 발견했다. 이는 색깔이 유리에 깃든 어둠과의 혼합에 의해서 생기는 것이 아니라는 명백한 증거였다. 이리하여 뉴턴은 햇빛의 무지개 색은 어둠의 혼합 때문이 아니고 굴절에 의해 생기는 현상임을 밝혀내었다. 백색광은 순수한 빛이 아니라 그 반대로 굴절률이 다른 다양한 색깔의 빛이 혼합된 결과라는 사실을 알게 되었는데, 이로써 지난 수천 년 동안 진리로 여겨졌던 아리스토텔레스의 이론이 무너지게 되었다.

필자는 뉴턴이 자신의 새로운 광학을 신앙과 어떻게 연결시켰는지에 대해서는 아직 자료를 찾지 못했지만 이를 오늘날의 신학적 관점에서 소수자 문제와 연결해서 생각해보고자 한다. 만일 밝은 투명한 빛이 하늘나라를 상징한다면 그것은 아리스토텔레스의 사고방식처럼 혼합물이 전혀 없는 순수한 상태를 가리키는 것이 아니라, 무지개에서 볼 수 있듯이 굴절률이 다른 여러 가지 단색광이 모여서 만들어진 결과다. 이를 사회적인 맥락으로 번역하자면 다양성의 공존이라고 말할 수 있을 것이다. 즉 하늘나라의 찬란한 광채는 순수한 백색광이 아니라 무지개의 색깔이 함께 모여서 만드는 빛이다. 유럽이나 미주의 교회 중에는 교회 입구에 무지개 깃발을 걸어놓은 교회들이 있는데, 인종, 계급, 성적 지향성 등 여러 영역에서 소수자들을 차별하지 않는다는 표시다.

　　최근 한국에서 성소수자 문제를 둘러싸고 뜨거운 논쟁이 벌어지자 성소수자에 대한 차별을 반대하는 사람들은 자신의 페이스북에 무지개 배너를 걸어놓았다. 한편 한국교회의 일부 보수적인 목회자들은 성소수자에 대한 잘못된 편견에 근거하여 극단적인 혐오감을 증폭시키는 메시지를 전파하고 있는데, 이는 깊이 생각해 보아야 할 문제이다. 예수께서는 나병환자, 정신이상자, 간음한 자, 이방인 등 당시의 종교적 기준으로 죄인이라고 규정했던 여러 형태의 소수자에 대한 편견과 증오에 동조하지 않고 그들도 거룩한 하나님의 자녀임을 일깨우고 그들 편에 서셨다. 전체 인구 가운데 일정 비율로 나타나는 현상으로서 선천적으로 성적 지향이 다른 기질을 안고 태어난 성소수자들은, 사람들이 손가락질하기 전에 이미 스스로 자신의 운명을 원망하면서 엄청난 고통을 겪으며 살아가고 있다. 일반인들 가운데서 성소수자에 대해 미워하다가 그들을 이해하게 되는 첫 번째 부류의 사람들이 있는데, 바로 성소수자의 부모다. 성소수자의 부모 역시 자신의 자녀가 동성애자인 것을 알게 되면 굉장한 충격을 받게 된다. 대부분의 부모들은 그로 인해 엄청난 실망감과 모욕감을 겪으면서 오랜 대화 끝에 비로소 자신의 자녀가 악마의 꾐에 빠진 괘

락주의자가 아니라, 인위적인 노력으로 바꿀 수 없는 다른 기질을 갖고 태어났다는 것을 알게 된다. 그리고 자녀가 받는 고통을 조금씩 이해하게 된다. 따라서 성적 지향이 다른 이들을 마치 가장 더러운 죄인처럼 취급하고 무자비한 단죄를 서슴지 않는 것은 결코 복음적이지 않으며 예수님의 가르침과는 상반되는 행동이다.

빛의 본질과 우주

역학뿐 아니라 광학 분야에서도 근대과학의 새로운 기초를 놓은 뉴턴은 그의 논문 "광학"Optics, 1704에서 빛이 입자의 특성을 나타낸다고 주장했다. 당시는 뉴턴의 권위가 너무도 대단했기 때문에 모두 그렇게 믿었지만, 19세기 들어 빛이 입자의 특성과 동시에 파동의 특성도 지닌다는 현상이 발견되었다. 입자와 파동은 서로 모순된다. 입자란 알갱이를 뜻하며 직선 운동을 하지만, 파동이란 호수 위에 물결이 치는 것처럼 어떤 물질이 메아리치는 현상이다. 그리고 파동은 입자와 근본적으로 다른 특성이 있는데 그것은 간섭이나 회절 현상이다. 간섭이란 파동과 파동이 겹치는 경우 서로 영향을 주고받는 현상이고, 회절은 장애물이 있더라도 그 뒤로 돌아가 에너지가 전달되는 현상을 말한다.

총격전이 벌어질 때 기둥 뒤에 숨으면 총알은 피할 수 있지만 총소리는 전달된다. 총알은 입자처럼 직진 운동을 하는데 반해 총성은 공기를 울리는 파동이기 때문에 회절을 통해 기둥 뒤까지도 음파를 전달하기 때문이다. 만일 빛이 파동이라면 아직 우리에게 알려지지 않은 어떤 물질이 파도치며 빛의 이동을 매개하는 현상으로 설명해야 하지만 과학자들이 그 물질을 검출하려고 갖은 방법을 다 고안해서 실험을 해도 빛의 파동을 전달하는 매질의 증거를 전혀 찾을 수가 없었다. 그래서 과학자들은 이 가상의 물질을 '에테르'ether라고 이름 붙이고, 우주 공간에 에테르가 가득 차 있다고 상상했다. 에테르는 뉴턴이 말한 절대공간에 정지된 상태로 존재하며 지구의 공전 같은 운동에도 전혀 영향을 받지 않는 신비한 물질로 여길 수밖에 없었기 때문에 과학자들의 지적 불만족은 증폭되어만 갔다. 더욱이 과학자들이 옛날 갈릴레이가 실패했던 빛의 속도를 측정하는 데 성공한 후 정말로 심각한 문제가 생겼는데, 그것은 지구의 공전속도가 더해지거나 감해져도 광속이 전혀 변화하지 않는 것이었다. 우리가 달리는 열차에서 진행방향으로 공을 던지면 외부관찰자가 볼 때 공의 속도는 빨라지고, 뒤로 던지면 반대로 느려지는 것이 뉴턴 역학의 상식이다. 그런데 빛은 광원의 속도와 상관없이 약 초속 30만 킬로미터라는 불변의 고유한 속도를 보이는 것이었다. 이것은 뉴턴 역학에 대한 근본적인 도전이 아닐 수 없었다. 19세기 과학자들의 골머리를 앓게 한 이러한 광속의 패러독스는 마침내 1905년 아인슈타인의 특수상대성이론에 의해 해결되었지만, 그 해결의 실마리는 전자기電磁氣波, Electromagnetic radiation, EMR의 연구를 통해서 풀리기 시작했다.

　결론부터 말하자면 빛은 전자기파의 일종이다. 전자기파는 전기장과 자기장이 변할 때 공간으로 퍼져나가는 파동이다. 쉽게 설명하자면 우리가 어렸을 때 자석을 가지고 놀면서 느끼는 힘이 자력이다.

신학자의 과학 산책

종이 위에 쇳가루를 흩어 놓고 아래에서 자석을 흔들면 일정한 패턴으로 쇳가루가 배열되는 것을 볼 수 있는데 이것이 바로 자석이 만들어 내는 장field, 즉 자기장의 형태다. 또한 예로부터 사람들은 송진 등이 오랜 기간 땅 속에서 굳어 생긴 광물질인 호박琥珀이란 보석을 양모로 문지르면 발생하는 정전기 현상을 통해 전기라는 현상을 오래 전부터 알았다. 벤자민 프랭클린Benjamin Franklin, 1706~1790은 번개가 칠 때 연을 날려 연줄을 통해 전류가 흐른다는 것을 밝혀냄으로써 전기에 대해 좀 더 잘 알게 되었다. 과학자 패러데이Michael Faraday, 1791~1867와 맥스웰James Clerk Maxwell, 1831~1879은 자기와 전기가 궁극적으로 같은 현상임을 밝혀내고 이를 전자기력electromagnetic force이라 불렀다. 그런데 뉴턴의 세계에서는 오직 만유인력, 즉 중력만이 우주에 존재하는 유일한 힘이라고 생각했다. 하지만 전자기력이 밝혀짐에 따라서 우주에는 중력만 존재하는 것이 아니라 중력과 무관한 전자기력이라는 힘도 존재한다는 것을 알게 되었다. 이는 뉴턴의 중력 이론이 만능이론이 아님을 뜻하는 것이었다. 이후에 과학자들은 원자의 구조를 연구하면서 중력과 전자기력 외에도 원자의 구성을 지배하는 강력强한 핵력과 약력이라는 다른 두 힘이 존재한다는 것을 밝혀내었다. 그리하여 이 우주에는 중력Gravitational Force, 전자기력Electromagnetic Force, 강력Strong Force, 약력Weak Force이라는 네 가지 근본적인 힘이 있음을 알게 되었다.

여기서 빛에 대한 이야기를 잠시 내려놓고 전자기력 연구의 기초를 놓은 과학자의 이야기를 소개해보겠다. 마이클 패러데이는 영

▌마이클 패러데이 초상이 그려진 영국 20파운드 지폐

국인이 가장 사랑하는 과학자로 선정되는 인물이다. 영국인 중 가장 위대한 과학자를 한 명 꼽으라면 주저 없이 뉴턴을 꼽겠지만, 영국인이 가장 사랑하는 과학자는 패러데이다. 아마도 그 이유는 그가 아무런 정규교육을 받지 못했음에도 불구하고 과학에 대한 애정과 불굴의 탐구정신으로 물리학의 새로운 영역을 개척하는 놀라운 일을 해냈기 때문이다. 그는 너무도 가난한 대장장이의 아들로 태어나 학교에 다닐 수 없었기 때문에 읽기와 쓰기, 그리고 간단한 산수 밖에 배우지 못했다. 그가 열세 살 무렵 식구의 입 하나 덜자고 취직한 곳이 제본소였다. 그는 허드렛일이나 하는 '보조'임에도 불구하고 밤마다 그곳에서 인쇄된 책을 보면서 공부한 끝에 과학자들이 제본을 맡긴 논문을 이해할 수 있는 수준에 이르렀으며, 당시 유명한 과학자였던 험프리 데이비 경Sir Humphry Davy, 1778-1829의 강연을 듣고 그 강의를 소책자로 엮어 선물한 일이 인연이 되어 그의 조수가 되었다. 말이 좋

신학자의 과학 산책

아 실험실 조수이지 실제로 그가 맡은 일은 실험실을 청소하며 건강에 해로운 위험한 화학물질을 다루고, 단순한 실험을 반복하여 데이터를 정리하는 역할이었다. 그러나 그는 고단한 처지에서도 자신의 연구를 지속적으로 밀고나가, 전자기력에 관한 중요한 법칙들을 발견했다. 그리고 마침내 전기와 자기의 힘을 이용해 회전운동을 만들어낼 수 있는 장치를 고안해 냈는데, 이것이 바로 오늘날 우리가 생활에서 광범위하게 사용하는 전기모터의 기원이다. 만일 그가 전기모터의 특허권을 주장했다면 그는 다이너마이트를 발명하여 엄청난 부자가 된 노벨 이상의 재산을 모았겠지만, 그는 연구소에서 주는 봉급이 너무 많다고 되돌려 주거나 명예로운 직책을 거절하는 등 겸손한 삶을 살았다.

이와 같은 그의 소박하고 겸손한 태도는 독실한 기독교 신앙에 기인하였고, 그는 한평생 신앙의 길을 벗어나지 않고 죽을 때까지 모범적인 기독교인의 삶을 실천하였다. 그는 귀족이나 명문대 출신의 동료 과학자들로부터 은근한 차별과 질시를 받으면서도 진솔한 인간성과 특유의 겸손함으로 그들을 감동시켰으며, 왕립학회의 회장직을 두 번이나 추천받았으나 끝내 거절했다. 대신 그는 왕립학회가 크리스마스 때마다 어린이들을 위한 과학 강연회를 개최하는 사업을 추진했다. 오늘날까지 이어지고 있는 이 강연회에 노년이 되어 무대에 선 패러데이는 어린이들에게 양초 하나를 켜서 보여주면서 이런 말을 남겼다고 전해진다. "어떤 다이아몬드가 이 불꽃만큼 아름다울 수 있겠는가? 양초의 불꽃은 어둠 속에서도 빛을 발하지만 다이아몬드는 불꽃이 없으면 결코 빛날 수 없단다." 오늘날 영국의 20파운드 지폐에는 그의 초상화와 함께 그가 왕립학회에서 양초 한 자루를 들고 크리스마스 강연을 하는 모습이 그려져 있다.

패러데이에 의해 개척된 전자기파에 관한 연구는 제임스 맥스웰에 의해 간결한 방정식으로 완성되었고, 헤르츠Heinrich Rudolf Hertz, 1857-1894에 의해 실험적으로 재현되고 정밀하게 측정되었다. 전자기학에 따르면 자기장磁氣場, magnetic field과 전기장電氣場, Electric Field은 서로 수직되고, 이 두 방향과 수직으로 파동이 뻗어 나가는 현상이 전자기파다. 짧은 파장은 긴 파장보다 더 빠르게 진동함으로써 결국 동일한 속도를 갖게 되며 그리하여 전자기파는 파장의 크기와 관계없이 진공 속에서 일정한 속도, 즉 초속 약 30만 킬로미터로 진행한다. 전자기파를 연구하다 보니 결국 빛도 전자기파의 일종이라는 것을 알게 되었다. 그런데 왜 에테르가 검출되지 않았으며, 광속이 일정한지에 대한 의문은 1905년 아인슈타인의 특수상대성이론特殊相對性理論, Spezielle Relativitätstheorie, Theory of special relativity에 의해서 올바르게 해명된다.

우리가 눈으로 볼 수 있는 가시광선은 광대한 영역의 전자기파 중에서 지극히 일부에 불과하다. 긴 파장의 적외선과 짧은 파장의 자외선 밖으로도 전자기파가 존재하지만 우리는 이를 보지 못한다. 우리가 맨눈으로 볼 수 있는 것은 우주의 극히 일부에 불과한 셈이다.

제2부

현대과학과 기독교

상대성원리와
신학적 성찰

우주는 전자기파가 춤추는 공간

가난한 집안에서 태어나 입지전적인 과학자가 된 패러데이의 실험과, 수학에 뛰어난 재능을 보인 맥스웰의 방정식을 통해 전자기학이 정립되었다. 이로써 수백 년 동안 과학자들을 괴롭혀온 빛의 정체가 어렴풋이 드러나게 되었다. 뿐만 아니라 우리가 속해 있는 우주 공간이 비록 우리 눈에는 가시광선들 밖에 보이지 않지만 실제로는 다양한 전자기파로 가득 차 있다는 것도 알게 되었다. 한 파장의 길이한 파동의 골과 다음 파동의 골까지의 거리가 1미터 이상이면 전파電波, Radio wave라 부른다. 전파보다 짧은 파장을 지닌 파동들은 극초단파極超短波, Ultra high frequency로서 파장의 길이가 몇 센티미터 정도이고, 적외선赤外線, Infrared은 1만 분의 1센티미터 이상, 가시광선可視光線, Visible spectrum

은 4천만 분의 1에서 8천만 분의 1센티미터 사이, 그보다 더 짧은 파장을 지닌 파동들에는 자외선紫外線, ultraviolet, 엑스선X-ray, 감마선Gamma ray 등이 있다. 우리가 맨눈으로 어두운 밤하늘을 보면 불과 수천 개의 별 밖에 볼 수 없지만, 보이지 않는 헤아릴 수 없이 엄청나게 많은 별들과 은하들로부터 전파와 적외선과 자외선 영역의 전자기파들이 우리의 머리 위로 쏟아지고 있는 것이다. 달리 말하면 이 우주는 무수한 전자기파들의 춤으로 가득 찬 공간이다. 가시광선의 영역은 전자기파의 전체 영역 가운데 매우 좁은 영역에 불과하며, 따라서 우리가 눈으로 볼 수 있는 것도 전체 가운데 지극히 일부에 불과하다.

더욱이 뇌 과학자들의 연구에 따르면 우리의 뇌는 눈으로 들어오는 시각정보 가운데 의미 있다고 판단되는 일부 정보만 받아들이고 나머지는 그대로 버린다. 이런 점을 생각할 때 아무리 현명하고 많은 정보를 손에 쥐고 있는 사람일지라도 인간이 내리는 판단이란 지극히 한정되고 치우친 데이터에 의존하고 있음을 인정해야 한다. 우리는 어떤 조직의 높은 자리에 있는 사람이 잘못된 판단을 내리고 또 이를 일방적으로 밀어붙이는 모습을 종종 보게 된다. 그는 자신이 제일 많은 정보를 갖고 있으며 자신이 내린 판단이 항상 최선이라고 확신하지만 결과는 재앙을 불러오는 경우가 많다. 왜 그런 결과가 나올까? 전자기파의 광대한 영역과 상대적으로 매우 좁은 가시광선의 영역이 시사하는 교훈은 우리 인간이 파악할 수 있는 정보 혹은 물리적 실재는 전체에 비해 지극히 일부에 불과하다는 것이다. 또한 그 한정된 정보 안에서도 우리는 자기가 보고 싶은 것만 보는 습관을 갖고 있는데, 이는 마치 개미 한 마리가 코끼리 발등에 올라탔다고 해서 코끼리의 전체 모습을 알 수 없는 것과 같은 이치다. 이런 점에서 물리학은 우리에게 인식론적으로 겸손한 태도를 지녀야 한다는 교훈을 넌지시 가르쳐 준다.

한편 이 우주가 온갖 종류의 전자기파들이 넘실거리는 공간이라는 개념은 우리에게 새로운 신학적 상상력을 불러일으킨다. 자연의 신학을 주창한 독일의 신학자 판넨베르크Wolfhart Pannenberg, 1928-2014는 물리학의 장field 개념으로부터 온 우주에 편재한 성령聖靈, πνεῦμα을 연상했다. 그는 하나님께서 이 세상의 창조주라는 기독교의 고백이 현대인에게 보다 의미를 획득하려면, 과학자들이 묘사하는 물리적 세계와 하나님이 어떻게 관련을 맺는지에 대한 설명이 필요하다고 주장했다. 판넨베르크는 공간 속에 뻗어 있는 물리학적 장field, 즉 중력장이나 전자기장의 특성을 통해 신학적으로 우주에 편재한 성령을 은유적으로 이해할 수 있다고 제안했다. 성령의 현대적 모델로 물리학의 장 개념을 차용하는 판넨베르크의 시도에 대해 영국의 과학-신학자인 폴킹혼John Charlton Polkinghorne, 1930은 물리학에서 통용되는 장 개념의 맥락을 보다 자세히 설명하면서 그 유용성이 제한적이라며 비판적인 견해를 밝히고 있다. 그럼에도 불구하고 우주 공간이 그저 텅 빈 장소가 아니라 눈에 보이지 않는 전자기파와 장이 작동하는 공간이라는 사실은, 보이지 않는 어떤 힘이나 능력의 작용을 설명하는 데에 있어 좀 더 설득력을 더해 줄 수 있을 것이다. 나아가 하나님과 세계의 연관성을 은유적으로 설명하는 데도 어느 정도 의미가 있다고 생각한다. 다만 판넨베르크에 대한 폴킹혼의 비판은 범주의 오류category mistake를 지적한 것이다.

물리학의 개념과 신학 또는 철학적 사유를 직접 연결 짓는 시도는 일찍이 『현대물리학과 동양사상』원제: The Tao of Physics, 물리학의 도 이라는 매력적인 제목의 책을 출간한 프리초프 카프라Fritjof Capra, 1939에 의해서 시도되었다. 물리학자이면서 젊은 시절 히피 문화에도 관심을 갖고 기웃거렸던 카프라는 이 책에서 상대성이론과 양자역학이라는 두 기둥으로 성립된 현대물리학이 묘사하는 물리세계의 실재가 오래전 불교, 도교, 힌두교 등 동양사상이 실재를 파악하는 관점과 상당히 잘 맞아떨어진다는 주장을 펼침으로써 신과학New Age Science 운동을 불러일으키기도 했다.

이에 호응하여 게리 주커브Gary Zukav, 1942는 『춤추는 물리』The

Dancing Wu-Li Masters라는 책을 펴냈는데, 그는 원래 과학에는 전혀 문외한이었으나, 우연히 친구를 따라 물리학자들의 모임에 참석했다가 그들의 용어가 매우 철학적이라는 점에 충격을 받고 현대물리학에 관심을 갖게 되어 물리학의 기초부터 공부하면서 양자역학이 파악하는 실재 세계의 불확정성과 동양적 사유와의 유사성을 밝히고

▌춤추는 물리

있다. 이러한 시도에 대해 범주의 오류라는 비판도 있고, 두 책 모두 나온 지 상당히 오래된 책이지만 현대과학과 동양사상에 관심이 있는 독자들은 재미있게 읽어볼 만한 책들이라고 생각한다.

"물리의 도사들은 과학과 종교는 춤에 지나지 않으며, 그를 쫓는 자들은 무도자라는 것을 알고 있다. 무도자들은 진리를 따른다거나 현실을 추구한다고 주장하겠지만 물리의 도사들은 그들보다 더 잘 알고 있다. 모든 무도자들의 진정한 사랑은 춤 그 자체임을…"[1]

상대성이론과 시공간space-time

빛이 전자기파의 일종으로서 빛의 속력은 광원 및 관찰자의 속도와 무관하게 일정하다는 발견은 물리학의 혁명을 일으켰다. 1887년에 마이컬슨Albert Abraham Michelson, 1852-1931과 몰리Edward Williams Morley, 1838-1923는 당시까지 빛의 가상적 매질이라고 여기던 에테르의 효과를 측정하기 위해 광속을 지구 공전 방향 및 수직 방향으로 측정하였는데, 아무리 실험을 반복해도 빛의 속도는 일정하게 측정되었다. 광원의 속도나 방향과는 무관하게 광속이 불변하는 이해하기 어려운 현상은 마침내 아인슈타인에 의해 해결되었다. 그는 1905년에 "운동 물체의 전기역학에 대하여"Zur Elektrodynamik bewegter Körper, On the

---

1 　 G. 주커브, 『춤추는 물리』 김영덕 역(범양사, 1990), 150.

Electrodynamics of Moving Bodies라는 제목의 짧은 논문을 발표하였는데, 이것이 바로 유명한 특수상대성이론이다. 아인슈타인은 열여섯 살 무렵에 "만일 빛의 속도로 달려가면서 빛의 다발을 관찰한다면 과연 어떤 모습일까?"라는 상상을 했다고 한다. 이러한 상상은 십년 후 그가 특수상대성이론을 고안하도록 이끌었다. 한편 아인슈타인의 학창시절은 그리 성공적이지 못했는데, 아인슈타인은 고교시절 어학, 역사, 지리 과목에서 낙제점을 받았고, 이로 인해 취리히 연방 공과대학교ETHZ, Eidgenössische Technische Hochschule Zürich 입학시험에 낙방하였다. 이듬해 다시 응시하였을 때 그의 뛰어난 수학실력을 눈여겨 본 대학 교수가 특별히 입학을 허락하여 겨우 대학에 들어갈 수 있었다. 그는 대학을 졸업한 후 원하던 교사가 되지 못하고 특허국에 취직해 평범한 직장인과 다를 바 없었으나, 혼자 꾸준히 물리학을 공부하여 스물여섯 살이 되던 1905년에 광양자설에 관한 연구, 브라운 운동에 관한 연구, 특수상대성이론 등 세 편의 논문을 잇달아 발표한다. 마침내 그는 1921년 물리학에 대한 기여 및 광전효과 연구로 노벨물리학상을 받게 되었다. 만일 그가 한국에서 태어났더라면 두각을 나타내지 못했을 것이라고 말하는 사람들이 많은데, 이는 학생 개개인이 지닌 장점과 잠재적 능력보다는 모든 과목에 걸쳐 우수한 점수를 받아야만 되는 우리나라 입시제도의 문제점을 지적하는 말이다.

특수상대성이론에 따르면 어떤 물체를 가속하여 빛의 속도에 근접하게 되면 질량은 무한대에 가깝게 증가하고 시간은 점점 느려지게 된다. 그래서 아무리 가벼운 입자라도 입자가속기에서 빛의 속도로 가속시키려면 무한대의 에너지를 필요로 한다. 빛은 하나의 광원에서 우주 공간으로 일정한 속도로 이동하는데, 이는 마치 연못에 돌을 던지면 물결이 퍼져 나가는 것과 비슷한 현상이다. 상대성이론은 절대시간을 인정하지 않는데, 이는 우리가 서로 다른 지점에서 경험하는 사건은 빛의 움직임을 기준으로 하여 각각 다른 시간을 갖게 된다는 뜻이다.

우주에서 일어나는 어떤 사건도 빛이 시간의 축을 따라 전개하는 공간의 원뿔을 벗어나서 알려질 수 없다. 예를 들어 초속 30만 킬로미터의 속도를 지닌 빛이 태양에서 지구까지 도달하는 데 약 8분이 걸린다. 그래서 지금 이 순간 태양이 폭발하는 사건이 일어나도 우리는 그것을 알 방법이 전혀 없다. 그것을 알게 되는 것은 지금으로부터 8분 후이다. 그럼 태양이 사라진 시간은 언제일까? 지금일까, 아니면 8분 후일까? 이 질문에 대해 하나의 정답이 있다고 생각하는 것이 뉴턴의 절대시간, 절대공간의 개념이다. 하지만 아인슈타인의 상대성이론에서는 그 사건을 경험하는 지점을 지정하지 않으면 의미가 없다고 말한다. 즉 태양에서는 지금이지만, 지구에서는 8분 후가 정답이다. 그런데 둘 중 어느 한 지점이 절대적인 기준이 될 수 없다. 이러한 생각에 대해 저항감이 들 수도 있을 것이다. 그러면 반대의 경우를 생각해보자. 위와 반대로 지금 지구가 폭발한다면 태양에서는 8분 후 이를 경험할 수 있다. 그 결과는 태양의 폭발이 지구에 미치는 영향에 비해 현저히 미약하겠지만, 만일 태양 근처에 파견된 우주비행사가 있다면 어쨌든 8분이 지난 후에 이를 관측할 수 있겠다. 이 사건도 마찬가지로 지구를 기준으로는 현재이지만 태양을 기준으로는 8분 후가 사건을 경험하는 시간이 된다. 그러면 어떤 시간이 정답일까? 어떤 사건의 시간은 관찰자의 운동 상태에 따라 달라지며 우주의 모든 관찰자는 저마다의 고유한 시간을 가지고 있다. 따라서 우주 전체에서 각각의 사건은 각각 고유한 시간을 갖게 되며 그 어느 것도 절대적이지 않다. 그래서 이 이론을 상대성이론이라고 부르는 것이다. 여기까지가 특수상대성이론special theory of relativity의 이야기이고, 여기에다 중력이란 요소를 도입하면 일반상대성이론general theory of relativity이 된다.

일반상대성이론이 묘사하는 우주의 실제 모습은 특수상대성이론보다 더욱 우리의 고정관념과 충돌한다. 1905년 특수상대성이론을 발표한 후 10년 뒤 아인슈타인은 "중력질량과 관성질량은 근본적으로 동일하다는 착상에서 출발하여, 중력에 의해 시공간이 곡률을 갖는다"는 일반상대성이론을 완성했다. 이 이론은 앞의 이야기보다 상식적으로 훨씬 이해하기 어려운 내용이라 짧게 설명하기가 어렵지만, 쉬운 예를 들어 설명하자면, 중력질량이란 우리의 몸이 지구 중력에 의해 아래로 당겨지듯이 중력을 받은 물체가 갖게 되는 질량이고, 관성질량이란 자동차가 갑자기 앞으로 가속될 때 뒤로 당겨지는 힘을 느끼듯이 물체가 운동상태를 유지하려는 성질로 인해 갖게 되는 질량이다.

아인슈타인은 다음과 같은 상상실험을 통해 일반상대성이론을 고안했다. "만일 어떤 우주비행사가 하늘 높이 밖을 볼 수 없도록 설치된 엘리베이터를 타고 있는데, 그 엘리베이터의 줄이 끊어져 자유

낙하를 하고 있다면 그 우주비행사는 중력을 전혀 느끼지 못할 것이다. 반대로 무중력공간에 설치된 엘리베이터를 지구중력 가속도의 크기로 가속시키면 그 안에 타고 있는 우주비행사는 자신이 지구 표면에 정지해 있는지 아니면 가속에 의한 것인지 전혀 구분하지 못할 것이다." 아인슈타인은 이 상상을 통해서 중력의 효과와 가속도의 효과가 동일하다는 점을 깨달았다. 이것이 중력질량과 관성질량이 동일하다는 뜻이다. 나아가 가속되는 엘리베이터의 한쪽 벽면에서 다른 쪽 벽면으로 빛을 통과시키면 그 빛의 경로는 엘리베이터 안에서는 직선이 아니라 약간 구부러질 것이라고 논증했다. 아인슈타인은 이러한 사고실험을 통해 "질량물질 또는 에너지에 의해 시공간이 휘어지고 그 휘어진 공간을 따라 빛이나 물체가 운동할 것"이라는 놀라운 결론을 이끌어냈다. 이 내용을 간단히 표현하면 "중력에 의해 시공간이 휘어짐, 즉 곡률curvature이 생긴다"고 말할 수 있다. 미국 프린스턴 대학교의 물리학자 존 휠러John Archibald Wheeler, 1911-2008는 이를 가리켜 "물질은 시공간이 어떻게 휘어질지 알려주고 시공간은 물질이 어떻게 운동할지 알려준다"라고 멋지게 표현했다. 여기서 시공간이 휜다는 것은 직진하는 빛이 휘어진 경로를 따른다는 이야기이다. 이것을 실생활의 이야기로 비유를 들자면 마치 아이들이 점핑을 하며 뛰노는 넓은 고무판 위에 볼링공을 올려놓았을 때 볼링공의 무게 때문에 고무판이 오목하게 변형되고, 그 주위에 작은 구슬을 굴리면 경로가 휘어지듯이 시공간이 중력에 의해 변형된다는 뜻이다.

이러한 현상의 극단적인 예가 블랙홀이다. 곧 엄청난 질량을 지닌 천체에 의해 빛조차 빠져나오지 못하는 우주공간의 검은 구멍이 생길 수 있다는 것이다. 2016년에 개봉되어 국내에서만도 천만 명이 넘는 관객을 모은 영화 〈인터스텔라〉Interstellar는 블랙홀 주위를 여행하는 우주비행사가 자신의 아들과 딸과 통신할 때 그 시간 간격이 점점 멀어지는 현상이나, 지구에 남아 있던 딸이 우주비행을 하고 돌아온 아버지보다 더 늙어 있는 장면 등을 통해, 시간이 광속에 근접한 속도나 블랙홀과 같은 중력장에 의해 더 느리게 흐르는 상대성이론의 효과를 극적으로 보여주고 있다.

상대성이론의 효과와 신학적 성찰

상대성이론은 단지 이론으로만 그치는 것이 아니다. 상대성이론은 인류의 역사를 바꾸어놓았는데, 가장 극적인 예가 원자폭탄의 등장이다. 제2차 세계대전을 종식시키는 데 결정적인 역할을 한 원자폭탄이 발생시키는 에너지량을 계산하는 데 결정적인 도움을 준 것이 상대성이론이다. 이는 상대성이론의 질량-에너지 등가 원리Mass-energy equivalence, E=mc2, 에너지는 질량에 광속의 제곱을 곱한 값에 기초하고 있다. 당연히 원자력발전도 같은 원리에 의해 전기에너지를 생산하고 있다. 오늘날 실생활에 가장 가까운 예는 우리가 자동차를 운전할 때 사용하는 GPS인데, GPS 위성은 지구상공을 초속 4킬로미터로 선회하고 있다. 특수상대성이론에 의하면 속도가 빨라질수록 시간이 느려지므로, 이를 적용하면 GPS 위성 시계는 지상에 비해 하루에 7.1마이크

로초 정도 늦어진다. 그런데 GPS 위성은 2만 킬로미터 고도에 위치하므로 중력이 지상에 비해 약해진다. 일반상대성이론에 의하면 중력이 약할수록 시간이 빨라지므로 이 효과를 적용하면 GPS 위성의 시계는 하루에 45.7마이크로초 정도 빨라진다. 이 두 효과를 합하면 결국 위성의 시간은 지구에 비해 하루에 38.6마이크로초만큼 빨라지며, 이 시간의 차이는 11킬로미터의 오차를 낳음으로 이를 보정하지 않으면 자동차 내비게이션을 사용할 수 없다. 그래서 GPS에 탑재된 시계는 지구의 시계에 비해 느리게 가도록 보정되어 있다.

상대성이론은 뒤에 정립된 양자역학과 더불어 현대 물리학의 두 기둥이 되었고, 20세기 중반 이후 정립된 빅뱅우주론의 중요한 이론적 기초를 제공하였다. 우주시공간, space-time 는 평탄하지 않으며 중력에 의해 휘어진다는 설명은 그동안 우리가 지니고 있던 우주상에 매우 혁명적인 변화를 가져왔다. 이는 뉴턴 역학이 가정한 무한히 뻗어 있는 3차원의 절대공간과, 우주 어디에서나 보편적이고 동일하게 흐르는 절대시간의 개념을 폐기하는 결과를 가져왔다. 우리는 상대성이론을 통해 시간과 공간의 절대성에 대해 재고해야 한다.

한때 마니교에 심취했다가 회심을 통해 기독교에 귀의한 아우구스티누스Aurelius Augustinus, 354-430에게 마니교 신봉자들이 찾아와 이런 질문을 던졌다. "하나님이 이 세상을 창조하셨다면, 하나님은 창조 이전에 무엇을 하고 계셨는가?" 아우구스티누스는 여느 성직자들처럼 "골치 아픈 질문으로 성직자를 골탕 먹이는 당신 같은 자들을 위해 지옥을 만들고 계셨을 것"이라고 대답하는 대신에, "시간도 창조의 산물이므로 창조이전을 묻는 것은 의미가 없다"고 대답했다고 한다. 마니교도들이 이러한 질문을 한 이유는 마니교에서는 이 세계란 악한 본성을 지닌 물질과 거룩한 영이 투쟁하는 장소이며, 물질은 본래부터 존재하는 것선재물질, pre-existing matter이라고 믿었는데 기독교에서는 하나님의 창조에 의해 세계가 만들어졌다고 가르쳤기 때문이다. '시간도 창조의 부산물'이라는 아우구스티누스의 대답은 과학시대를 사는 오늘날의 우리가 들어도 신선한 지적 충격을 안겨준다. 그것은 곧 시간을 어떤 절대적인 요소로 여기는 우리의 막연한 고정관념에 일침을 가하기 때문이다. 우리는 창조를 과거에서 미래로 흐르는 영원한 시간의 과거 어느 한 지점에서 일어난 일로 생각하기 쉬운데, 이러한 생각의 배경에는 시간을 절대적 요소로 여기는 관점이 자리 잡고 있다. 그러나 아우구스티누스는 이미 오래 전에 시간도 창조의 부산물로서 하나의 상대적인 요소로 규정했다. 옛날 사람인 아우구스티누스가 아인슈타인의 상대성이론을 전혀 알 리가 없었을 텐데 어떻게 이런 생각에 도달했을까? 그것은 그가 절대성은 오직 하나님만이 지닌 속성이라고 믿었기 때문일 것이다. 아우구스티누스는 사람들 눈에는 꽤나 견고하게 보이는 그 어떤 존재일지라도 자연Nature은 모두 '죽음의 운명을 피할 수 없는 필사의 속성Mortality'을 지니고 있음을 깊이 성찰했다. 반대 개념인 '불멸성'Immortality이란 단어는 있지만, 필사의 운명을 뜻하는 영어 '모탈리티'에 상응하는 단어가 한자나 한글에는 없다. 아마도 동양철학에는 이러한 개념이 본래부터 없는 것 같다. 모든 탄생은 일자이신 하나님으로부터 유래하고

신학자의 과학 산책

모든 존재 역시 하나님께 귀속된 것이며, 하나님만이 홀로 영원하고 완전하고 전지전능하고 절대적인 특성을 지녔다는 아우구스티누스의 신학적 사유는 중세 신학으로 가는 디딤돌을 놓았다.

나중에 아인슈타인은 일반상대성 이론의 실마리가 되는 아이디어가 떠올랐던 순간을 가리켜, "내 생애에서 가장 행복한 착상"이라고 회고하였다. 그는 호기심 많은 사람이라면 한 번쯤 품어보았음직한 공상에 가까운 이러한 상상을 끝까지 밀고 나가 마침내 우주의 비밀 한 자락을 풀었다. 그는 물리현상에 대한 어떤 상상을 논리적으로 가다듬고, 수학_{기하학}을 사용하여 위대한 이론을 세우는 데 성공했다. 수학으로 표현되는 상대성이론은 거시적 규모에서 우주의 구조를 이해하는 데 있어 결정적인 열쇠다. 우리는 아인슈타인이 사고실험을 통해 우주를 이해할 수 있는 상대성이론을 발견했다는 점에 주목할 필요가 있다. 이는 곧 물리적 우주가 우리의 사고와 수학을 통해 이해 가능하다는 뜻이다. 이를 두고 아인슈타인은 "자신에게 가장 불가해한 점은 이 우주가 이해 가능하다는 것"이라고 말했다. 이는 곧 물질로 이루어진 우주가 가장 관념적 언어인 수학을 통해 이해 가능하다는 놀라운 사실을 지적하고 있다. 간결하고 아름다운 방정식으로 우주의 존재방식이 설명될 수 있다는 사실은 물리적 우주가 필연적으로 인간의 마음과 깊은 관련이 있다는 뜻이 아닐까?

하나님께서 우주를 창조하셨고 그 우주가 수학으로 설명되고 이해될 수 있다면, 하나님은 수학에 도통하신 분이심이 틀림없을 것이다. 하나님은 세계를 만드시고 맨 나중에 당신의 형상을 따라 사람도 만드셨다. 하나님께서 당신의 형상대로 우리 인간을 지으셨다는 뜻은, 인간에게 당신이 만드신 이 세계를 이해할 수 있는 능력도 심어주신 것이라고 해석할 수 있다. 우주의 역사는 물리세계가 변해온 역사이며, 정해진 법칙에 따라 처음에 한 점의 물질-에너지 씨앗으로 시작되어 시간의 흐름에 따라 광대한 우주 공간에 걸쳐 어마어마한 숫자와 규모의 은하와 별들로 진화되었고, 그 속에 마침내 그 우주의 역사를 어렴풋하게나마 이해하는 우리 인간이 존재하고 있다.

양자역학과
결정론

양자역학量子力學, Quantum Mechanics의 탄생

양자역학을 이해하기 위해 먼저 '양자'Quantum가 무엇인지 알아 보겠다. '양자'量子로 번역된 영어의 '퀀텀'Quantum은 물체의 '양'을 뜻 하는 '퀀티티'Quantity에서 유래했다. 이는 흑체복사의 에너지가 임의 의 양을 지니지 않고 고정된 최소단위의 양 혹은 다발의 비례로 이 루어져 있음을 나타낸다. 양자라는 개념이 탄생하게 된 역사적 배경 은 '철혈 재상'이라고 불리는 독일의 비스마르크가 집권했던 시대다. 19세기 후반에 여러 나라로 분열되었던 독일에 통일의 기운이 부흥 했는데, 이를 주도했던 인물이 바로 프로이센의 재상 비스마르크Otto Eduard Leopold Fürst von Bismarck-Schönhausen, 1815-1898였다. 그는 1866년에 오 스트리아를 격파하여 북독일 연방을 탄생시키는 데 성공했으며, "철과 피로 독일의 통일을 이루자!"는 구호를 내걸고 철강산업과 군사력 강화를 추진했다. 그런데 군사력 강화를 위해서는 철강산업의 발전이 필수적이었다. 왜냐하면 당시 전쟁에서 승리하기 위해서는 강력한 대포가 가장 중요한 요소였고, 대포를 더 크게, 더 멀리, 더 빨리 쏠 수 있기 위해서는 엄청난 압력과 열에 견딜 수 있는 강철로 포신을 만들어야 했기 때문이다. 이를 위해 비스마르크는 1884년 베를린에 독일제국물리공학연구소를 설립하고 강철을 제련할 수 있는 기술을 연구하도록 재촉했다.

강철을 제련하려면 용광로 안에서 고온 상태로 끓는 금속의 온도와 상태를 정확히 파악하고 계측할 수 있어야 하는데, 수천도가 넘는 고온을 측정하려면 우리가 일상에서 사용하는 온도계는 전혀 쓸모가 없고, 금속에 열을 가할 때 외부로 나오는 에너지 복사를 측정하는 방법을 사용해야 한다. 이 복사 에너지의 스펙트럼을 관찰하여 금속의 온도를 파악하는 것이다. 예를 들어 거무스레한 철을 가열하면 빨갛게 변하고, 거기에 더욱 열을 가하면 노란색, 그리고 마침내 백색으로 변화한다. 앞서 빛 이야기의 맨 처음에 아리스토텔레스가 자신의 광학에서 색의 구분을 빛을 머금은 정도에 따라 검은 색에서부터 무지개의 일곱 가지 색, 그리고 완전한 빛의 결정체로서 백색이라 규정했다고 했는데, 금속이 온도에 따라 색이 변하는 현상은 아리스토텔레스의 색채론과 어느 정도 부합한다. 또한 앞에서 흑체복사현상을 설명한 적이 있는데, 어떤 물체에 에너지를 투입했을 때 흡수한 에너지를 복사를 통해 100퍼센트 외부로 방출하는 가상의 물체가 바로 흑체다. 강철 제련을 목적으로 흑체에 가까운 고온으로 달궈진 금속의 복사를 자세히 연구하는 과정에서 예기치 못한 하나의 현상을 발견했는데, 그것은 금속으로부터 방출되는 에너지의 복사가 불연속적이라는 것이다.

이 현상은 당시의 열역학 이론으로는 도저히 설명할 수 없는 특이한 현상으로서 물리학자들을 크게 당혹시켰다. 왜냐하면 흡수하는 에너지가 증가함에 따라 물체 내의 원자들의 진동수가 점점 늘어나고 이에 따라 복사가 점진적으로 증가해야 하는데, 어찌된 일인지 증가하는 복사량을 나타내는 그래프는 곡선이 아니라 계단식의 뜀뛰기를 보여주는 것이었다. 고전 열복사이론에 따르면 에너지를 흡수한 원자의 진동수에는 제한이 없다고 알려져 있다. 열과 복사를 포함한 물리세계에 어떤 특정한 단위의 계단이 존재한다고 가정하는 것은 그야말로 이상한 생각이다. 그런데 실제로는 그런 이상한 현상이 나타나니까 물리학자들로서는 난감할 수밖에 없었다.

이에 대한 설명으로 도입된 것이 바로 베를린 대학교의 이론물리학 과장이었던 막스 플랑크Max Karl Ernst Ludwig Planck, 1858-1947의 '양자 가설'이었다. 그는 1900년 열복사의 측정결과와 부합되는 이론을 고안하여 양자가설을 발표하였는데, 그 내용은 원자의 진동이 갖는 에너지 값이 어떤 특정하게 '허용된 값'플랑크 상수만을 갖는다는 것이었다. 고온의 금속이 방출하는 에너지는 플랑크 상수에 정수를 곱한 값을 보이며, 플랑크 상수는 복사 에너지가 취하는 특정한 양다발을 나타낸다.

여기서 잠시 양자역학의 초석을 놓은 막스 플랑크의 개인사를 살펴보자. 1858년 독일에서 태어난 플랑크는 1874년 뮌헨 대학교에서 물리학 공부를 시작했고, 1879년 베를린 대학교를 졸업하고 스물두 살의 나이에 뮌헨으로 돌아와 학생들을 가르치기 시작했으며 얼마 후 베를린 대학교의 물리학 교수가 되었고 1913년에는 학장이 된다. 그는 다년간 독일 물리학회의 회장으로 활동하였으며, 1918년에 양자역학의 기초를 마련한 공로로 노벨물리학상을 수상했다. 이렇게 연보로만 볼 때는 과학자로서 매우 성공적인 삶을 살았다고 평가할 수 있으나, 그의 개인사는 고통으로 점철되어 있었다. 1909년 아내와 사별했고, 첫째 아들은 제1차 세계대전 중에 전사했으며, 둘째 아들 에르빈Erwin은 제2차 세계대전 중인 1944년 6월에 히틀러 암살 기도와 관련해 처형된다. 딸도 출산 중 사망하고, 그가 사랑한 많은 과학자들이 나치의 유대인 박해 때문에 고초를 입고 망명하여 인간적으로 매우 고독하고 고통스러운 삶을 살아야 했다. 이러한 개인사의 질곡에도 불구하고 그는 무명의 아마추어 과학자에 불과하던 알베르트 아인슈타인을 발굴했으며, 1, 2차 세계대전 기간 중에는 전쟁 당사국 간에 과학계의 교류가 중단되는 것을 막고자 끝까지 노력함으로써 국제과학계에서 동료와 후배들로부터 진심어린 존경을 받았다.

양자가설은 흑체복사에서 관찰된 복사율의 비연속적 뜀뛰기 현상을 훌륭하게 설명한다. 하지만 왜 복사 에너지가 플랑크가 양자quantum라고 부른 특정한 단위를 취하는지에 대해서는 설명할 수 없었다. 양자가설이 근본적으로 오랜 상식이었던 결정론과 상충된다는 점은 1927년 하이젠베르크가 불확정성 원리를 정립하면서 비로소 그 의미가 밝혀지기 시작했다.

양자역학의 전개과정

1900년 12월 14일은 플랑크가 양자가설을 발표한 날이다. 오늘날 과학계에서는 이날을 양자역학의 탄생일로 기념하고 있다. 하지만 플랑크의 양자가설은 보다 엄밀히 구분하자면 고전 양자론이다. 고전역학을 기초로 삼고 있기 때문이다. 플랑크가 물리량이 '양자화'된다는 것을 처음 제시한 이후 양자가설은 계속 발전하였다. 1905년 아인슈타인은 광전효과를 설명하기 위해 빛도 에너지의 다발로 양자화된다는 광양자설을 발표하였다. 광전효과는 에너지가 큰 빛^{광자}을 금속 표면에 쪼이면 금속 표면으로부터 전자가 튀어나오는 현상이다. 전자레인지 안에 금속 그릇을 넣고 돌리면 불꽃이 튀는 현상이 광전효과다. 이는 빛을 파동이 아닌 입자, 즉 광자로 생각해야 제대로 설명될 수 있다. 빛을 전자기파로 간주했던 당시의 물리학과는 전혀 다른 아인슈타인의 이 새로운 생각은 광전효과 실험으로써 증명되었고 아이슈타인은 그 공로로 노벨물리학상을 받았다. 누구나 아인슈타인 하면 상대성이론을 제일 먼저 떠올리지만 정작 그에게 노벨상을 안겨준 것은 광양자설이다. 돌이켜보면 "빛이 입자인가, 아니면 파동인가?"라는 문제는 과학의 역사상 여러 번 뒤집히게 된다. 빛은 뉴턴에 의해 입자로, 패러데이와 맥스웰에 의해 전자기파로 간주되었다가, 다시 아인슈타인에 의해 입자의 속성이 밝혀지게 된 것이다. 하지만 빛을 두 개의 틈 사이로 통과시켜 벽에 여러 줄의 간섭무늬를 만들어내는 이중 슬릿 실험은 빛의 파동성을 여실히 보여준다. 이는 빛이 지니는 입자와 파동의 이중적 특성이, 나중에 양자역학을 통해 비로소 이해할 수 있게 되는, 물리세계에 깃들어 있는 상보성 원리complementary principle의 일면을 드러내고 있기 때문이다.

양자역학의 발전과정을 이해하기 위해서는 원자의 구조에 대한 탐구가 어떻게 진행되었는지 알아야 한다. 왜냐하면 양자역학이 적용되는 세계가 원자 이하의 미시세계이기 때문이다. 원자는 원자의 질량 대부분을 차지하는 원자핵과 그 주위를 회전하는 전자로 구성되어 있고, 원자는 너무 작아서 현미경으로도 볼 수 없다. 만일 포도 한 알을 들어 그 안에 있는 원자를 보려면, 포도 알갱이를 지구 크기만큼 확대해야 한다. 그러면 지구만 한 크기의 포도 한 알을 구성하고 있는 수많은 원자들이 포도 한 알의 크기가 될 것이다. 하지만 그래도 원자핵을 볼 수는 없다. 포도알 내부에 존재하는 보이지 않을 정도로 작은 점 하나가 원자핵의 크기이다. 보이지 않는 한 점을 중심으로 크기도 없는 전자가 빠르게 회전하면서 포도 한 알 크기의 안개구름 같은 것을 형성한 것이 원자의 실체라 할 수 있다.

1897년에 영국의 물리학자 톰슨Joseph J. Thomson, 1856-1940은 처음으로 전자를 발견하였다. 패러데이가 전자기파를 연구하여 전류에 대해서는 알았지만 그는 전류를 만들어내는 것이 무엇인지는 알지 못했다. 무언가가 흐르면서 전류현상을 만들어 내는데 과연 '그 무엇'

이 이동하는지는 몰랐던 것이다. 톰슨은 오늘날 형광등의 원리와 비슷한 유리로 된 음극관을 만들어 양쪽 끝에 음(-)극과 양(+)극을 연결하여 음극에서 양극으로 흐르는 음극선이 전기장에 의해 휘는 현상을 관찰하여 전자를 발견했다. 당시 과학자들은 물질을 구성하는 기본요소로 이미 원자의 존재는 알고 있었다. 그리고 원자는 전체적으로 전기적인 중성을 띤다는 것도 알았다. 톰슨은 이 전자가 원자에서 나왔으므로 원자가 전기적인 중성이 되기 위해서는 그에 상응하는 양전하를 띠는 물질이 원자를 구성하고 있다고 생각했다. 이러한 생각에 기초해서 그는 양전하를 가지는 물질 속에 전자가 균일하게 분포하는 원자모형을 1906년에 제안했는데, 이는 마치 수박 속_양_{전하 물질}에 수박씨_{전자}가 박혀 있는 것과 비슷한 모형이다. 하지만 이후에 뉴질랜드에서 태어나 영국에서 연구한 어니스트 러더퍼드_{Ernest} _{Rutherford, 1871-1937}는 알파입자 산란실험을 통해서 원자의 중심부에 양전하를 가지는 입자가 모여 있으며 원자 내부의 대부분은 빈 공간이라는 것을 관찰하면서 전자와 양전하를 띠는 물질이 균질하게 분포되었을 것이라는 톰슨의 원자모형을 수정했는데, 러더퍼드의 실험은 원자의 내부 대부분이 텅 비어 있다는 것을 입증하였다.

이것은 태양계의 모습과 비슷한 모델이다. 하나의 원자의 중심에는 태양과 같이 질량의 대부분을 차지하는 원자핵이 있고, 전자는 행성처럼 원자핵 주위를 회전하는 형태의 모습으로 상상되었다. 실제로 우리가 만일 수소 원자 한 개를 잠실 야구장만 한 크기로 확대할 수 있다면, 원자의 질량의 대부분을 차지하는 원자핵은 운동장 한 가운데 놓여 있는 야구공보다도 더 작다. 나머지는 전자의 회전궤도가 만들어낸 옅은 안개구름 밖에 없는 텅 비어 있는 공간이다. 우리가 바라보는 모든 물질도 미시세계의 눈으로 보면 거의 텅 빈 공간이다. 우리 몸의 대부분을 차지하는 탄소 원자의 모습도 이와 다르지 않기 때문에 따지고 보면 인간 역시 텅 빈 존재이다. 그런데 우리 몸이 보이는 이유는 가시광선의 파장이 원자보다 훨씬 크고, 그로 인해 피부에서 반사된 빛이 우리 눈에 보이기 때문이다. 파장이 짧은 X선과 같은 고에너지 광선들은 아무런 방해도 받지 않고 우리 몸을 투과하여 지나간다. 그런데 이런 방사선은 몸을 뚫고 지나가면서 DNA등 우리 몸의 세포 구조를 파괴하기 때문에 암을 유발한다. 병원에서 X선 검사를 너무 자주 받으면 안 되는 이유다.

한편 1913년 보어Niels Henrik David Bohr, 1885-1962는 수소 원자의 양자화 개념을 제시하여 원자와 전자의 구조에 대해 보다 정확하게 설명하였다. 그는 원자핵 주위를 운동하는 전자는 임의의 궤도에 놓일 수 없고, 파장이 분수가 아닌 정수가 되는 궤도만을 취할 수 있다는 것을 보여주었다. 즉 수소원자가 에너지를 받거나 잃어서 전자의 궤도가 올라가거나 떨어질 때, 전자는 파장의 아귀가 정수비로 딱 맞아 떨어지는 궤도만 택할 수 있기 때문에 복사 에너지의 방출이 양자화된다는 것이다.

아래의 왼쪽 그림은 톰슨과 러더퍼드의 원자 모형의 차이를, 오른쪽 그림은 보어가 제시한 전자의 평균 궤도가 파장의 정수비례를 취하는 이유를 보여준다.

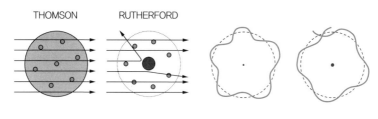

톰슨-러더퍼드 모델 | 보어 모델

　이후 양자역학의 연구는 크게 두 갈래로 진행되었는데 하이젠
베르크Werner Karl Heisenberg, 1901-1976의 행렬역학과 슈뢰딩거Erwin Rudolf
Josef Alexander Schrödinger, 1887-1961의 파동역학이 그것이다. 처음에는 이
두 방식이 서로 상충되는 줄 알았으나 1926년 무렵 두 이론이 결국
미시세계의 양자화 현상에 대한 동일한 설명임을 확인하였고, 마침
내 1927년 벨기에 브뤼셀에서 열린 제5차 솔베이 국제물리학회에서
코펜하겐 해석을 양자역학의 표준이론으로 확립하였다. 행렬역학과
파동역학이 통합되면서 양자역학은 급속도로 발전하여 미시세계에
대한 탐구는 물론 별의 구조와 초전도체의 본질에 대한 문제를 해결
하였다.

　그러면 도대체 '양자역학'이라는 생소하고 까다로운 이론이 우
리의 실생활과 무슨 관계가 있을까? 양자역학을 몰랐다면 반도체를
만들지 못했을 것이고, 그렇다면 컴퓨터, 스마트폰은 탄생하지 못했
을 것이다. 오늘날에는 양자역학을 특수상대성이론과 접목시킨 양자
장이론이 기본입자에 대한 이론으로 확립됐고, 최첨단의 나노기술도
양자역학에 기초를 두고 있다. 특히 양자역학을 이용한 양자컴퓨터

의 개발은 앞으로 정보통신 분야에 혁명적 변화를 가져올 것이다. 나아가 양자역학은 과학기술의 영역뿐만 아니라 철학, 문학, 예술, 종교 등 다방면에 심대한 충격을 주었다. 양자역학은 1세기 전에 탄생했지만 지금도 이를 둘러싼 철학적 논쟁이 진행중이다.

양자역학과 결정론의 붕괴

20세기 초에 정립된 양자역학은 물리세계를 바라보는 우리의 관점을 혁명적으로 뒤바꾸어 놓았다. 물론 상대성이론도 오랫동안 믿어 의심치 않았던 절대 시공간의 폐기를 통해, 즉 시간과 공간이 중력에 의해 휘어진다는 놀라운 사실을 입증했지만, 상대성이론은 전통적인 역학에 바탕을 두고 있다는 점에서 본질적으로는 고전역학의 범주에 속하는 것이었다. 하지만 양자역학이 보여주는 물리세계의 존재방식과 구조는 이제까지 과학자들이 가정해온 물리세계와는 근본적으로 충돌하는 것이었다. 고전역학에서는 어떤 물체의 위치와 속도를 알면 그 이후의 변화를 예측할 수 있다고 믿었다. 이는 곧 결정론적 세계관이다. 아리스토텔레스는 현재의 상태는 앞서 존재하는 원인의 결과이므로 과거로 계속 원인을 추적해서 거슬러 올라가면 제1원인에 도달한다고 했다. 아리스토텔레스는 최초의 원인으로서 모든 존재를 낳는 제1원인을 가리켜 '부동의 동자' Unmoved Mover 라고 명명했다. 이 개념은 나중에 로마 제국에서 그리스 철학이 기독교 신앙과 만났을 때, 플라톤의 이데아 사상과 더불어 창조주 하나님을 설명하는 데 매우 유용했다. 기독교가 로마 제국에 뿌리를 내리는 데 그리스 철학이 보이지 않는 기여를 했던 것이다. 아리스토텔레스의 인과율에 따라 원인과 결과가 사슬을 이루어 정밀하게 연결된다는 결정론적 세계관은 전혀 의심할 수 없는 상식 중의 상식이었다.

하지만 플랑크의 양자가설은 결정론에 심각한 도전을 제기한다. 어떤 입자의 미래를 예측하기 위해선 현재의 위치와 속도를 알아야 한다. 거시세계에서 운동하는 물체의 위치와 속도를 측정하는 일은 어렵지 않으며 당연히 그 물체가 미래에 어떻게 운동할지 예측하는 데 아무 문제가 없다. 하지만 원자 이하의 미시세계로 들어가면 문제가 달라진다. 어떤 입자의 위치와 속도를 정확히 측정하기 위해선 짧은 파장의 전자기파光를 사용해야 한다. 그러나 양자가설에 의하면 임의로 적은 양의 빛을 사용할 수 없고 최소한 하나의 양자를 사용해야 하는데, 문제는 이 양자가 측정 대상인 입자를 교란시킨다는 점이다. 위치를 보다 정확히 측정하려면 더 짧은 파장의 빛을 사용해야 하는데 보다 짧은 파장일수록 하나의 양자가 지니는 에너지의 값은 커지며 측정대상에 대한 교란 역시 커질 수밖에 없다. 그리하여 1927년 하이젠베르크에 의해 정리된 불확정성원리不確定性原理, Uncertainty principle에 따르면 입자의 위치와 속도 및 질량의 불확실성은 플랑크 상수Planck constant 보다 절대로 작을 수 없다는 것이다. 이는 입자의 종류나 측정방법과 관계없이 항상 존재하는 값으로서, 어떤 방식으로도 피할 수 없는 우주의 근본적인 특성이라는 것이다.

양자역학에서는 하나의 입자가 동시에 서로 다른 두 위치에서 존재할 수 있으며, 그 가능성은 확률적으로 존재한다. 이는 인과율이 적용되는 결정론적 세계관에 근본적인 도전을 제기하는 것이다. 예컨대 수소원자의 핵을 중심으로 운동하는 전자의 정확한 위치는 결코 확정할 수 없으며 다만 확률로만 기술할 수 있다는 것이다. 위치와 운동량의 정확도가 마치 접시저울의 반대편에 놓인 것처럼 하나를 확정하면 다른 쪽이 부정확해지는 모순관계에 있다. 초기에 일부 과학자들은 이를 당시 과학의 한계 내지는 우리의 인식론적 한계라고 주장했으나, 점차 대다수 과학자들의 견해는 이러한 현상이 미시세계의 존재방식에 기인한 본성이기 때문에 근본적으로 해결할 수 없는 문제라는 데 합의하게 되었다.

이러한 이유 때문에 플랑크는 자신이 양자역학의 탄생에 핵심적인 기여를 했음에도 불구하고 양자역학이 지시하는 불확정성에 대해 깊은 의구심을 품었으며 양자역학을 수용하지 않고 부정하는 태도를 지녔다. 빛이 양자, 즉 하나의 다발이라는 광양자설에 관한 기념비적 논문으로 양자역학의 발전에 공헌한 아인슈타인 역시 양자역학의 결론을 받아들이기를 거부했다. 그는 "신은 주사위 놀이를 하지 않는다"God does not play dice는 말로 양자역학이 입자의 존재를 확률적으로 기술하는 데 대한 지적 불만족을 표현했다. 1927년에 하이젠베르크의 불확정성 원리가 발표된 후 거의 1세기가 흘렀지만 아직도 양자역학이 시사하는 물리세계의 기이한 본성에 대해서는 논란이 종식되지 않고 있다.

지난 20세기 내내 물리학자들은 양자역학으로 설명되는 미시세계와, 상대성이론으로 설명되는 거시세계가 어떻게 연결되는지를 통합적으로 설명할 수 있는 대통일이론을 찾는 데 매달렸지만 아직까지 성공하지 못했다. 여러 가설들 가운데 가장 유력한 대안으로 제시된 것이 초끈이론super string theory인데, 이는 아주 극도로 작은 입자들이 끈처럼 이어져 상호작용을 통해 힘을 전달한다는 가설이다. 그러나 이 초끈이론은 우주가 우리가 알고 있는 4차원이 아니라 본래 10차원이어야 잘 부합된다. 따라서 이 이론은 "나머지 6차원은 어디로 사라졌는가?"라는 질문에 설명을 내놓아야 하는 난점을 지니고 있다. 이에 대해 다른 차원들이 4차원 시공간 내에서 아주 극미한 크기로 축소되어 소멸되었을 것이라고 하는데, 실험으로 입증할 방법이 난감한 상황이다. 더욱이 초끈이론이 상정하는 중력자의 크기가 너무 작아서 현대물리학의 실험으로는 도저히 다룰 수가 없다는 것이 이 이론의 큰 난제다. 예를 들어 이 입자를 검출하려면 대략 태양계 크기의 원형 입자가속기가 필요하다는 것인데, 이 지점에서 우리는 현대물리학의 근본적인 한계를 느낄 수밖에 없다. 그리고 이를 통해 19세기 말 근대과학 부흥기 시절, 역학법칙이 세계의 모든 운동에 대해 거의 모든 것을 밝혀냈다는 낙관주의의 종말을 목도하게 된다. 여기까지가 "청명한 하늘에 걸려 있는 작은 구름 두 조각이 결국 하늘을 가득 뒤덮은 먹장구름이 되었다"는 이야기의 전말이다.

양자역학과
하나님

관측자 개입과 상호관계성

양자역학은 그동안 고전역학으로는 결코 볼 수 없었던 원자와 소립자들이 현묘한 춤을 추고 있는 미시세계라는 비밀스러운 무대의 장막을 걷어주었다. 무대에서 공연되고 있는 춤들은 그동안 우리가 물리세계에 대해서 품었던 직관과 심각하게 어긋나는 것이었다. 우리가 품었던 직관이란 무엇인가? 그것은 모든 존재의 가장 밑바탕에는 더 이상 쪼갤 수 없는 확실한 그 무엇원자이 존재하며, 그들의 운동은 정확하게 측정이 가능할 것이라는 직관이었다. 그러나 양자역학은 관측과 무관한 객관적 세계란 실제로는 존재하지 않는다는 것을 보여주었다. 우리가 세계의 진짜 모습을 확인하려고 하는 순간, 우리 자신이 이미 세계 속에 개입하고 참여하여 세계의 모습을 바꾸

신학자의 과학 산책

어 놓기 때문이다.

  유명한 이중 슬릿 실험은 두 개의 슬릿틈 사이를 통과한 빛이 벽에 여러 줄의 간섭무늬를 만드는 실험이다. 이 실험을 통해 나타나는 간섭무늬는 빛의 파동성을 보여준다. 여러 줄의 간섭무늬는 호수의 물결처럼 빛이 양쪽 슬릿을 동시에 통과하며 서로 간섭을 일으켜서 만들어낸 결과이다. 그런데 빛 입자광자를 하나씩 발사하면서 각각의 광자가 어느 슬릿을 통과하는지를 관측해보면 빛은 오직 하나의 슬릿만 통과하는 것으로 측정될 뿐만 아니라 간섭무늬도 만들어지지 않는다. 이는 마치 빛이 자신을 측정하는 것을 알아차리고서 파동으로 행동하는 것을 멈추고 입자로 행동하는 것과 같다. 반대로 측정을 멈추면 다시 빛은 파동처럼 행동하여 간섭무늬를 만들어낸다. 사실 빛 입자가 자신을 측정하는지 알아차리고 행동양식을 바꾼다는 것은 말이 되지 않지만 양자세계에서는 항상 이런 일이 일어난다. 관측행위 자체가 전자나 광자의 운동과 존재형태를 바꾸어 놓는데, 이 현상은 관측방법이나 도구의 문제가 아니라 미시세계의 소립자들이 지닌 근본적인 속성에 기인한다. 그러므로 미시세계의 소립자들이 춤추는 곳은 관객과 무관하게 진행되는 객관적인 무대가 아니라, 항상 관객의 눈길과 감탄, 그리고 한숨과 손짓 하나 하나와 보이지 않는 끈으로 연결된 무대다. 김춘수 시인의 시는 이러한 세계의 일면을 잘 노래하고 있다.

꽃

내가 그의 이름을 불러 주기 전에는

그는 다만 하나의 몸짓에 지나지 않았다

내가 그의 이름을 불러 주었을 때

그는 나에게로 와서 꽃이 되었다

내가 그의 이름을 불러 준 것처럼

나의 이 빛깔과 향기香氣에 알맞은

누가 나의 이름을 불러다오

그에게로 가서 나도

그의 꽃이 되고 싶다

우리들은 모두

무엇이 되고 싶다

너는 나에게 나는 너에게

잊혀지지 않는 하나의 눈짓이 되고 싶다

하나님께서 우리를 눈여겨 보아주시기 전까지 우리는 아무것도 아니었다. 그저 아무도 찾아주지 않는 뒷마당에 뒹구는 질그릇에 불과했었다. 그런데 하나님께서 우리의 이름을 각각 따로 불러주심으로써 우리를 의미 있는 존재로 변화시켜주셨다. 그리고 우리도 그분의 부름에 응답하여 하나님의 이름을 부름으로써 서로를 마주보게 된다. 그리하여 서로에게 잊히지 않는 의미 있는 존재가 되는 것이다.

우연과 목적

양자역학에서 불확정성 원리란 원자 주위를 회전하는 전자의 검출 가능성은 위치에 따라 확률적으로 나타낼 수 있으며 개별적인 관찰은 순전히 우연에 의존한다는 것이다. 우연이란 필연의 반대말로서 그 개념 자체로 목적이나 의도를 배제한다. 그런데 세계에서 목적을 배제하면 하나님의 자리도 사라지게 된다. 우리는 하나님께서 이 세계를 선한 의도로 창조하셨고, 구원의 완성을 향하여 역사를 이끄신다고 고백한다. 즉 우연은 하나님의 의도와 목적을 배척하는 것으로 볼 수 있다. 프랑스 과학자인 자크 모노Jacques Lucien Monod, 1910-1976는 『우연과 필연』Le Hasard et la Nécessité, 1970이란 자신의 책에서 자연에 존재하는 우연은 유물론을 지지한다고 주장했다. 곧 우주의 탄생과 생명의 진화 과정에 작용해온 광범위한 우연은 이 우주가 목적이 없는 세계임을 가리킨다고 했다. 그는 "광대한 우주 안에서 인간 역시 우연히 출현한 외로운 존재일 뿐"이라고 묘사했다. 앞에서 라플라스가 "결정론이 지배하는 세계에서 하나님이란 가설은 필요 없다"는 말을 했다고 소개했는데, 결정론과 반대되는 '우연'이 지배하는 세계에서도 하나님의 자리는 위협을 받는다.

불확정성 원리에 깃든 우연에 대한 신학적 응답으로는 두 가지가 있다. 하나는 양자역학에서 예측된 범위 내에 존재하는 개별적 사건의 우연이란, 진정한 우연이 아니라 자연 법칙을 벗어나지 않으면서 현대과학으로 탐지되지 않는 방식으로 작동되는 하나님의 섭리라고 이해하는 것이다. 이런 방식의 응답은, 아인슈타인이 양자역학에 반대하면서 제기했던 '감추어진 변수'와 비슷한 개념이다. 즉 아직 알려지지 않은 다른 법칙이 존재할 것이란 기대인 것이다. 그러나 이런 방식의 신학적 설명은 '틈새의 하나님'God of gap으로 표현되는 문제가 있다. 과학이 언젠가 이 틈새를 채울 수 있는 새로운 이론을 찾아내면 하나님의 자리는 또다시 퇴각해야 하는 운명에 놓이게 된다.

또 다른 응답은 필연과 우연 모두 하나님의 설계에 포함된 방식이라고 여기는 것이다. 이럴 경우 하나님의 역사는 완벽하게 예정되어 있지는 않지만, 상부 수준에서의 필연적인 법칙과 하부 수준에서의 일정한 범위 내에서 피조물들의 자유가 상호작용하면서 만들어가는 과정이라고 간주할 수 있다. 이러한 사고는 모든 피조물들이 하나님께서 부여해주신 본성을 발휘하는 과정으로 창조를 이해하는 과정신학과 잘 호응한다.

양자역학과 섭리

서양철학은 지난 2천 5백년간 대체로 존재론Ontology과 인식론Epistemology이란 두 주제에 매진해왔다. 존재론은 말 그대로 "존재의 근원이 무엇인가?"라는 질문을 다룬다. 이에 대해 "정신 혹은 신神이다"라고 대답하면 '관념론'유신론이고, "아니다. 만물의 근원은 물질이다. 정신은 물질의 산물일 따름이다"라고 대답하면 '유물론'이다.

다른 한편으로 인식론은 "진리를 어떻게 알 수 있는가?"의 질문을 다루는데, 인식론 내에는 다양한 논의와 입장이 있지만 근대과학의 성공과 관련하여 가장 대표적인 입장이 '고전적 실재주의'_{고전적 사실주의, Classical realism} 다. 이 입장은 우리가 관측을 통해 '실재'_{reality}를 확실히 인지할 수 있고 그에 상응하는 언표로 정확한 기술이 가능하다는 생각이다. 이에 대립되는 입장은 '상대주의'_{Relativism}로서 절대적이고 보편적 진리란 없으며 각자의 고유한 관점에서만 유용한 상대적 진리만이 존재한다는 생각이다.

　양자역학의 관측자 개입 현상과 불확정성 원리가 강력하게 말해주는 이야기는, 곧 우리의 인식 밖에 객관적으로 존재하는 세계에 대해 우리가 알 수 없으며, 또한 우리의 인식과 실재 사이에는 플랑크 상수로 표현되는 근본적인 불확정성이 존재한다는 것이다. 우리는 인식론적 한계를 결코 넘어설 수 없으며, 이는 곧 우리가 실재에 대해 완벽한 이해에 도달할 수 없음을 뜻한다. 그러나 양자역학의 방정식들은 일정한 수학적 공식과 인식론적 모델을 사용해서 소립자들의 운동과 존재하는 방식에 대해 아무런 오류 없이 확률적으로 기술할 수 있다는 것도 간과할 수 없는 사실이다. 따라서 이에 부합하는 새로운 인식론적 전략으로서 '비판적 실재주의'_{Critical realism}가 제기되었는데, 이 입장은 고전적 사실주의의 순박한 낙관주의에 반대하면서, 동시에 물리세계에 대한 보편적 진리를 완전히 부정하는 상대주의에 대해서도 동의하지 않는다. 그 대신 우리가 실재를 있는 그대로 완전히 인식하고 기술할 수는 없지만 신뢰할 만한 방정식과 인식론적 모델을 통해 '근사적 진리'_{Verisimilitude}에 도달할 수 있다는 생각이다.

오늘날 자연과학의 지적 성과를 정당하게 평가하는 다수의 과학자와 철학자들은 바로 비판적 실재주의의 입장을 지지한다. 영국의 과학-신학자인 존 폴킹혼은 비판적 실재주의를 열렬히 지지하면서, "인식론이 존재론을 주조한다"Epistemology models ontology는 다소 파격적인 선언을 했다. 이는 거시세계에 존재하는 우리의 인식체계로는 실재, 즉 미시세계의 고유한 존재방식을 있는 모습 그대로는 도저히 이해할 수 없기 때문에 일정한 인식론적 장치나 모델을 통해서만 근사적 실재를 파악하게 되는데, 이 과정에서 존재론 자체가 인식론에 의해 규정된다는 것이다. 이러한 설명은 실재의 단일성을 인정하면서, 동시에 그것을 표현하는 방식에 있어서는 다양한 언술이 가능하다는 것을 암시한다. 그렇다면 우리는 과학시대에 여전히 기독교인으로서 고유한 인식론적 모델을 사용해서 이 세계를 인식하고 묘사하는 것에 대해 보다 자신감을 가질 수 있을 것이다.

양자역학의 방식으로 하나님과 우주의 관계를 살펴보면, 이 우주는 하나님의 인식 안에 파지되고 재현되는 세계이다. 하나님께서 세계를 인식하는 과정에서 불가피하게 하나님은 세계에 참여하게 되고, 세계는 하나님의 개입을 요청한다. 그래서 하나님은 이 세계, 혹은 역사라는 연극 무대의 보이지 않은 연출자가 되신다. 이 세상이 하나님께서 연출하시는 무대라면 그 연극의 주제는 구원일 것이다. 하나님은 눈에 띄지 않는 곳에서 무대를 지켜보고 계시지만, 무대에서 벌어지는 연극은 도저히 하나님이란 연출자가 계신 것처럼 보이지 않은 경우가 일반적일 것이다. 역사라는 실재 세계 속에서 수많은

신학자의 과학 산책

악인들이 나타나 권력을 쥐고 약한 이들을 괴롭히며 승리의 노래를 부르고 있듯이 말이다. 그러나 하나님의 섭리는 언제까지나 악인들의 승리를 허용하지는 않을 것이다. 보이지 않는 연출자로부터 손짓과 몸짓으로 사인을 받은 배우들이 나타나 결국 구원의 길을 제시할 것이다. 예컨대 모세와 구약의 여러 예언자들이 바로 하나님의 신호를 받은 사람들이었으며, 이들은 하나님의 구원의 섭리를 역사의 무대에서 대행하는 역할을 감당했다.

상보성 원리와 관용

양자역학은 빛이나 소립자들이 입자와 파동의 양면성을 함께 지니고 있다는 것을 밝혀내었다. 미시세계에서 물리적 실재가 지니는 모든 성질들은 상호보완적으로 쌍을 이룬 짝켤레, conjugate으로서만 존재한다. 우리의 관점에서 볼 때, 입자와 파동이라는 두 특성은 서로 모순되는 것처럼 보이지만 소립자들은 이 양면성을 동시에 지니고 있다. 닐스 보어는 1927년 "양자역학의 철학적 기초"라는 강연에서 처음으로 '상호보완성 원리'Principle of complementarity를 제안했다. 이 개념이 내포하는 보다 중요한 의미는 하나의 실재에 서로 반대되는 물리적 특성이 있음을 말해줄 뿐만 아니라, 그 물리적 특성의 한계를 정량적으로 분명하게 밝힐 수 있기 때문이다. 예를 들어 하나의 전자에서 위치와 운동량은 상보적인 특성을 지니는 물리량인데, 전자의 위치를 더욱 명확하게 할수록 운동량에 대한 정보는 불명확해진다.

이는 마치 서로 시소를 타고 있는 것과 같다. 한쪽을 끌어내리면 다른 쪽이 반드시 올라가버린다. 상보성 원리를 제안한 보어는 이를 보다 일반적인 경우에도 확대해서 적용할 수 있다고 주장했다.

예를 들면 개체로서의 생명체와 분자의 집합체로서의 생명체도 상보적이라는 것이다. 한 생명체를 정확히 파악하려면 분자 단위로 환원하여 파악해야 하는데, 그렇게 되면 죽음을 맞이하게 되어 개체로서의 생명체는 사라지게 된다. 반대로 개체로서의 생명체의 모습만 파악하면 세포 안에서 어떤 일이 일어나는지 분자 단위의 현상을 전혀 알지 못하게 된다는 것이다. 이러한 상보성의 확대 적용이 어느 정도 설득력을 얻게 되자 보어는 이를 윤리학에서 정의와 자비 관계에도, 심리학에서 이성과 감정 관계에도, 문학의 형식과 내용 관계에도, 그리고 과학과 신학 관계에도 적용할 수 있다고 주장했다. 이 주장이 언뜻 일리가 있긴 하지만 이렇게 확대하여 일반화시키는 것이 타당한지에 대한 뜨거운 논쟁이 뒤따랐다. 대체로 동양적 사고방식으로는 고개가 끄덕여지는 데 반해, 정밀한 분석과 비교에 초점을 맞추는 서양적 사고방식으로는 수긍보다는 비판의 목소리가 거세었다. 양자세계에서의 상보성과, 인간과 사회 속에서의 상보성의 맥락이 너무 다르기 때문에 범주 오류에 불과하다는 것이다. 아무튼 상보성에 대한 신조를 지닌 보어는 1947년 물리학에 대한 공헌으로 작위를 받을 때 음양이 그려진 태극도를 자신의 문장으로 선택했다.

동양사상가들은 이러한 상호보완성에 대해 일찍부터 깊이 주목했다. 주역과 태극도는 상보성 원리를 잘 보여준다. 우리에게는 너무

┃ 주돈이

도 친숙한 태극 문양은 음과 양의 머리와 꼬리가 서로 맞물리는 형태를 취하고 있다. 태극도설은 중국 송宋 나라 때 주돈이周敦頤, 1017–1073에 의해 만들어졌다. 그는 우주론적 도형인 태극도를 지어 천리의 근원을 밝히고 만물의 시작과 종말을 설명하고자 시도했다. 주돈이는 정호1032–1085, 정이1033–1110 형제와 장재1020–1077, 그리고 가장 탁월한 사상가로 칭송받는 주희1130–1200 와 더불어 우리가 주자학 혹은 성리학이라고 부르는 신유학을 구성하였다. 만물의 생성과 기원에 대하여 설명하는 태극도설太極圖說 은 이렇게 시작된다.

무극無極이면서 태극太極이다. 태극은 운동하여 양을 낳고 운동이 극에 달하면 고요에 이르고 고요함으로써 음을 낳는다. 고요가 극에 달하면 다시 운동한다. 한 번 운동하고 한 번 고요하니 서로 각각의 근원이 되며, 음으로 갈리고 양으로 갈리니 음양의 양의兩儀가 수립된다. 양과 음이 변하고 합하여 수, 화, 목, 금, 토[오행]를 낳고, 이 5기氣가 순리롭게 펼쳐지면서 사계절이 운행된다. 오행은 하나의 음양이고, 음양은 하나의 태극이며, 태극은 본래 무극이다.[2]

여기서 주돈이는 만물의 생성이 태극으로부터 근원되었으며, 태극은 동시에 곧 무극이라고 설명한다. 태극에서 음양이 나오고, 음양의 조화에 의해 오행이 생겨났으며, 오행은 다섯 가시 기 또는 원소로서 천지와 인간과 만물이 모두 이 다섯 가지 기로부터 생성된 것이라고 설명한다.

기독교 신학을 상보성 원리에 비추어보면 아주 중요한 시사점이 있다. 필자는 전통적인 기독교 신학이 지나치게 이분법적 대립구도에 의존하고 있다고 생각한다. 죄와 구원, 심판과 축복, 지옥과 천당, 거짓과 진리, 죽음과 생명 등 모든 것을 선악구도에서 대립적으로 파악한다. 이러한 이분법적 사고가 결국 십자군 전쟁에서 드러나는 것처럼 세계의 역사가 침략과 지배로 점철되는 결과를 낳는 것에 일조했다. 예수께서는 언제나 율법보다는 사랑이 더 위대하며, 하나님의 본 모습은 심판자가 아니라 자비로운 아버지이심을 가르쳤다. 그럼에도 불구하고 기독론의 수립 과정은 곧 다른 생각을 가진 공동

<hr>

2   풍우란, 『중국철학사 (하)』 박성규 역(서울: 까치글방, 2003), 442.

체를 심판하는 정죄의 과정이 되었고, 이는 기독교의 스펙트럼을 좁혀 대단히 편협한 종교로 만드는 결정적인 계기가 되었다. 이러한 역사를 돌아보면서 양자역학이 던져준 힌트에 착안하여 '상보성의 신학'이 필요하지 않나 생각해본다.

아마도 우리나라의 태극기는 전 세계 국기 중에서 가장 탁월한 작품일 것이다. 다른 나라들이 국기에 기껏해야 자신들의 자랑거리 단풍잎나 영토별 혹은 이념자유, 평등, 박애 등을 상징하는 문양이나 색깔을 그려 넣었지만, 우리의 태극기는 우주의 보편적 원리인 상보성을 나타내는 태극문양을 그려 넣는 대단한 지혜를 발휘했다.

우주의 전일성

양자역학의 불완전한 측면을 드러내려고 과학자 아인슈타인, 포돌스키Boris Yakovlevich Podolsky, 1896-1966, 로젠Nathan Rosen, 1909-1995이 제안한 'EPR 사고실험'그들의 이름 첫 글자를 따서 만든 용어은, 결국 실험결과 이들의 추론과 반대의 결과를 입증함으로써 'EPR 패러독스'라고 불리고 있다. 이들의 제안이란, 서로 정반대로 회전하는 쌍입자를 서로 멀리 떼어놓은 다음에, 한 입자의 스핀을 측정했을 때 같은 쌍을 이루는 멀리 떨어진 다른 입자의 스핀도 동시에 확정된다면, 이는 어떤 정보도 빛보다 빨리 전달될 수 없다는 상대성이론에 어긋난다는 내용이다. 그런데 이들의 예상과는 달리 여러 차례의 실험에서 정말로 한 쌍을 이루는 입자 중 하나의 스핀 방향이 확정되면 동시에 다른 입자의 스핀도 확정되는 기가 막힌 결과를 보여주었다. 여기서 중요한 포인트는 '동시에'라는 데 있다. 이 현상을 다소 과장되게 표현하면, 온 우주는 서로 연결되어 있으며, 마치 젤리처럼 한 덩어리로 출렁거리는 세계라는 것이다. 내가 지금 여기서 내쉬는 한숨과 웃음조차 저 우주의 끝자락까지 곧바로 전달되는지도 모르는 일이며, 여기 마당에 핀 작은 국화꽃 한 송이가 온 우주에 향기를 전하고 있는지도 모르는 일이다.

EPR 실험의 결과는 그러잖아도 환원주의에 염증이 나 있던 많은 철학자와 사상가, 예술가들을 자극하여 '전일론'holism 이라는 새로운 사조를 낳게 했다. 전일론이란 모든 것이 하나로 연결되어 있음을 뜻한다. 이 사상은 마치 어디선가 혜성처럼 나타난 신선한 뮤지션의 매력적인 노래가 유행하듯이, 많은 사람들의 열광을 불러일으켰고 다양한 영역으로 퍼져나갔다. 프리초프 카프라는 이러한 유행에 가장 크게 공헌한 사람이다. 우리나라에서는 『현대물리학과 동양사상』이라고 번역되었지만 원래는 "Tao of Physics"물리학의 도라는 매우 매력적인 제목을 달고 나온 책에서 그는 현대물리학이 그리는 현묘한 물리세계를 힌두교, 불교, 중국사상, 도교, 선禪 사상과 비교하면서 그 공통점을 제시했다. 당연히 많은 열광적인 호응과 더불어, 보어가 상보성 원리를 확대 적용했을 때보다 더 강력한 비판도 제기되었다. 어쨌든 이러한 과정을 통해 한편으로는 동양의 신비주의와 종교전통이 서구에 매력적인 모습으로 소개되었고, 다른 한편으로는 우리나라를 비롯한 동양의 일부 인문학자들에게는 현대물리학이 밝혀낸 물리세계가 그동

신학자의 과학 산책

안 지겹도록 오래 지배했던 뉴턴-데카르트의 기계론적 세계관을 폐기시키는 중요한 메시지로 여겨졌다. 무엇보다도 환원주의에 대항하여 '물질'→'생명'→'정신'으로 이어지는 존재의 위계를 다시 세우고 새로운 통합적 세계관을 구성하는 데 긍정적 영향을 끼쳤다.

돌이켜보면 물리세계를 규명하려는 시도는 아리스토텔레스에게서 시작되어 뉴턴에 의해 한 번 완성되었다가, 20세기 들어 다수의 과학자들에 의해 상대성이론과 양자역학으로 재구성되었다고 말할 수 있다. 그러나 두 이론은 각자의 영역에서는 매우 정교하고 훌륭하게 자기의 역할을 완수함에도 불구하고, 이 둘을 하나로 통일시키는 과제는 아직까지 요원해 보인다. 이 말은 우리가 아직까지 거시세계와 미시세계가 어떻게 연결되는지 분명하게 알지 못한다는 뜻이다. 하나님의 창조는 여전히 신비의 영역으로 남아 있으며, "하나님은 왜 이토록 우리가 이해하기 어려운 방식을 사용하여 물리세계를 구성하였는가?"라는 질문을 던지게 만든다. 이 점에서 신학자들은 모든 것을 다 설명할 수 있는 '대통일 이론'Grand unified theory의 발견에 도전하는 용기 있는 과학자들에게 박수를 보내야 할 것이다. 비록 낙관적이지는 않지만 만일 이 프로젝트가 성공한다면 그때는 우리들이 세계를 창조하신 하나님의 마음이 무엇인지 보다 더 잘 알게 될 것이다.

빅뱅우주론과
하나님의 창조

빅뱅우주론Big Bang cosmology은 대폭발 이론이라고 불리기도 한다. 이것은 아주 오래 전, 하나의 점Singular Point, 특이점에서 거대한 폭발이 일어나 우주가 생겨났다는 다소 황당하게 들리는 이야기다. 여기서 우주란 시간과 공간, 그리고 그 안에 존재하는 물질과 에너지를 뜻한다. 하나의 작은 겨자씨에서 큰 가지와 잎이 무성한 나무가 자라나듯이, 하나의 점에서 우주의 삼라만상이 생겨났다는 것이다. 대폭발 이론은 20세기 초반에 벨기에의 로마 가톨릭교회 사제이자 천문학자인 조르주 르메트르Georges Henri Joseph Édouard Lemaître, 1894-1966에 의해 하나의 가설로 제안되었는데, 그는 우주 전체가 '원시적 원자'Primordial atom의 폭발로부터 시작되었을 것이라고 예견하였다. 그 후 이 가설은 이론적으로는 20세기 물리학의 양대 기둥인 상대성이론과 양자역학에 근거한 매우 정교한 비판과 검토 과정을 거치고, 실증적으로는 우주의 팽창을 지지하는 천문학적 증거들에 의해 보다 신빙성을 얻게 되었다. 특히 1965년 우주배경복사Cosmic background radiation 의 발견은 빅뱅우주론이 정설로 인정받게 되는 결정적인 증거로 간주되었다. 그동안 최종적이고 가장 확실한 우주론이라 여겨졌던 뉴턴-데카르트 우주론이 3백년 만에 붕괴되고 빅뱅우주론이 새로이 제시된 것이다.

정적 우주 모델

빅뱅우주론이 탄생하는 데 있어 가장 큰 걸림돌은 '정적 우주'에 대한 우리의 익숙한 관념이다. 맨 처음에 신이 창조했건, 아니면 저절로 존재했건 간에, 어쨌든 우주는 과거부터 존재해왔고 미래에도 존재할 것이라는 생각이 바로 '정적 우주'에 관한 관념이다. 이 광대한 우주가 마치 생명체처럼 과거 어느 순간에 태어났다가 미래에 사라진다거나, 또는 크기가 아주 작았다가 점점 커졌다는 식의 생각은 일반적인 우리의 과학적 직관과 심각하게 어긋난다. 우주가 영구불변할 것이라는 믿음을 폐기하는 것은 지적으로 매우 어려운 일이다.

이 믿음은 워낙 강력했기 때문에 아인슈타인조차도 정적인 우주상을 유지하기 위해 자신의 일반상대성 방정식에 '우주상수'Cosmological constant 라는 임의의 수치를 도입하였다. 후일 아인슈타인은 이를 자신의 일생 최대의 실수였다고 고백하였는데, 이 상수의 역할은 우주를 안정시키는 것이었다. 다시 말해 중력에 의해 우주가 붕괴하는 것을 막아주는 역할이다. 중력이란 힘은 신기하게도 그 이유는 아직 알려지지 않았지만 언제나 잡아당기는 힘인력으로만 작용한다. 그렇기 때문에 중력의 영향만 고려하면 우주 공간 안에 별이나 은하 같은 물질들은 모두 질량을 갖고 있고, 질량을 가진 물체는 만유인력의 법칙에 의해 서로 가까워지므로 시간이 지나면 마침내 질량 중심점으로 붕괴될 것이다. 그래서 아인슈타인은 중력에 반하여 서로 밀어내는 힘척력이 있을 것이라는 임의의 가정 하에 중력의 인력을 상쇄하도록 우주상수를 도입한 것이다.

그런데 오늘날의 천체물리학에서는 이 우주상수가 다시 주목받고 있다. 왜냐하면 별이나 은하같이 우주 안에 존재하는 물질 가운데서 우리에게 알려진 물질은 4퍼센트 정도 밖에 되지 않고, 그 밖에 정체가 잘 알려지지 않은 암흑 물질Dark matter이 22퍼센트 정도이고, 암흑 에너지Dark energy가 약 74퍼센트 정도 되는 것으로 추정되는데, 이 암흑 에너지가 바로 아인슈타인이 임의로 도입했던 우주상수와 같이 척력으로 작용하여 우주의 팽창을 가속시키고 있는 것으로 보이기 때문이다. 그러나 암흑 에너지의 밀어내는 힘이 정말로 우주상수와 같다면 또 다른 복잡한 문제들이 제기되기 때문에 이 문제는 아직 결론이 나지 않은 상태다.

어쩌면 멀지않은 미래에 과학자들은 우주의 모습에 대해 새로운 이해를 제시할 수도 있다. 그렇게 되면 빅뱅우주론의 일부내용은 수정될 것이다. 어쨌든 암흑 물질과 암흑 에너지의 정체가 과연 무엇인가는 오늘날 우주론이 직면하고 있는 가장 중요한 문제다.

신학자의 과학 산책

빅뱅우주론의 전개

일반상대성이론은 그 자체로 우주, 즉 시공간Space-time이 절대적이거나 독립적이지 않으며, 중력에 의해 영향을 받는다고 말한다. 빛조차도 중력에 의해 휘어지듯이, 시간과 공간도 중력에 의해서 곡률을 갖는다는 아인슈타인의 발상은 상식적으로 받아들이기가 매우 힘든 혁명적 아이디어였다. 그러나 이 생각을 더 극단적으로 밀고 나가면 마침내 우리는 정적 우주라는 강력한 관념을 폐기할 수 있다. 우주, 즉 시공간은 물리적 조건에 따라서 한 점으로 사라질 수도 있고, 반대로 무한을 향해 끝없이 팽창할 수도 있다는 생각을 할 수 있는 것이다. 일반상대성이론은 그 자체로 이러한 역동적인 우주상을 함축하고 있음에도 불구하고 그 이론의 창시자인 아인슈타인조차도 정적 우주상에만 매달려 있었다. 아인슈타인과 전 세계의 뛰어난 모든 과학자들이 일반상대성이론이 함축하는 역동적인 우주상을 거부하고 일반상대성이론과 정적 우주 모델을 조화시키기 위한 방법을 강구하던 차에, 오직 단 한 사람만이 일반상대성이론이 지시하는 내용을 정직하게 받아들였다. 그는 러시아의 수학자이자 물리학자였던 알렉산더 프리드만Alexander Alexandrovich Friedmann, 1888-1925이었다. 1922년 프리드만은 일반상대성이론 자체로부터 팽창에 대하여 닫힌 우주, 열린 우주, 그리고 임계 팽창률을 유지하는 우주 등 세 가지 모델을 도출해내었다.

첫째, 닫힌 우주 모델은 팽창을 시작했던 시공간이 중력에 의해 일정한 크기에 도달했다가 팽창을 멈추고서 재수축하는 우주다. 둘째, 열린 우주 모델은 팽창률이 중력의 잡아당기는 힘을 초과하기 때문에 영원히 팽창해 나가는 우주다. 셋째, 임계팽창 우주 모델은 중력과 팽창률이 절묘한 균형을 이루어 아슬아슬한 비율, 즉 임계팽창률critical rate of expansion 을 유지하는 우주이다.

우리가 속한 우주는 어느 모델일까? 세 번째 모델이다. 만일 첫번째나 두 번째라면 우리가 존재할 가능성은 없다. 아무튼 세 가지 우주 모델의 방정식들은 모두 약 100억–200억 년 전 과거 어느 순간에 이웃한 은하들 간의 거리가 영$_0$이었음을 나타낸다. 은하들 간의 거리가 영이라는 것은 곧 우주가 한 점에 모여 있었다는 말이다.

천문학자 허블과 멀어지는 은하

한편 천문학자 에드윈 허블Edwin Powell Hubble, 1889–1953은 1929년에 미국 록키산맥의 윌슨산 천문대에서 "은하들이 서로 멀어지는 현상"을 발견함으로써 빅뱅우주론의 수립 과정에 결정적인 계기를 제공하게 된다. 은하들이 서로 멀어지는 현상은 20세기 천문학의 가장 위대한 발견 중 하나로 꼽힌다. 허블은 은하에 속한 어떤 별들은 절대 광도가 일정하다는 점에 착안하여 거리를 측정할 수 있는 '기준초'Standard candle로 삼았다. 이로써 멀리 떨어진 은하들의 거리 측정이 가능해진 것이다.

허블의 관측에 따르면 모든 은하들로부터 오는 광원이 붉은색

쪽으로 치우치는 현상이 발견되었고, 그 정도는 멀리 떨어진 은하일수록 심하였다. 이를 '적색 이동'Red shift 이라고 부르는데, 도플러 효과에 따르면 광원여기서는 은하이 관측자로부터 멀어질 때 생기는 현상이다. 이는 모든 은하들이 서로 멀어지고 있다는 것을 의미하며, 만일 우리가 시간을 과거로 되돌리면 은하들 사이의 거리가 점점 더 가까워지다가, 마침내 과거의 어느 순간에는 한 점에 모여 있었을 것이라고 추정할 수 있다. 당연히 이 발견은 빅뱅우주론을 지지하는 중요한 증거자료로 간주되었다.

허블은 본래 천문학자가 되고 싶어 했으나, 명문가 출신으로서 법률가가 되어 장차 크게 출세하기를 바라는 부친의 권유에 따라 마지못해 법학을 공부하여 변호사가 되었다. 하지만 허블은 하늘의 별과 천체들의 신비한 모습을 탐구하고 싶은 내면의 강렬한 소망을 이길 수 없어 결국 천문대로 돌아온 특별한 경력의 소유자다. 사실 천체를 관측하려면 도시의 불빛으로부터 방해를 받지 않아야 하므로, 천문학자가 지내야 하는 곳은 도시에서 멀리 떨어진 고립된 산 위 정상이다. 또한 밤에만 관측이 가능하므로 밤낮이 바뀐 생활을 해야 한다. 예수께서 사탄의 유혹을 받는 이야기에도 나오지만 이 세상의 모든 부와 권력은 도시에 있다. 그러므로 천문학자의 삶이란 부와 권력과 일상적인 안락함과는 거리가 있는 길이며, 손에 잡히지 않는 대상을 바라본다는 점에서 어떻게 보면 수도자적 삶과도 일맥상통하는 부분이 있다고 생각된다. 이런 점에서 허블의 부친이 아들이 천문학자 대신에 법률가가 되기를 바란 것을 이해할 수 있다.

그런데 허블의 이 역사적인 발견에는 재미있는 에피소드가 있다. 윌슨산에 위치한 천문대에는 20세기 초 당시로서는 세계에서 가장 규모가 큰 반사 망원경이 설치되었다. 천문대가 건설될 당시 대부분의 장비와 부품들은 노새 등에 실어 정상으로 날랐다. 많은 노새몰이꾼들이 때 아닌 호황을 만나 돈벌이에 나섰는데, 이 중 밀턴 휴메이슨Milton Lasell Humason, 1891 –1972이라는 특출한 인물이 있었다. 그는 노름과 당구의 귀재로서 항상 시거를 입에 물고 질겅거려서 건달처럼 보이는 젊은이였는데, 때 마침 천문대를 구경하러 온 연구원의 딸과 눈이 맞아 그녀의 아버지로부터 따가운 눈총을 받기도 했다. 그는 정규교육은 별로 받지 못했지만 만사에 호기심이 많아서 연구원들에

▎ 윌슨산 천문대

신학자의 과학 산책

게 자신이 나르는 천문 장비에 대해 자세히 묻기도 하며 그 작동원리를 이해하려 애쓰기도 했다. 천문대가 완성된 후에도 잡역부로 고용되어 청소와 건물관리 등 온갖 허드렛일을 맡아 일하던 어느 날, 그에게 뜻밖의 기회가 왔다. 망원경 관측 보조원이 독감으로 드러눕자 관측 팀이 휴메이슨에게 보조역할을 해줄 수 있는지 물었던 것이다. 그는 마치 물 만난 고기처럼 맡겨진 관측 보조원의 임무를 완벽하게 소화했고, 사람의 손에 따라 관측 효율이 민감하게 달라지는 천문 장비와 기계들을 능숙하게 다루었다. 이에 감탄한 사람들은 그를 정식 관측보조원으로 채용하게 된다. 미국의 명문가 태생이며 영국 옥스퍼드 대학교 법학도 출신으로서 당대의 최고 엘리트였던 허블이 윌슨산에 왔을 때 그는 천문장비를 다루는 휴메이슨의 손기술이 전 세계의 어떤 천문학자보다도 유능하다는 것을 한눈에 알아보았다. 그 후 두 사람은 단짝이 되어 20세기 초반 천문학계에 많은 위대한 업적을 남겼다. 만일 휴메이슨이 없었다면 허블의 발견은 훨씬 늦춰졌거나 아예 이루어지지 않을 수도 있었다. 원래 노새몰이꾼이었다가 뜻하지 않게 천문학계에 스카웃되어 자신만이 할 수 있었던 과학적 임무를 훌륭하게 수행한 휴메이슨 역시 동료 과학자들로부터 그에 합당한 존경을 받았다.

정상상태 이론과 빅뱅우주론

허블이 발견한 은하들의 적색편이가 곧바로 빅뱅우주론으로 귀결되는 것은 아니었다. 어떤 과학자들은 과거의 한 순간에 대폭발이 일어났다는 것이 자신들의 과학적 직관에 너무도 위배되기 때문에 빅뱅 이론을 피하기 위해 다른 방법을 고안했다. '정상상태 우주론'Steady state theory과 '진동 우주론'Oscillating universe theory이 그것이다.

진동 우주론은 바이올린 현이 진동하는 것처럼 우주가 팽창과 수축을 반복한다는 가설인데, 근거가 취약해서 얼마 지나지 않아 폐기되었다. 하지만 영국의 천문학자 프레드 호일Sir Fred Hoyle, 1915~2001에 의해 맹렬히 지지되었던 정상상태 이론은 1960년대까지 빅뱅우주론과 팽팽히 경쟁하였다. 이에 따르면 우주는 부분적으로는 밀도의 차이가 있으나 전체적으로 균질하고 등방하며 시간과 공간이 영속적으로 존재하면서, 공간이 팽창하면 그 안에서 새로운 물질을 꾸준히 만들어내어 밀도를 유지한다는 가설이다. 이 가설은 은하가 멀어지면서 우주가 팽창하더라도 팽창하는 공간 속에서 새로운 물질이 만들어진다고 설명함으로써, 과학적 직관에 비추어 자연스럽지 않은 빅뱅의 순간, 즉 특이점을 배제하는 데 초점을 맞추고 있다. 즉 빅뱅우주론이 빅뱅의 순간에 물질이 만들어졌다고 주장하는 데 반해, 정상상태 이론은 우주 공간의 팽창과 더불어 지속적으로 물질이 생성된다는 것이다. 물질의 생성만 가지고 설명하자면 빅뱅의 순간에 일어난 일을 우주의 전 역사로 연장하여 평균화시키는 것과 비슷하다. 재미있는 사실은 빅뱅우주론이라는 명칭을 바로 그것에 대한 가장 맹렬한 반대자인 프레드 호일이 만들어냈다는 점이다. 호일은 라디오 교양 프로그램에 나와서 "그래, 우주가 과거 어느 순간에 크게

신학자의 과학 산책

'뻥'Big Bang!하고 터져서 생기기라도 했단 말이오"라고 논쟁했는데, 이 말이 대폭발 이론을 너무도 잘 설명하고 있어서 나중에 정식 명칭으로 굳어졌다. 아마도 빅뱅 이론은 반대자에 의해 명명된 최초의 과학이론일 것이다.

호일의 정상상태 이론은 1965년에 우주배경복사Cosmic background radiation의 발견으로 폐기되었다. 미국의 전신회사가 설립한 벨 연구소의 연구원이었던 아르노 펜지아스Arno Allan Penzias, 1933와 로버트 윌슨Robert Woodrow Wilson, 1936은 새로운 안테나의 성능을 시험하던 중에 우연히 우주배경복사를 발견하게 된다. 두 과학자는 새로 개발한 안테나에 수신되는 잡음의 출처를 알 수 없어서 괴로워했다. 그들은 안테나의 결함 때문이라고 생각해서 모든 기계장치를 꼼꼼히 재조정하고, 심지어는 비둘기 똥을 닦는 등 가능한 모든 노력을 다 기울여도 잡음을 해결하지 못하고 전전긍긍하던 중에, 이 전파의 실체가 바로 빅뱅 이론이 예측하고 있는 우주배경복사라는 사실을 알게 되었다. 이 두 과학자는 이 우연한 발견으로 인해 노벨상을 받게 되었는데, 이들로부터 멀지 않은 곳에서 우주배경복사를 찾기 위해 분투하던 다른 과학자들이 있었지만 안타깝게도 이들이 할 수 있었던 일은 펜지아스와 윌슨이 측정한 잡음이 우주배경복사임을 확인해주는 역할뿐이었다. 과학의 역사를 보면 때로 과학적 업적에 대한 명예나 금전 같은 보상이, 과학적 발견을 위해 일생을 바친 과학자를 외면하고, 의도하지 않았던 우연한 발견을 한 사람에게 주어지는 일이 생기기도 한다.

어쨌든 우주배경복사는 빅뱅 당시에 우주의 전 방향으로 흩어진 에너지-물질의 잔해로서, 지금은 절대영도에 가까운 복사선으로 식어져 전 우주공간에 떠돌아다니는 전파다. 이것은 빅뱅 이론에서 이론적으로 예측되었고 발견되기만을 기다려왔던 것인데 마침내 발견됨으로써 빅뱅 이론이 옳다는 결정적인 증거로 받아들여졌다. 이후 1970년에 루게릭 병이라는 불치병을 앓고 있던 스티븐 호킹Stephen William Hawking, 1942은 그의 스승 펜로즈Sir Roger Penrose, 1931와 함께 우주가 빅뱅의 순간을 가질 수밖에 없다는 것을 이론적으로 훌륭하게 입증하였다. 오늘날 빅뱅우주론에 어전히 몇 가지 의문점은 남아 있지만 그럼에도 거의 대부분의 과학자들이 빅뱅 이론을 표준 이론으로 받아들이고 있다. 나아가 1992년 나사NASA의 코비Cobe 탐사위성은 우주의 전 방향으로부터 수신되는 우주배경복사의 온도 편차를 정밀하게 관측하였다. 그 결과, 이론적 예측에 부합하는 범위 내에서 극도로 미세한 정도의 편차가 우주배경복사의 밀도에 대해 우주의 모든 방향에 걸쳐 나타나는 것을 확인하였다. 이 편차는 빅뱅 이후 초기 우주가 양자 요동에 의해 인플레이션 팽창을 하였으며, 에너지-물질의 분포가 전체적으로는 균일하지만, 국부적으로는 미세한 차이가 생겨 있음을 나타낸다. 이 편차는 에너지-물질의 분포가 상대적으로 높은 영역에서는 은하, 성단, 별들이 형성되었고, 그렇지 않은 영역에서는 아무것도 없는 빈 공간이 된 이유를 보여준다. 오늘날 천체물리학자들은 코비 위성의 관측을 통해 얻어진 우주배경복사의 분포도를 빅뱅우주론의 강력한 증거로 인정한다.

우주가 약 138억 년 전에 일어난 대폭발에서 시작되어 지속적인 팽창을 거쳐 오늘에 이르렀다는 빅뱅우주론은 20세기 과학계에서 이루어진 가장 위대하고 혁명적인 발견 중 하나다. 오늘날 과학자들은 양자역학과 소립자 물리학의 발전에 힘입어 우주가 출발하던 경이로운 순간의 모습을 어느 정도 정확하게 묘사할 수 있다.

한 처음에 우주의 크기는 영0이었습니다. 온도는 무한대로 뜨거운 상태였고, 모든 것이 융합되어 끓고 있는 한 점이 폭발하면서 모든 에너지, 물질이 생겨났습니다. 빅뱅으로부터 약 10^{-43}초 후에 온도는 10^{32}도에 달하였습니다. 이때 우주의 크기는 원자 하나 정도에 불과했고, 밀도는 물의 밀도의 10^{96}배에 달하였습니다. 중력이 분리되어 우주의 하나의 근원적인 힘을 이루기 시작한 것도 바로 이 순간이었습니다. 약 10^{-35}초 후에는 온도는 10^{28}도로 내려갔고, 강한 핵력이 중력으로부터 분리되었습니다. 10^{-10}초 후 온도는 10^{15}도가 되었고, 그것은 약한 핵력과 전자기력이 다른 힘으로부터 분리될 수 있는 온도였습니다. 그때 물질의 기초 모양을 이루는 쿼크가 형성되었습니다. 약 10^{-4}초 후에는 온도는 10^{12}도로 식고 쿼크들이 모여 양성자와 중성자를 이루기 시작하였습니다. 그 후 우주는 팽창에 따라 차차 식어 갔고, 수소와 헬륨 원자들이 만들어졌습니다. 우리 몸의 70퍼센트를 차지하는 물H20에 들어있는 수소도 바로 이때 만들어진 것입니다. 우리 몸도 바로 빅뱅의 산물로 이루어져 있는 것입니다. 수소와 헬륨 원자들은 중력, 전자기력, 강한 핵력, 약한 핵력 등 우주의 네 가지 기본적인 힘들의 법칙에 따라 별과 은하들을 만들어 냈습니다.

10억 년 쯤 지난 후 은하의 가스 구름 속에서 별들이 태어나기 시작하였습니다. 수소 가스들이 중력으로 뭉쳐진 별들은 불타오르기 시작하였습니다. 이때 핵융합반응을 통해 수소 원자들이 헬륨으로 바뀌었고, 그중 일부는 다시 생명체의 구성에 필수적 원소인 탄소나 산소와 같은 무거운 원소들로 전환되었습니다. 수축하고 폭발하는 데 약 50억 년이 걸리는 별들의 일생을 통해 탄소와 산소들이 우주 공간으로 흩어지고, 다시 별들이 만들어지는 두 차례의 과정을 거친 뒤에 우리 은하 속에서 제3세대 별인 태양과 행성들이 태어났습니다. 앞선 별의 폭발로 흩뿌려진 먼지들, 즉 탄소와 산소 등 생명체를 구성하는 무거운 입자들이 모여 지구가 형성되었습니다. 그리고 그 먼지들은 오랜 시간이 흐른 뒤 36억 년 전, 그러니까 빅뱅 이후 약 100억 년이 지난 후에 마침내 지구에서 생명을 탄생시켰습니다. 자기복제 능력이 있는 생명은 처음에는 아주 보잘것없는 모습으로 출발했지만, 몇 차례의 대멸종을 거친 후에도 살아남고 진화의 과정을 거쳐 아름다운 모습으로 지구 생태계를 이루고, 마침내 우주의 기원을 탐구하는 지성을 지닌 인간을 낳은 것입니다. 이것이 138억 년의 우주의 역사를 단 몇 줄로 숨가쁘게 요약한 내용입니다.[3]

신학적 함축성

빅뱅우주론은 뉴턴-데카르트의 절대시간과 절대공간 개념을 폐기했을 뿐만 아니라 우주에 맨 처음이 있다는 주장 때문에 20세기 과학에 엄청난 충격을 가했다. 우주론에 있어 코페르니쿠스의 패러다임 전환에 이어 3세기 만에 근본적인 변화를 가져온 것이다. 빅뱅우주론은 기독교 신학의 창조 신앙과 관련하여 뜨거운 논쟁을 불러왔다. 그 이유는 빅뱅우주론이 우주가 약 138억 년 전 과거 어느 한 순간에 한 점에서의 거대한 폭발로 시작되었다고 설명함으로써 기독교의 교리인 '무로부터의 창

┃ 교황 비오 12세

조'creatio ex nihilo를 지지할지 모른다는 기대를 불러일으켰기 때문이다.

　1951년 교황 비오 12Pius XII세는 과학자들과 만나는 자리에서 가톨릭교회는 빅뱅우주론을 환영한다고 말했다. 빅뱅우주론이 창조주 하나님에 대한 기독교 신앙을 지지하는 과학적 이론이 되리라고 바티칸은 판단했던 것이다. 교황 요한 바오로 2세도 1981년 스티븐 호킹을 접견한 자리에서 "빅뱅은 창조의 순간이고 하나님의 작품"이라고 말하였다. 이러한 가톨릭교회의 반응은 과학이 마치 돌아온 탕자처럼 오랜 시간 무신론을 방황한 끝에 다시 하나님의 존재를 지지할 수 있지 않을까라는 기대를 반영한 것으로 보인다. 과연 "'빛이 생

3　김기석, 『종의 기원 vs. 신의 기원』(서울: 동연, 2009), 166-167.

겨라!' 하시자 빛이 생겨났다"라는 창세기의 말씀과, 어마어마한 물질-에너지가 한 점에서 쏟아져 나와 우주를 만들었다는 빅뱅의 설명 간에는 상당한 유사성이 있어 보인다. 이러한 정황과 관련하여 나사 소장이었던 로버트 재스트로우Robert Jastrow, 1925-2008는 "오늘날의 천문학적 증거는 세계의 기원에 관한 성서의 관점이 맞음을 드러낸다"고 강하게 주장하였다. 우주의 기원과 관련하여 과학자들은 먼 길을 돌아 우주가 시작의 순간을 가지고 있다는 것을 발견했으나, 신학자들은 이미 옛날부터 우주가 저절로 존재해온 것이 아니라 하나님이 이 세계를 '완전한 무'에서 창조했다고 가르쳐왔다. 하지만 엄밀히 말해 '무로부터의 창조' 교리가 성서적 가르침은 아니다. 구약성서의 첫 구절은 하나님의 창조가 '완전한 무로부터의 창조'인지 아니면 '혼돈으로부터의 질서 부여를 통한 창조'인지 명백히 진술하지 않고 있다. 굳이 따지자면 오히려 후자 쪽이 더 가까울 것이다.

그러나 만일 하나님의 창조가 '혼돈으로부터의 질서 부여를 통한 창조'라 한다면, 혼돈의 상태는 완전한 무는 아니므로 '선재하는 물질'Preexisting matter의 존재를 인정하는 셈이 되고, 이 '선재하는 물질'의 존재는 하나님의 창조의 절대성을 제한하며, 하나님에 대한 이 세계의 절대적 의존성을 감소시킨다고 볼 수 있기 때문에 아우구스티누스는 '무로부터의 창조'를 주장했던 것이다. 한편 아우구스티누스는 하나님의 창조와 시간에 대하여 중요한 성찰을 남겼다. 그는 "하나님이 천지를 창조하시기 이전에는 무엇을 하시고 계셨느냐?"를 묻는 사람들에게 다른 성직자들처럼 "당신들처럼 불필요한 질문으로

신학자의 과학 산책

성직자를 곤란하게 만드는 사람들을 위해 지옥을 만들고 계셨다"고 대답하지 않았다고 한다. 그 대신 "시간과 영원이 그 속성상 본질적으로 다르며 영원은 하나님께 속한 속성인 반면 시간은 창조의 부속물property"이라고 지적했다. 그러므로 시간이 창조의 '부속물'이라는 말은 시간이 창조의 결과물이며, 스스로 절대적인 존재가 아니라는 뜻이다.

보통의 경우 우리는 직관적으로 시간을 절대적인 것으로 인식한다. 당연히 창조도 과거의 한 순간에 이루어졌을 것이라고 생각하는데, 아우구스티누스는 창조 이전의 과거는 없다고 지적함으로써, 특이점으로부터 시간과 공간이 생겨났다는 빅뱅우주론의 요점과 상통하는 깨달음을 우리에게 전해 준다.

시간이 절대적인 값을 갖지 않으며 속도에 따라 변화하는 물리량을 갖는다는 사고는 천재 과학자 아인슈타인의 상대성원리를 통해서 입증된 것이며, 이는 아무도 도전하지 못했던 뉴턴 물리학의 근저를 뒤흔든 혁명적 아이디어였다. 그렇다면 어떻게 아우구스티누스는 자신의 시대보다 거의 이천 년을 앞서 상대적 시간 개념에 도달할 수 있었을까? 아우구스티누스는 절대성이란 오직 하나님에게 속한 본질이며, 그 외의 모든 존재나 상태는 모두 상대적·의존적인 특성을 지닌 것이라고 파악함으로써 '시간' 역시 상대적·의존적 범주에 속하는 것으로 파악했던 것이다.

이러한 성찰은 곧 세계가 절대적인 것이 아니며 하나님의 창조의 결과물로서 그 존재성은 하나님께 전적으로 의존적이라는 창조 신앙의 요점과 부응되는 신학적 성찰이다. 결론적으로 20세기 과학의 두 기둥인 상대성원리와 양자역학에 이론적으로 기초하고, 거기에 더해 정밀한 우주 관측기술에 힘입어 표준이론으로 정립된 빅뱅 우주론은 이 우주에 기원이 있다는 사실을 지시한다는 점에서 '무로부터의 창조' 교리와 깊은 상관성을 지닌다. 또한 우주는 과거의 어느 시점에 한 점에서 시작되어 계속 팽창하고 있는 시공간이기 때문에 우주 내의 모든 지점은 중심이자 동시에 가장자리라는 놀라운 의미를 알려준다. 이런 점에서 빅뱅우주론은 우리가 광대한 우주의 한 모퉁이에 자리한 티끌만 한 행성에 거주하는 보잘것없는 존재이며, 동시에 그럼에도 이 우주를 창조한 창조주의 목적이 무엇인지를 묻는 우주의 주인공이라는 점을 일깨워준다.

우주와
인간

허블의 깊은 우주

뉴턴이 만유인력을 발견한 이래로 지난 3백 년 동안 치열하게 탐구된 과학적 우주론은 20세기 후반에 이르러 마침내 빅뱅우주론으로 귀결되었고, 이를 통해 비로소 우리는 우주의 역사와 그 구조에 대해 어느 정도 정확하게 이해하게 되었다. 빅뱅우주론이 설명하는 우주의 모습을 잘 보여주는 사진이 있는데, 그것은 '허블의 깊은 우주'Hubble's deep field라 명명된 사진이다. 이 사진 속에서 빛나는 것들이 무엇일까? 아마도 많은 이들이 '별'이라고 대답할 것이다. 틀린 대답이다. 이 사진 속에서 빛나는 것들은 별이 아니다.

영화 〈그래비티〉Gravity, 2013는 바로 이 허블 우주 망원경을 소재로 삼고 있다. 이 영화의 주인공인 우주 비행사산드라 블록 분는 허블 망

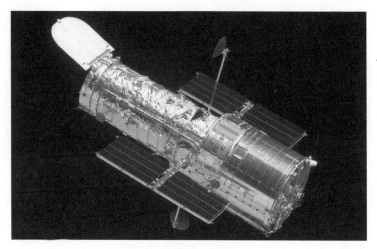
▌허블 우주 망원경

원경을 수리하던 도중에 자신이 타고 온 우주선이 파괴되는 절망적인 상황을 맞이한다. 이 영화는 이런 상황에서 주인공이 러시아 우주 정거장을 이용하여 중국 우주선톈궁, 天宮으로 갈아탄 후 천신만고 끝에 지구로 귀환하는 이야기를 밀도 있게 그려낸다. 허블 우주 망원경은 1990년 4월 25일 우주왕복선 디스커버리호에 실려 지구 상공 610킬로미터 궤도를 선회하면서, 지난 25년간 천체의 놀라운 모습을 담은 사진을 지구로 전송하여 우리가 우주를 이해하는 데 획기적인 공헌을 했다. 수명이 다해 곧 퇴역할 허블을 대신해서 2021년에는 그보다 수백 배 높은 해상도를 자랑하는 제임스 웹 우주 망원경James Webb Space Telescope이 발사될 예정이다. 그렇게 되면 더욱 매혹적인 천체의 모습을 담은 사진을 볼 수 있게 되어 우주에 대한 사람들의 관심이 증폭되리라 여겨진다. 이때 우리는 이러한 우주에 대한 관심의 증

　　　　　　　　　　　　　　　　　　신학자의 과학 산책

▌ 허블의 깊은 우주

가가 기독교에는 어떤 영향을 끼칠지 생각해볼 필요가 있다.

　다시 '허블의 깊은 우주' 이야기로 돌아가면, 허블 우주 망원경
은 1995년 12월 18일부터 28일까지 열흘간 큰곰자리 근처의 가장
어두운 지점을 택해 300장의 사진을 찍어 겹쳐보았다. 허블 망원경
이 선택한 곳은 바늘구멍만큼 매우 협소한 영역 천구의 2,800만 분의 1으로
아무것도 보이지 않는 깊은 암흑뿐인 지점이었다. 그런데 같은 지점
을 촬영한 300장의 사진을 겹쳐 놓으니 '허블의 깊은 우주'와 같은
모습이 드러난 것이다. 이 일은 대단한 정밀도와 인내심을 요구하는
작업이었다. 허블 망원경은 지구를 선회하고 있기 때문에 계속 위치
가 변한다. 따라서 촬영 대상에 대한 초점이 변하므로 지구를 한 바
퀴 공전하여 같은 위치로 돌아올 때 다시 찍는 작업을 열흘간 반복하
는 방식으로 작업해야 했고, 그렇게 해서 얻은 사진이 이것이다. 이

사진은 현대과학의 놀라운 통제력과 정밀도를 말해준다. 결론적으로 이 사진 속의 물체들은 '별'이 아니라 '은하'다. 하나의 은하에는 우리 태양과 같은 별들이 약 1–2천억 개 정도 모여 있다. 수천억 개의 별들이 모인 어마어마한 크기의 은하가 마치 그저 하나의 별처럼 단 한 점의 빛으로 보이는 것이다.

그런데 이들은 멀게는 100억 광년에서 가깝게는 수십 광년 이상 떨어진 거리에 존재한다. 이는 곧 우리 자신의 과거 모습이라고 할 수도 있다. 그 이유는 허블 우주 망원경에 포착된 빛들은 그 거리에 해당하는 시간만큼 우주 공간을 날아온 것이기 때문에 수십억–100억 년 전 우주의 모습을 보여주고 있는 것이다. 다시 말해 이는 우주 탄생 초기, 즉 빅뱅 이후 수십억 년이 지난 즈음의 우주의 모습이 100억 광년을 달려와 우리 눈에 비쳐지는 것이다. 보다 더 중요한 사실은 우리가 어디를 향해 바라보든지 우주의 전체 방향 모든 곳에 이와 같이 은하들이 빼곡하게 자리잡고 있다는 것이다. 이 작은 영역 속에 수천 개의 은하들이 분포되어 있으며, 우주는 거시적 규모에서 볼 때 균질하기 때문에 어디든지 이러한 은하들로 가득 차 있음을 알 수 있다. 따라서 우리가 바라보는 어두운 밤하늘은 아무리 어둡고 아무것도 없는 것처럼 보여도 실제로는 이와 같이 어마어마하게 많은 은하들이 빽빽하게 가득 차 있다. '허블의 깊은 우주' 사진은 우주의 규모가 얼마나 광대한지를 보여준다. 우주 안에는 수천억 개의 별을 지닌 은하들이 수천억 개가 있지만 이러한 은하나 별 등의 가시적 물질을 합한 질량은 우주 전체 질량의 약 4퍼센트에 불과하

신학자의 과학 산책

며 나머지는 암흑물질과 암흑에너지로 구성되어 있다고 하니, 도대체 우주의 전체 모습은 과연 얼마나 크고 광대한 것인지 우리 인간의 머리로는 감히 상상하기 어지러울 정도다.

'허블의 깊은 우주' 사진을 들여다보면서 우리는 여러 가지 장면을 상상해볼 수 있다. 먼저 은하 하나의 크기를 가늠해보자. 우리 태양계가 속해 있는 우리 은하는 지름이 약 10만 광년이고 두께는 약 1-2만 광년 정도인 막대나선 은하다. 납작한 밀짚모자, 혹은 조금 도톰한 피자 모양이라고 상상하면 될 것이다. 우리 은하의 가장 가까운 이웃으로는 마젤란 은하와 안드로메다 은하가 있다. 우리 은하의 위성 은하인 마젤란 은하는 19만 광년 정도 떨어져 있다. 마젤란 은하라는 이름은 탐험가 마젤란이 세계 일주 여행 중 발견해서 붙여졌다. 이 은하는 옛날부터 아라비아 문명에서는 잘 알려져 있었으나 북반구의 높은 위도에서는 보이지 않기 때문에 유럽 세계에는 마젤란을 통해서 알려진 것이다.

한편 우리 은하와 약 230만 광년 거리에 있는 안드로메다 은하는 대중들에게도 잘 알려져 있는데 아마도 오래 전에 방영된 애니메이션인 〈은하철도999〉 때문일 것이다. 이 만화영화는 주인공 철이가 안드로메다 은하로 여행하면서 다양한 종류의 존재_{지적 생명체}들과 만나는 이야기로 구성되어 있는데 어떤 장면은 매우 심오한 철학적인 의미를 담고 있다. 과거에는 안드로메다 은하를 우리 은하에 딸린 국부은하로 알고 있었으나 최근의 보다 정확한 관찰과 분석을 통해 우리 은하보다 지름이 두 배정도 큰 것으로 파악되고 있다. 우리 은하와 안드로메다 은하는 서로 잡아당기는 중력에 이끌려 엄청난 속도로 가까워지고 있으며, 수십억 년 후에는 충돌할 것이다. 은하와 은하가 마주친다고 해도 고속도로에서 자동차가 충돌하는 것처럼 별들이 서로 부딪히는 일이 발생하는 것은 아니다. 은하를 구성하는 별들 사이에 공간이 너무 넓기 때문이다. 그러므로 충돌이 아니라 두 은하가 중력에 이끌려 뭉쳤다가, 달려오던 관성에 의해 다시 멀어지고, 다시 중력에 의해 되돌아오는 장면이 반복되는, 오랜 시간에 걸쳐 진행되는 병합의 과정으로 이해해야 한다.

'허블의 깊은 우주' 사진 속의 은하들도 한 장의 사진으로 보기에는 가까운 것처럼 느껴지지만 사실은 서로 수십 만 광년에서 수백만 광년 이상 떨어져 있다. 방문하는 것이 도저히 불가능한, 까마득히 멀리 떨어진 천체들이다. 어쩌면 저 많은 은하 속의 무수한 별들 가운데 혹시 인간과 같은 지적 생명체들이 살고 있어서, 우리가 허블망원경으로 우주 사진을 찍은 것처럼 저들도 우리를 향하여 망원경을 들이대고 우리와 똑같은 상상을 펼치고 있을지도 모른다. "이 드넓은 우주 속에 단지 우리만 존재한다면, 그것은 엄청난 공간의 낭비일 것"이라는 칼 세이건의 말을 새삼 떠올려본다. 이와 관련하여 외계인의 지구 지배를 다룬 영화 〈맨 인 블랙〉Men in Black, 1997의 마지막 장면이 떠오른다. 줌 아웃zoom out 기법을 사용하여 처음에는 화면 가득 지구가 나오고, 그다음에 태양계, 은하, 그리고 맨 마지막에는 모든 은하 즉 우주가 한 화면에 담기고, 이 우주 전체가 단 하나의 구슬 속에 들어가는데, 어떤 존재외계인들이 이 구슬들을 가지고 노는 장면

이 이 영화의 끝 장면이다. 과연 우주는 무한소에서 무한대로 끝없이 순환하는 존재의 사슬 중 한 고리에 불과한 것일까? 우주의 이 모든 것들이 비록 어마어마하지만 아무것도 존재하지 않았던 하나의 특이점Singular point에서 양자 요동이 일어나 빅뱅을 통해 생겨났듯이, 어쩌면 무에서 생성되어 무로 돌아갈지도 모른다.

우주와 인간, 그리고 지적 생명체

지난번 미국의 대통령 선거에서 힐러리 클린턴 민주당 후보는 자신이 당선되면 UFO미확인 비행물체에 관련된 진실을 국민에게 공개하고, 로스웰에 관한 진상조사팀을 꾸리겠다고 공언하여 세간의 관심을 끌었다. 로스웰 사건이란 1947년 미국 뉴멕시코주 로스웰 마을에 추락한 비행체를 둘러싼 의혹을 말한다. 당시 미 공군은 기상관측 기구가 추락한 것이라고 발표했으나, 실제론 외계에서 온 우주선이 추락했고 외계인 시신도 수습됐으나 당국이 은폐했다는 음모론이 광범위하게 퍼졌다. 아마도 클린턴 후보의 공약은 UFO의 존재를 믿는 유권자들의 표를 겨냥한 정치적 발언이겠지만, 클린턴 후보가 오래 전부터 외계인의 존재 유무에 대한 관심을 가지고 있다는 것은 잘 알려져 있다.

당연히 외계 지적 생명체의 존재 및 접촉에 관한 문제는 우주를 연구하는 과학자들에게 흥미로운 주제가 아닐 수 없다. 외계인에 대한 대중적인 관심이 고조되던 1950년대에 뉴욕시에서 쓰레기통 뚜

껑이 지속적으로 사라지는 사건이 발생했는데 범인을 잡지 못하자, 어떤 사람들이 농담 삼아 외계인들의 소행일 것이라고 말했다. 이와 관련하여 노벨 물리학상을 수상한 이탈리아의 천재 물리학자였던 엔리코 페르미Enrico Fermi, 1901~1954는 점심식사 도중 동료들과의 대화에서 "그들은 모두 어디에 있는가?"라는 질문을 던졌다. 이 질문은 페르미 역설Fermi paradox이라고 널리 알려져 있다. 페르미는 우주의 나이가 오래 되었고 무수히 많은 항성이 있으며 그 항성들이 지구와 유사한 행성을 거느리고 있다면, 인류와 같은 지적 생명체 역시 우주에 널리 분포하고 있어야 하며, 그중 몇몇은 지구에 와서 이미 우리와 만났어야 한다고 추론하면서 "그들은 모두 어디에 있는가?"라는 질문을 던졌던 것이다. 페르미 역설과 관련하여 프랭크 드레이크Frank Drake, 1930는 우주에 존재하는 외계 문명과 교신할 가능성을 계산하는 방정식을 만들었는데, 이 계산법을 드레이크 방정식이라고 부른다.

드레이크 방정식

흔히 방정식이라고 하면 어렵게 느껴질 수도 있겠지만, 이 방정식이 담고 있는 내용은 그리 어려운 것이 아니다. 또한 생명의 출현이나 지적 존재로의 진화 가능성 등은 아직 정확히 확률적으로 산출할 수 없는 문제이기 때문에 정답을 얻을 수 있는 방정식도 아니다. 다만 우리 은하에 태양과 같은 별과 지구와 닮은 행성이 얼마나 많은지, 그리고 거기에서 생명이 출현하고 지적인 존재로 진화할 가능성을 논리적으로 추론하는 데 도움을 주는 유용한 방정식이라고 생각하면 된다. 칼 세이건Carl Edward Sagan, 1934-1996의 소설을 토대로 시나리오를 만들고, "만일 이 드넓은 우주에 있는 존재가 단지 우리뿐이라면 그것은 엄청난 공간의 낭비일 것"이라는 유명한 대사로 잘 알려진 영화 〈콘택트〉Contact,1997는 외계 지적 존재와 인간의 접촉에 대해 종교와 과학 양쪽의 관점을 동시에 존중하면서 심도 있게 그린 매우 훌륭한 작품이다.

드레이크는 지구와 같은 행성에서 생명체가 출현할 가능성을 높게 추정하였고, 일단 생명체가 출현하면 지적 존재로 진화할 가능성에 대해서도 높게 추정하였지만, 아직 우리는 지구 밖에서 생명체를 발견하지 못했기 때문에, 우주에서 생명 현상이 보편적인 것인지 아니면 매우 희귀한 현상인지, 또는 극단적으로는 오직 지구에서만 일어난 단 일회적 사건인지조차도 결론 내기가 어렵다고 하였다. 대체로 많은 과학자들은 어느 정도 지구와 같은 물리적 조건을 갖춘 장소라면 외계에도 생명이 존재할 것이라고 추정하지만 이것이 UFO를 인정한다는 뜻은 아니다. 오히려 그 반대다. 대다수의 과학자들은 UFO를 인정하지 않는다. 그 이유는 가장 가까운 별도 4광년 이상 떨어져 있기 때문에 상대성 이론에 비춰볼 때 우주여행은 불가능할 것이라고 판단하기 때문이다.

물론 공상과학소설에는 웜홀worm hole을 이용한 여행이 대안으로 제시되지만 이는 과학적인 견지에서 볼 때 매우 비현실적인 설정이다. 웜홀이란 블랙홀을 통해 다른 시공간으로 연결될 수 있다고 가정하는 하나의 가상적 통로다. 그런데 블랙홀 근처는 빛조차도 빠져나갈 수 없을 정도로 엄청난 중력이 작용하는 곳이기 때문에 어떤 생명체도 그와 같은 극단적인 물리적 조건에서는 살아남을 수 없다. 빛의 속도에 가까워질수록 질량이 무한으로 수렴된다는 상대성이론이 규정하는 물리적 조건은 아무리 고도로 발달한 과학 문명이라도 극복하기가 어려울 것이다. 〈스타워즈〉, 〈스타트렉〉, 〈아바타〉, 〈인터스텔라〉 등 많은 SF영화들이 우주여행을 소재로 하고 있지만, 오늘날 정상과학의 패러다임에서 볼 때 항성 간의 여행은 수백 년 이상 걸리는 비현실적인 상상으로 남아 있다. 따라서 대부분의 과학자들은 UFO에 관한 이야기를 신뢰하지 않는다.

다시 드레이크 방정식으로 돌아가 보자. 드레이크 방정식에서 가장 주목해야 할 중요한 변수는 마지막 항으로 표시되는 '기술문명의 지속기간'이다. 이는 우주에서 항성 간 통신기술을 성취한 지적 생명체가 그 문명을 얼마나 오래 존속시킬 수 있느냐의 문제다. 인류의 경우 이제 겨우 100년도 안 되었다. 그렇다면 과연 우리 인류의 기술문명은 얼마나 오래 지속될까? 앞으로 1천년 혹은 1만년 이상 지속될 수 있을까? 오늘날 우리는 문명의 위기를 경고하는 목소리를 여기저기서 듣고 있다. 핵전쟁이나 기후변화, 생태계 파괴나 신종 바이러스, 소행성의 충돌이나 지질학적 격변 등이 인류문명을 위협하는 요인들이다. 인류 문명의 종말을 가져올 수 있는 요인은 순수하게 자연적인 것도 있지만 인간에 의한 요인이 더 많다. 또 자연적인 위협일지라도 그것을 극복하려면 인류의 선한 의지와 협력이 필수적이다.

이 지점에서 우리는 우리 자신이 과연 어떤 존재인지를 되돌아

신학자의 과학 산책

보아야 한다. 인간이 성취한 놀라운 과학기술은 한편으로는 문명의 이로운 도구利器이면서, 다른 한편으로는 가공할 파괴력을 행사한다는 양면성을 지니고 있다. 우리는 인류가 전쟁을 통해 과학기술을 획기적으로 진보시켜왔고, 또 과학기술의 발전이 대량 살상무기의 개발로 이어졌음을 역사를 통해 잘 알고 있다. 인류는 외계 지적 생명체를 탐사할 수 있는 기술에 앞서 인류문명을 송두리째 파괴할 수 있는 핵무기를 만들었다. 그런데 중요한 점은 과학기술이란 시간이 지나면 점점 간편화, 대중화되는 경향이 있다는 것이다. 개발 초기에는 소수가 독점했던 고비용의 과학기술을 시간이 지나면 많은 사람들이 싼 값에 이용할 수 있게 된다. 이러한 경향을 생각하면 미래에는 소수의 테러리스트 집단이 가공할 만한 대량살상무기를 보다 용이하게 손에 넣을 것이다. 오늘날의 지구촌도 IS의 테러로 골머리를 앓고 있지만, 역사를 돌이켜보면 인류의 발자취는 나눔과 섬김 및 공존을 통한 상생보다는 독점과 지배, 정복과 착취로 점철되어 있으며, 평화보다는 전쟁을 선택해왔다. 이러한 우리 인간의 모습을 생각해보면 인류의 과학기술 문명이 과연 앞으로 얼마나 오래 지속될 것인가라는 질문에 대해 마냥 낙관적인 대답을 하기란 어렵다. 중요한 점은 인류의 과학기술 문명이 얼마나 오랫동안 지속할 수 있는지의 기간 여부는 이런 지적 생명체가 상당한 수준의 도덕적 존재가 될 수 있는지에 달려 있다는 것이다. 인류 문명의 존속 기간은 우리 인간이 얼마나 서로를 이해하고 존중하며, 가진 것을 나눌 수 있는 도덕적 능력이 있는가 여부에 달려 있다.

'블록버스터'Block Buster란 말은 원래 제2차 세계대전 당시 유럽의 도시 한 구역블럭을 날려버릴 수 있는 초대형 고성능 폭탄을 지칭하였다. 블록버스터 하나의 파괴력은 TNT 폭약 20톤이었다. 제2차 세계대전 중에 수많은 도시와 사람들의 머리 위로 투하된 폭탄의 총량은 TNT 200만 톤, 즉 2메가톤이었다. 이는 영국과 프랑스, 독일과 네덜란드, 그리고 일본의 여러 도시에 쏟아진 폭탄을 모두 포함한 양이다. 오늘날 미국과 러시아 등 강대국이 보유한 수소폭탄 하나의 위력은 보통 10메가톤이 넘는다. 미국이 1954년 비키니 섬에서 실험한 수소폭탄의 위력은 TNT 15메가톤이었다. 이 단 하나의 수소폭탄이 제2차 세계대전 6년 동안 전 세계에서 사용한 폭탄의 총합보다도 7배가 넘는 파괴력을 지니고 있다는 것이다. 그런데 오늘날 지구에는 이러한 핵무기가 2만기 이상 배치되어 있다. 히로시마에 투하된 인류 최초의 원자폭탄 '리틀보이'는 TNT 폭약 13,000톤의 파괴력에 해당하였고, 이로 인해 약 10만 명이 목숨을 잃었다. 만일 오늘날 전면적인 핵전쟁이 벌어진다면, 현재 인류가 보유한 핵무기의 파괴력은 전 세계 모든 도시와 마을 위로 히로시마에 투하된 원자폭탄 같은 폭탄을 100만 개 이상을 투하할 수 있는 것이며, 가정 단위로 환산하면 전 세계의 모든 집집마다 블록버스터 하나씩 배달할 수 있는 것에 해당된다. 이렇게 볼 때 핵무기 경쟁은 그야말로 '미친 짓'이며, 소위 '방어를 위한 핵무장' 이론은 거짓말이다. 이는 인류를 공멸의 구렁텅이로 몰아넣는 악마의 논리다.

이제 우리는 드레이크 방정식이 단지 외계 지적 존재와의 조우

신학자의 과학 산책

가능성을 계산하는 수식이 아니라, 바로 우리 자신을 향한 질문임을 깨달아야 한다. 이는 "우주 안에 출현한 매우 소중한 생명체로서, 그리고 수많은 생명체 중에서도 극도로 희귀한 지적 존재인 인간이 과연 윤리적으로도 훌륭한 존재가 되어 어렵게 성취한 문명을 앞으로도 오랫동안 지속할 수 있을 것인가?"라는 질문이다. 그리고 이 질문은 과학적인 질문인 동시에 신학적인혹은 종교적인 질문이기도 하다. 영화 〈콘택트〉에서 고도로 발달한 지적 문명을 오래 지속한 외계 생명체가 주인공에게 말한 "너희 인간은 매우 흥미로운 종種, species이야!"라는 대사는 눈길을 끈다. 지구는 우주에서 티끌보다도 더 작은 존재다. '창백한 푸른 점'Pale Blue Dot은 보이저 1호가 찍은 지구의 사진을 부르는 명칭인데, 1990년 2월 14일에 보이저 1호가 촬영했다. 이 사진에서 지구의 크기는 0.12화소에 불과하며, 지구와의 거리는 61억 킬로미터였다. 태양계 밖으로 향하던 보이저 1호가 토성을 지나면서 마지막으로 지구를 촬영한 이 사진이 말해주는 것처럼, 정말로 지구는 망망대해보다도 드넓고 어두운 우주 가운데 희미하게 떠 있는 작고 외로운 섬이며, 그곳에 사는 인간은 138억 년이란 장구한 우주의 역사에서 오롯이 솟아난 소중한 꽃 봉오리이다. 그런데 인간은 하나님을 찾고 진선미를 추구하는 존재인 동시에 죄악의 요구를 좇는 파괴적 성정을 함께 지니고 있다. 따라서 우주에 대한 탐구는 단지 천문학적 호기심을 충족하는 데 그치는 것이 아니라, 결국 인간의 문제, 즉 어떻게 살 것인가라는 질문으로 되돌아오게 한다. 광활한 우주를 바라보면 볼수록 겸손의 미덕을 배우게 된다고 한다. 이런 점에서 우주론은 결국 인간론이기도 하다.

영국의 과학자이자 신학자인 존 폴킹혼은 우주에서도 기독교의 십자가 원리를 발견할 수 있다고 주장했다. 우리의 몸을 구성하는 원소들, 즉 모든 생명의 재료는 오직 별의 내부에서 만들어진다. 왜냐하면 빅뱅을 통해 만들어진 물질은 수소와 헬륨뿐이었고 이 원소로는 생명체가 만들어질 수 없기 때문이다. 지구 생명도 예외는 아니다. 태양은 제3세대의 별로서, 태양에 앞서 존재했던 두 세대의 별이 있었다. 태양과 지구를 포함한 태양계 내의 모든 행성은, 앞서 존재했던 별이 폭발하여 그 잔해가 다시 수축해서 만들어졌다. 물론 별들이 어떤 자의식이 있어서 생명의 탄생을 위해 자기를 희생했다고 말할 수는 없을 것이다. 하지만 생명이 존재하려면, 필수적으로 별 내부에서 일어나는 핵융합 과정을 통해 생명의 재료가 만들어져야 하고, 그다음에 그 별이 폭발하여 생명의 재료를 흩뿌려 주어야 한다. 이것이 우주에서 일어나는 십자가의 원리라는 것이다.

예수 그리스도의 성육신과 십자가를 통한 부활이 반드시 다른 외계 지적 문명에서도 일어날 필연성은 없을 것이다. 하지만 겸손과 나눔, 자기희생을 통해 타자에게 생명을 주는 기독교의 메시지는 어쩌면 우주적 원리일지도 모른다. 이런 점에서 외계 생명과의 접촉은 어쩌면 많은 사람들이 예상하는 것과 반대로 기독교의 위기가 아니라 오히려 기독교를 비롯하여 진선미를 추구하는 종교들이 공통적으로 지닌 가르침이 우주 안에 내재한 보편적 가치universal value임을 확인할 수 있는 긍정적인 기회일지도 모른다.

동양의 우주론

예로부터 동양에서는 우주와 인간의 본성이 동일하다는 믿음이 깊이 뿌리내리고 있었다. 우주와 만물이 모두 기氣로부터 생성되었다는 생각이 고대 중국으로부터 전해져왔다. 이에 따르면 처음에 원초적인 기가 혼돈의 상태 속에 가득 차 있었으며, 그 기는 맑고淸 가벼운輕 기와 탁하고濁 무거운重 기로 나눌 수 있는데, 맑고 가벼운 기는 떠올라 하늘天이 되었고 무겁고 탁한 기는 가라앉아 땅地이 되었다는 것이다.

동양의 우주론에서는 수천 년 동안 "하늘의 기와 땅의 기가 서로 작용하여 만물을 낳았다"는 기생성론의 골격만큼은 변하지 않았다. 따라서 중국 우주론의 역사는 "맑고 가벼운 것이 위로 올라가 하늘이 되고, 탁하고 무거운 것은 아래로 내려가 땅이 되었다"淸輕者上爲天, 濁重者下爲地[4]라는 두 구절에 대한 해석의 역사라고 해도 크게 틀린 말은 아니다. 중국 사상에는 우주의 모습과 구조에 관한 설명을 전개하여 '우주론'이라 부를 수 있는 여러 설들이 있다. 대표적인 우주론은 개천설, 혼천설, 선야설, 안천설, 궁천설 등인데, 이를 대표적인 특징을 따라 두 가지로 분류하면, 하늘은 둥글고 네모난 땅 위를 덮고 있다는 개천설과, 하늘이 달걀의 노른자위를 덮듯이 땅 전체를 감싸고 있다는 혼천설로 나눌 수 있다. 송대宋代에 고전적 유교이념을 우

---

4   야마다 케이지, 『朱子의 自然學』 김석근 역(서울: 통나무, 1998), 34-35.

주론적 지평에서 새롭게 구성하여 신유교의 발흥을 도모한 주도적인 다섯 인물 가운데 시대적으로 맨 앞에 섰던 이가 바로 주돈이周敦頤, 1017-1073다. 그는 만물의 생성과 기원에 대하여 태극도설太極圖說에서 이렇게 설명했다.

> 무극無極이면서 태극太極이다. 태극은 운동하여 양을 낳고 운동이 극에 달하면 고요에 이르고 고요함으로써 음을 낳는다. 고요가 극에 달하면 다시 운동한다. 한번 운동하고 한번 고요하니 서로 각각의 근원이 되며, 음으로 갈리고 양으로 갈리니 음양의 양의兩儀가 수립된다. 양과 음이 변하고 합하여 수, 화, 목, 금, 토[오행]를 낳고, 이 5기氣가 순리롭게 펼쳐지면서 사계절이 운행된다. 오행은 하나의 음양이고, 음양은 하나의 태극이며, 태극은 본래 무극이다.[5]

여기서 주돈이는 만물의 생성이 태극으로부터 비롯되었다고 설명한다. 이 태극은 동시에 곧 무극인데, 태극에서 음양이 나오고, 음양의 조화에 의해 오행이 생겨났다는 것이다. 그러므로 천지와 인간과 만물이 모두 이 다섯 가지 기로부터 생성되었다고 설명한다. 이러한 주돈이의 설명은 장횡거를 거쳐 최종적으로 주자朱子, 1130-1200에 이르러 집대성된다. 장횡거는 기를 존재론적인 동시에 인식론적 핵심 개념으로 삼아 모든 사물의 존재와 상태를 기라는 단일한 실체로

---

5   풍우란, op. cit., 442.

환원하여 설명을 시도하였는데, 주자는 주돈이의 태극도설과 장횡거의 기론을 종합하여 다음과 같이 우주의 생성을 설명하였다.

처음에 일기一氣가 원초적인 혼돈미분 상태로 존재한다. 공간의 여러 부분은 격렬하게 운동하여 짙어지거나 옅어지는 등 끊임없이 변화하고 있다. 게다가 음양의 기로도 불리는 짙은 기와 옅은 기는 전 공간에 걸쳐 짙고 옅음이 거의 한결같은 패턴을 형성하고 있다. 일기의 전체적인 회전이 그 속도를 더해감에 따라 짙은 기가 중앙에 집중한다. 바깥쪽으로 갈수록 기는 옅으나 회전은 더 빠르고, 안쪽으로 갈수록 회전은 느리다. 이 과정에서 공간의 각 부분마다 기의 존재상태의 다양한 차이가 생기게 되며, 이로 인하여 기의 각 부분은 특수한 물리적 속성을 띠게 된다. 처음에 뜨거운 기가 모여 불火이 생성되었고, 습한 기가 모여 물水이 생겨났다. 뜨거운 기火氣는 모여서 태양이 되고, 별항성들이 되었다. 습한 기가 모여 만들어진 물속에서는 많은 앙금찌꺼기이 응결하여 흙土이 만들어졌다. 땅은 이와 같이 물속에서 만들어졌기 때문에 대지의 표면에는 물의 영향으로 인해 산맥이나 평야가 파도 모양인 것을 볼 수가 있다는 것이다. 한편 달도 땅과 같이 물의 앙금으로 만들어졌다고 생각되어진다. 흙으로부터 다시 나무木와 쇠金가 생겼다. 사람과 다른 사물들도 이와 같이 기가 모여 생겨났는데 기의 청탁淸濁에 따라 맑은 기는 모여 사람이 되고, 탁한 기는 동물을 만든다. 그중에서도 더욱 맑고 좋은 기를 받은 사람은 군자가 되며, 동물들도 기의 맑고 흐림에 따라 빼어난 짐승이 되기도 하고 흉포한 짐승이 되기도 한다. 불, 물, 흙, 나무, 쇠의 기 일부는 위로 올라가 응결하여 다섯 행성화성, 수성, 토성, 목성, 금성이 된다. 하늘, 땅, 사람이 형성되면 빨라지던 회전의 가속도가 급속하게 둔해져서 일정한 속도를 유지하게 된다. 그리고 회전하는 속도에 따라 하늘은 아홉 개의 층으로 구분되는데 땅에 가까울수록 기는 짙으며 천천히 회전하며 위로 올라갈수록 기는 옅으며 더욱 빨리 회전한다. 여러 천체는 아마도 여덟 번째 층 이내에 존재하고 아홉 번째 층은 무한하게 확대되어 있다.[6]

한편 여기서 '하늘은 9층으로 되어 있다'는 주장이 동양과 서양, 양쪽에서 발견되는 것이 매우 흥미롭다. 코페르니쿠스 전환이 일어나기 전까지 서구 기독교적 세계관을 약 천오백여 년 동안 지탱해준 것이 프톨레마이오스의 우주론인데, 기우주론에서도 하늘이 아홉 겹의 천구로 이루어져 있다고 주장했다. 다만 프톨레마이오스 천문학에서는 아홉 번째 천구 너머에 영원한 불변의 제5원소로 이루어진 하늘나라의 존재를 상정한 반면, 기우주론에서는 아홉 번째 층 바깥은 옅은 기로 무한하게 확장되어 있다는 점이 다를 뿐이다. 이는 인격적인 하나님을 전제했던 서양과 그렇지 않았던 동양과의 차이에서 기인한다. 위와 같은 기 생성론에 따르면 우주 만물은 한 처음의 태극과 일기또는 원기에서 비롯되어 음과 양이 갈라지고 오행이 생겨남으로 인해 하늘과 땅이 생겨나고 사람과 만물이 태어났다고 일목요연하게 설명하고 있다. 이는 오늘날의 과학적 관점에서 보면 근거

<hr>

6   야마다 케이지, op. cit., 193-194.

가 없는 비과학적 설명으로 보이지만 실험과학이 성립되기 전의 인식 수준에서 보면 세계의 기원에 대한 상당히 체계적이고 조리 있는 설명으로 간주되었다.

한편 주돈이와 비슷한 시대의 인물이었던 소강절邵康節, 1011~1072은 상수학에 근거하여 순환론적인 역사관의 정식화를 시도하였다. 그는 역학易學의 수數는 천지의 시작과 종말을 규명한 것이라면서, "하늘과 땅도 시작과 종말이 있습니까?"라는 질문에 대해 "이미 소멸과 성장이 있는데 어찌 시작과 종말이 없겠는가? 하늘과 땅이 아무리 넓어도 형체形와 기氣일 따름이니 그저 두 개의 사물이다"라는 대답을 했다. 그는 하늘과 땅도 시작과 종말이 있다는 자신의 신념에 따라 원회운세설元會運世說이라 불리게 되는, 진화론적이고 순환론적인 역사시간관을 정식화하였다. 그는 이를 통해서 이 세계는 자연사와 인류사를 포함하여 모든 역사가 시작과 종말의 순환주기를 갖는다는 주장을 체계화하였다. 여기서 원회운세는 시간의 단위로서 우주의 일월성신日月星辰과 상응한다는 것이다. 즉 '원'은 태양日의 경로를, '회'는 달月의 경로를, '운'은 별星의 경로를, '세'는 별자리辰의 경로를 나타내는 것으로서, 1원은 12회, 1회는 30운, 1운은 12세, 1세는 30년이라고 한다. 즉 1년이 12개월이고 한 달이 30일인 것처럼, 그리고 1일은 12시이고 1시는 30분인 것처럼, 역사는 12와 30이라는 수로 구성된 시간단위가 반복, 순환하는 구조를 가졌다는 것이다. 이러한 계산대로라면 1원은 12만 9천 6백년이 되고, 1회는 1만 8백년이된다. 1원인 12만 9천 6백 년 동안 12회가 진행되는데, 이 사이에 음

양의 기운이 성하고 소멸하는 춘하추동의 변화를 따라 우주의 역사
가 시작에서 종말까지 전개된다는 것이다. 1원이 마치면 하나의 세
계宇宙가 끝나게 되고, 다시 새로운 원이 시작된다. 그러므로 역사는
1년인 1원을 주기로 하여 무한히 반복된다는 것이다. 이 세계가 시작
과 종말을 가지고 있으며, 소멸된 뒤에 다른 신세계가 이어서 생긴다
는 소강절의 주장은 이후 중국 사상가들에게 큰 영향을 끼쳤다. 주자
역시 소강절의 원회운세설을 받아들여 우주진화론적인 역사관을 구
성하였는데, 그 내용은 다음과 같다.

1원은 12지子-축-인-묘-진-사-오-미-신-유-술-해를 따라 12회의 단계
로 전개되며, 각 3회 단위로 봄, 여름, 가을, 겨울의 4계절이 진행된
다. 봄에 해당되는 1-3회 사이에 하늘과 땅과 사람이 생성된다. 1원
의 첫 회會, 즉 자子의 회에 혼돈미분混沌未分 상태에서 하늘이 열리고,
2회에서 땅이 열리고, 3회에서 인간과 사물이 생겨난다. 여름의 계절
인 4회에서 6회까지, 즉 묘卯의 회에서 사巳의 회까지는 양陽이 극성
하는 시기로서, 이때에 인류의 문명은 극성이 다다른다. 중국 역사에서 이
상정치가 실현된 완전한 시대로 일컬어지는 요 임금은 바로 이 묘의 회 30운 중의 제9세였다. 그
리고 가을에 해당하는 7회에서 9회까지, 즉 오午의 회에서 신申의 회
에는 음이 일어나기 시작하여 인류의 문명과 도덕도 사양길에 접어
든다. 그리하여 겨울의 시대인 10회, 즉 유酉에 접어들면 음이 점점
성하여, 11회 즉 술戌의 회에는 인류와 사물이 소멸하고, 12회 즉 해
亥의 회에서 마지막 운의 마지막 세30년의 마지막 해에 이르면 음이
완전히 극성하여 현재의 천지는 수명이 다하여 소멸된다. 그 이후에

는 다시 새로운 원, 새로운 천지가 시작되어 앞선 시간의 순서를 반복하는 것이다. 이렇게 천지는 새로 생장하고 괴멸하여 무한히 반복된다는 것이다.[7]

혼돈미분의 상태에서 우주가 시작되어 역사의 단계에 따라 하늘과 땅과 사람과 사물이 생겨나고 생장하고 소멸하여 다시 혼돈미분으로 돌아가며, 그때로부터 다시 새로운 한 역사기 시작된다는 순환론적 역사관은, 시작과 종말을 상정한다는 점에서 기독교적 역사관과도 상통하기도 한다. 그러나 양자가 근본적으로 다른 점은 기독교적 역사관은 시작과 종말이 하나님의 자유로운 의지에 의해 주관되며 궁극적으로 하나님의 심판이 있다는 것과 달리, 기 우주론에서는 이 모든 진행이 만물의 근원인 기의 생성소멸과 조화에 의해 전개된다고 설명한다는 점이다.

---

7   야마다 케이지, op. cit., 187-196.

제3부

진화론과
창조 신앙

1859년 찰스 다윈Charles Robert Darwin, 1809-1882이 『종의 기원』에서 진화론을 발표한 이래 기독교의 창조 신앙은 심각한 도전에 직면하게 되었다. 다윈은 생물이 세대를 거듭하면서 발생하는 개체 혹은 집단 간의 변이와 외부의 환경적 요소인 자연선택을 통해 궁극적으로 새로운 종이 만들어질 수 있으며, 이러한 방식을 통해 인간을 포함한 지구상의 모든 생물체는 하나의 조상으로부터 진화했을 것이라고 주장하였다. 이러한 생명과 인간의 기원에 관한 진화론적 관점은 "모든 생명은 하나님께서 각각 그 종류대로 창조하셨다"는 구약성서의 증언과 정면으로 충돌하는 것처럼 보이기 때문에 진화론과 창조론 사이의 논쟁을 불러왔다.[1] 이때부터 진화론은 과학과 기독교 신학 사이의 끊임없는 논쟁 혹은 대화의 주제가 되었다. 그 극적인 장면 때문에 과학과 종교의 역사에서 전설처럼 전해지는 저 유명한 1860년 토마스 헉슬리와 사무엘 윌버포스 사이의 논쟁으로부터, 가장 최근의 논쟁으로는 2012년 2월 23일에 있었던 리처드 도킨스Richard Dawkins 와 로완 윌리엄스Rowan Williams 대주교 사이의 논쟁에 이르기까지 이 논쟁은 지난 150여 년 동안 지속되었다. 이러한 역사적인 논쟁을 거치면서 기독교의 반응은 진화론을 전면적으로 부정하는 반진화적 창조론으로부터 이를 최대한 긍정하는 유신론적 진화론에 이르기까

---

1   김용준, 『과학과 종교 사이에서』 (파주: 돌베개, 2005), 133-135. 다윈이 신앙에 회의를 품게 된 사연은 이러하다. 그는 나나니벌 암컷이 나방의 애벌레를 잡아다가 그 신경 마디마다 침을 놓아 마비시킨 후 그 속에다 자신의 알을 낳고 유충이 나방 애벌레의 생살을 파먹는 자연계의 생존 방식을 보면서 자비로우신 하나님이 이런 방식으로 자연을 설계했다는 것에 대해 회의를 품게 되었다고 한다.

┃ 사무엘 윌버포스와 토마스 헉슬리

지 여러 가지 신학적 입장이 있다.[2]

지금 우리나라에서는 과학의 진화론과 기독교의 창조론 간의
논쟁이 본격적으로 전개되고 있다. 이 논쟁은 교과서진화론개정추진
회이하 교진추가 2011년 12월 교육과학기술부에 과학 교과서에서 시조
새에 관한 기술 내용을 삭제해 달라는 1차 청원을 내면서 시작됐다.
현행 고등학교 과학 교과서에는 "시조새는 파충류에서 조류로 진화
해가는 중간 단계의 생물중간종"이라고 기록되어 있다. 이어 2012년
6월 국내 다수의 언론들이 일제히 교진추의 2차 청원에 의하여 고등
학교 과학 교과서에서 진화론을 설명하는 일부 내용이 삭제되거나

2   신재식, 김윤성, 장대익 공저, 『종교전쟁』 (서울: 사이언스북스, 2009), 434. 신재식은 여기서
     창조론에서 진화론까지의 스펙트럼을 1)젊은 지구 창조론, 2)오랜 지구 창조론, 3)지적설계
     창조론, 4)진화론적 유신론, 5)유물론적 진화론으로 나열하고 있다.

수정된다고 보도하였다.[3] 소위 '과학적 창조론'에 입각하여 진화론을 과학교육과정에서 폐기하고자 하는 창조과학회 및 교진추는 과학 교과과정에서 진화론을 폐기하거나 창조론을 교과과정에 포함하는 것을 목표로 반진화론 캠페인을 지속적으로 전개할 것을 다짐하고 있다. 이러한 점을 고려할 때 현재의 진화론 vs. 창조론 논쟁은 일시적인 현상에 그치기보다는 앞으로도 계속 격화되어 결과적으로 한국사회에서 과학과 기독교 사이의 갈등을 부추기고 나아가 일반인 들의 기독교에 대한 반감을 고조시킬 가능성이 예견되고 있다.

이러한 상황과 관련하여 이 글은 한국사회에서 과학과 기독교 사이의 갈등을 완화하고 양자의 상호이해를 증진시키기 위한 진화론과 신학의 대화를 시도하고, 이를 통하여 생명에 대하여 보다 깊고 '통섭'[4]적인 이해가 가능한 신학적 방향을 제시하며, 나아가 오늘

●

3 국내 유력한 포털 사이트에 '교진추 진화론 삭제' 등의 단어를 입력하면 수십 건의 기사가 검색된다. 각 기사마다 많게는 수백 건의 댓글이 달려 있어 진화론 vs. 창조론 논쟁이 얼마나 뜨거운지 실감할 수 있다. 「시사IN」 6월 13일자, "교과서 속 진화론 삭제, 무엇을 노리나?" 「동아일보」 6월 16일자, "교과서에 실린 진화론 삭제 논란을 보며" 어떤 신문기사는 "진화론 과학 교과서에서 사라진다"라는 제목을 달아 논란을 부추기기도 하였다. 하지만 그 기사 내용을 자세히 읽어보면 이와 같은 제목은 그야말로 지나치게 과장된 제목임을 금세 알아차릴 수 있다. 왜냐하면 삭제 혹은 보완하기로 한 내용인 시조새 화석과 말의 진화의 문제는 그동안의 국제 고생물학계에서 논란이 제기되어왔기 때문에 "확증되지 않은 불확실한 내용을 진리로 가르치지 않아야 한다"는 과학적 입장에 따라 수정하는 것이지, 진화론 자체를 수정하기 위한 것이 아니기 때문이다. 물론 이와 같은 개정을 추진한 교진추가 궁극적으로 과학 교과서에서 진화론을 폐기하는 것을 목표로 하는 것은 사실이다.

4 '통섭'이란 단어는 하버드 대학교의 세계적인 사회생물학자인 에드워드 윌슨의 책 제목인 'Consilience'를 우리말로 번역하면서 찾아낸 개념이다. 이는 '사물에 널리 통합'이라는 뜻으로 우리나라의 종교철학 전통에서 사용되었다. 에드워드 윌슨, 『통섭』 최재천, 장대익 역(서울: 사이언스북스, 2005), 10-13. Edward O. Wilson, *Consilience: The Unity of Knowledge* (New York: Vintage Books, 1998), 최재천, 『통섭의 식탁』 (서울: 명진출판, 2012), 12.

날의 생태위기의 시대에 적합한 창조 신앙의 의미를 재해석하는 데
있다.

'창조론'이란 용어는 20세기 중반에 미국의 근본주의 기독교 신
앙을 배경으로 전개된 반진화론 캠페인의 맥락에서 형성된 '과학적
창조론'Scientific Creationism을 가리킨다. 그러므로 창조론은 필연적으로
과학과 대립하고 갈등을 초래한다. 이와 달리 '창조 신앙'이란 용어
는 좀 더 신학적인 입장에 충실한 개념이다. 창조 신앙이란 창세기에
나오는 "하나님께서 온 세상과 동식물과 인간을 창조하셨다"는 기록
을 문자주의적으로 받아들이지 않고, 성서비평 방법론을 따라 창조
기사가 기록된 역사적 배경과 맥락을 고려하여 하나님의 창조에 관
한 신앙고백의 메시지를 오늘날의 현실 속에서 재해석하는 데 관심
을 기울인다. 따라서 창조 신앙은 진화론과 반드시 대립할 필요는 없
으며 독립적이거나 대화 혹은 포용의 가능성을 열어두고 있다.

진화론을 둘러싼
교과서 논쟁

1981년에 한국창조과학회가 미국창조과학회의 지부로 설립된 이래 창조론자들은 이 단체를 중심으로 반진화론 서적을 보급하고 또 창조론을 교과과정에 포함해 달라고 교육당국에 요구하는 등의 활동을 꾸준히 전개해왔다.[5] 또한 이들은 진화론의 허구성과 하나님의 천지창조를 실증자료로 보여주기 위한 목적으로 2005년 경기도 시흥시 연성동에 창조사 박물관을 준공하여 교회 청소년과 어린이들에게 창조론 견학 프로그램을 제공하고 있다. 2009년에는 한국창조과학회 교과서위원회와 한국진화론실상연구회를 통합하여 교진추를 발족시키고 진화론 폐지 활동을 의욕적으로 전개해왔다.[6]

---

5   이 단체가 결성되던 해에 의욕적으로 책이 출판하였다. 한국창조과학회 편, 『진화는 과학적 사실인가』(서울: 태양문화사, 1981)

6   교진추는 2009년 10월 서울 영등포구 도림동에 위치한 도림교회(담임목사 정명철)에서

현재 진행형인 논쟁의 시작은 2011년 12월 교진추가 교육과학기술부에 "시조새는 파충류와 조류의 중간 종으로 보기에는 무리가 있다"는 청원을 교과부에 제출하고, 이에 대하여 당시 사용되고 있는 고등학교 융합과학 교과서 7종 중 6종의 출판사나 저자로부터 시조새 관련 내용을 삭제하거나 수정하겠다는 답변을 이끌어낸 것이다.[7] 이에 기세를 올린 교진추는 2012년 3월 "그동안 진화의 강력한 증거로 예시되어온 말 발굽 형태의 차이를 통해 주장된 말의 진화는 상상의 산물"이라는 2차 청원을 제출하여 3개 출판사로부터 관련 내용의 삭제를 약속 받았다. 이러한 사태가 언론에 보도된 후 얼마 지나지 않아 몇몇 권위 있는 해외 학술지와 잡지들이 이 사건을 다루면서 이 문제가 국제 과학계로부터 주목을 받는 사건이 되기에 이르렀다. 세계적으로 권위를 인정받는 영국의 과학 저널 「네이처」는 2012년 6월 7일자 판에서 "한국이 창조론자들에게 항복했다"는 다소 선정적인 제목 하에 이번 사건을 우려 깊은 시각으로 다루었다.[8] 「네이처」 외

• 발족하였으며 현재 사무실은 경기도 수원시에 있다. 교진추 웹사이트에 올려진 자료에 따르면, 교진추는 2013년까지 진화론 개정을 사회적 이슈로 부각시키고 2014년부터는 진화론이 삭제된 과학 교과서 집필을 시작하겠다는 계획을 세워두고 있다. 가장 최근의 보도에 따르면 1, 2차 청원으로 인한 사회적 반발을 고려하여 교과과정에 진화론을 삭제하는 대신 창조론을 병행하여 포함시키는 전략으로 수정하겠다는 입장을 표명하기도 하였다. 「서울신문」 2012년 7월 3일자, "교진추, 진화론 삭제 주장서 일보 후퇴": 사회적 논란 의식 '논란내용 병기'로 목표 수정. http://www.seoul.co.kr/news/newsView.php?id=20120703025003

7   과거에는 중고등학교 교과서로 채택되려면 교육 당국(교육과학기술부)의 검정을 받아야 했으나 현재는 인정 체계로 바뀌면서 교과서 수정의 일차적 권한이 출판사와 저자에게 속하게 되었다. 현행 제도를 핑계로 교진추의 청원에 대해 교과부가 소극적으로 대응한 점도 이번 결과를 초래하는 데 일조하였다는 지적도 있다.

8   Soo Bin Park, 「Nature」 Volume: 486, "South Korea surrenders to creationist demands", http://www.nature.com/news/south-korea-surrenders-to-creationist-demands-

에도 미국의 과학 잡지 「사이언티픽 아메리카」와 시사주간지 「타임」도 한국 교과서의 시조새 논란을 다뤘다. 체질적으로 해외 언론과 국제적 시선에 민감한 국내의 여론은 또다시 들끓게 되었다. 여러 국내 생물학자들은 외국의 저명한 과학자 동료들로부터 "한국의 과학 수준이 이 정도밖에 안 되냐"는 투의 조롱 섞인 전자메일을 받았노라고 푸념하였다.

그 후 논란은 보다 전문적인 과학자 집단으로 번졌다. 황우석 줄기세포 논란 때 사건의 전모를 파헤치는 데 혁혁한 공로를 세워 널리 알려진 국내 생명과학자들의 인터넷 모임인 생물학연구정보센터 BRIC에서는 생물학 전공자 1474명을 대상으로 한 설문조사를 통해 86퍼센트가 교진추의 청원과 절차에 문제가 있다는 비판적 견해를 밝혔다. 시조새 내용을 삭제해서는 안 된다는 의견은 73퍼센트로 나타났다.[9] 교진추의 청원에 대응하여 학계도 본격적인 대응에 나섰다. 2012년 6월 20일 한국고생물학회를 비롯한 6개 학회 과학자 모임인 한국진화학회추진위원회에서는 교진추의 시조새 삭제 요구에 대해 "대응할 가치조차 없는 주장"이라고 반박했으며, 7월 6일 한국생물과학협회는 교진추의 주장대로 "만일 창조론으로 교과서를 수정

1.10773

9   생물학연구정보센터 홈페이지: [긴급설문]과학 교과서 시조새 관련 논란 설문조사
    http://bric.postech.ac.kr/scion/survey/result.php?STA=1&PID=227
    그런데 재미있는 점은 "진화론이 과학 교과서에 포함되어야 한다고 보십니까?"라는 질문에 대해
    그렇다는 대답이 88%로 절대 다수이긴 하지만 삭제되어야 한다는 대답도 11%라는 점이다. 이
    설문조사는 브릭(BRIC) 회원들만 참여할 수 있으며 이들은 생물학 석사학위 이상 전공자들이다.

한다면 세계적인 웃음거리가 될 것"이라며 교진추의 개정청원에 대한 기각청원서를 교과부에 제출할 것이라고 발표하였다.[10] 한편 그동안 국제 생물학계에서 새롭게 제기된 내용들을 교과서에 오랫동안 반영하지 않은 국내 학계의 안이한 태도를 지적하는 자성의 목소리도 있었다.[11] 아무튼 오래 전 다윈의 불독이라 불리며 열렬히 진화론을 옹호했던 토마스 헉슬리와, 어떻게 원숭이에게서 사람이 나올 수 있냐면서 진화론을 비웃던 사무엘 윌버포스의 대결 이래 150여 년간 전개된 진화론과 창조론의 대결이 새삼스럽게 오늘날 한국 땅에서 벌어지고 있다.

이와 같은 모습을 이안 바버의 과학과 종교 사이의 갈등, 독립, 대화, 통합이라는 네 가지 관계 모델로 살펴보면 첫 번째 모델에 해당된다. 바버는 갈등을 일으키는 입장으로 과학 진영에는 과학적 유물론Scientific Materialism을, 종교 진영에서는 성서 문자주의Biblical Literalism를 예시하였다.[12] 이 두 입장은 과학과 종교의 극단에 서서 서로 대결하고 있으나 자신의 고유한 방법을 통해 획득한 지식과 믿음이 근본

---

10 한국생물과학협회는 생물학과 관련된 여섯 개 학회가 참여하는 공동학술단체로서, 한국통합생물학회, 한국유전학회, 한국생태학회, 한국동물분류학회, 한국하천호수학회, 한국생물교육학회로 구성된다. 「연합뉴스」 2012년 7월 6일자, "창조론으로 교과서 수정하면 세계적 웃음거리" http://www.yonhapnews.co.kr/economy/2012/07/05/0303000000AKR20120705191700017.HTML?template=2087

11 "장대익 서울대 자유전공학부 교수는 시조새나 말의 진화 등은 학계에서 실제 논란이 있는 만큼 '확인된 사실만 가르친다'는 교과서 집필진 입장에서는 청원을 받아들일 수밖에 없었을 것이라면서도, 문제는 교과서 집필진이 지난 수십년간 많은 변화가 있었던 진화론의 실체를 외면하고 아무런 수정도 하지 않았다는 점"이라고 지적했다. 「서울신문」 5월 17일자 10면

12 Ian Barbour, *Religion in An Age of Science* (London: SCM Press, 1990)., 4-10.

적으로 모든 영역에 통용되는 보편적 진리로서 전혀 오류가 없다고 확신하는 점에서 서로 닮았다고 볼 수 있다. 과학적 유물론이나 유물론적 환원론은 물질만이 유일한 존재의 근원이며 과학을 통해서만 진리를 파악할 수 있다고 믿는다. 도킨스도 이러한 과학적 우월감에 도취한 대표적인 인물이다. 그는 모든 생명 현상의 본질을 단지 맹목적인 자기복제자의 번식 현상으로 파악하는 유전자 환원주의[13]와 종교의 신 개념조차도 다윈주의적 분석에 입각해 그저 '하나의 망상'으로 규정하는 인식론적 과학제국주의의 모습을 잘 드러내고 있다.[14] 이러한 자기 우월적 관점은 상대 진영宗教의 체험과 지혜의 신빙성을 전혀 인정하지 않으므로 갈등을 초래한다.

다른 한편 성서 문자주의는 기독교 신앙에 투철한 나머지 성서는 하나님의 말씀으로서 일점일획도 틀림이 없는 진리이기 때문에 문자 그대로 믿어야 한다는 입장이다. 즉 창세기에 보면 하나님이 6일 동안 천지를 창조했다고 기록되어 있는데 이를 문자적으로 받아들여 과학적 설명과 동일하게 받아들이는 입장이다. 오래 전 아일랜드의 제임스 어셔James Ussher 대주교는 성서에 나오는 인물들의 나이를 계산하여 천지창조가 기원전 4004년에 일어났다는 주장을 펴기도 했다. 이러한 주장이 기독교인들 사이에서 오늘날까지 생명력을 가지고 전해져 오는 이유는 지적인 설득력 때문이 아니라 가장 단순

---

13   Richard Dawkins, *The Selfish Gene* (New York: Oxford University Press, 1989)
14   Richard Dawkins, *The God Delusion* (New York: Bantam Press, 2006)

한 믿음을 가장 이상적인 신앙이라고 믿는 도그마에 빠져 있기 때문일 것이다. 하지만 이런 단순하고 맹목적인 창조론은 과학과도 충돌을 일으키지만, 성서 속에서 이 시대와 상황에 적합한 메시지를 읽어낼 수 없게 만든다는 점에서 신학적으로도 타당하지 않다.

진화론

다윈 이전에도 생물이 대를 이어감에 따라 발전하고 진화한다는 생각은 있었다. 18세기 말, 찰스 다윈의 조부인 이래즈머스 다윈 Erasmus Darwin, 1731-1802은 생물계의 발전 법칙으로 생물의 욕구가 작용을 일으켜 진화하도록 이끈다고 주장하였다.

유기체는 파도 밑에서 시작되어

...

원시동굴에서 따뜻한 태양광선을 받고 자랐다.

이렇듯 부모 없이 자연발생 에 의해 생명의 흙덩이가 태어났다.[15]

---

15 에이드리언 데스먼드, 제임스 무어, 『다윈평전: 고뇌하는 진화론자의 초상』, 김명주 역(뿌리와 이파리, 2012), 26.

이것은 다윈의 조부 이래즈머스 다윈이 지은 생명의 기원에 관한 시의 한 구절이다. 이 시를 통해 우리는 자연발생설과 진화론의 사상을 엿볼 수 있다. 그러나 그 과정을 과학적으로 명쾌하게 설명해 줄 '자연선택'의 개념에는 아직 도달하지 못했음을 알 수 있다.

체계적인 진화론을 처음으로 제시한 사람은 프랑스 생물학자 장 라마르크Jean-Baptiste Lamarck, 1744-1829다. 그는 동물의 지속적인 습성에 의해 획득된 형질이 유전되어 진화가 이루어진다고 설명하였다. 그러나 라마르크의 주장은 유전학에서 획득형질은 유전되지 않는다는 것이 밝혀져 잘못된 가설로 판명되었다.

찰스 다윈Charles Robert Darwin, 1809-1882은 『종의 기원』을 통하여 진화론을 체계적인 이론으로 정립하였다. 그는 생명체들이 엄청나게 많은 후손을 낳고 세대를 거듭하면서 생기는 '변이'와 대다수가 환경에 의해 도태되고 그중 일부만이 살아남는 '자연선택'의 기제를 통해서 특정한 종이 고유하고 영구불변한 것이 아니라 새로운 종이 생겨날 수 있다고 주장하였다. 다윈의 진화론에서 핵심적인 개념은 "자연선택의 수단에 의한 종의 기원"이라는 원래의 제목이 시사하는 것처럼 '자연선택'이라는 하나의 원리가 생명 현상의 다양성과 복잡성을 설명할 수 있다는 것이다. 따라서 지구상의 수많은 다양한 생명체들이 단일한 생명으로부터 진화되었으며, 인간 역시 동물의 후손이라는 점을 가리킴으로써 다윈 자신의 의도와는 무관하게 종교적 파장을 불러일으켰다.

다윈은 스물다섯 살이던 해 해군 측량선인 비글호The Beagle에 박물학자로 승선하여 갈라파고스 제도에 분포한 진귀한 동식물들을 관찰한 결과, 같은 종류의 동식물이면서도 바다로 인해 고립된 이웃한 섬마다 생김새가 서로 조금씩 다른 동식물들이 분포해 있다는 것을 알 수 있었다. 그는 이러한 차이가 생물이 번식할 때에 아주 미세하지만 꾸준히 발생하는 '변이'에 의해서, 그리고 각 섬마다 조금씩 다른 환경에 적응하는 과정에서 보다 더 유리한 생물학적 특성을 지닌 것들이 우세한 종으로 살아남았기 때문이라는 것을 깨달았다. 일반적으로 생물들은 엄청난 수의 후손을 남긴다. 부모세대로부터 태어난 많은 수의 후손들이 약간씩 다른 생물학적 특성을 지니는 다양한 변이가 발생하는데, 이러한 특성 가운데 어떤 것은 특정한 환경에 유리하기 때문에 살아남고 다른 것은 그렇지 않기 때문에 살아남지 못한다는 것이다. 즉 변이에 의해 얻은 특정한 형질을 지닌 개체나 집단이 환경에 의해 자연선택 된다는 것이다. 그리고 이러한 과정이 오랫동안 되풀이되면 결국 원래의 종으로부터 새로운 생물 종이 발생할 수 있다는 것이다.

진화론은 생명이 고정된 형태가 아니라 변화하는 존재임을 알려 주었다. 생명이 하나의 기원으로부터 진화되었다는 주장은, 코페르니쿠스의 우주론적 전환에 이어 기독교 신앙에 두 번째로 가장 큰 도전이 되었다. 진화론이 내포하는 신학적 함의는 일견 기독교 신앙과 정면으로 충돌하는 것처럼 보이기도 한다.[16] 성서는 하나님께서 모든 생물을 창조했다고 기록하고 있으며, 모든 생명의 근원은 하나

16   다윈 자신도 진화론이 함축하고 있는 기독교의 창조 신앙과 관련된 문제의 심각성 때문에 진화론에 관한 발표를 미루어왔다. 그는 일찍이 이십대 중반에 영국 해군의 측량선인 비글호에

님이라는 신조는 가장 기본적인 교리 중 하나이기 때문이다.

한편 다윈의 자연선택natural selection 이론의 배경에는 당시 영국의 경쟁적 산업자본주의가 영향을 끼쳤으며, 자유경쟁에 의해 기업이 도태하거나 생존하는 사회적 현상을 생물학에 도입한 것으로 간주하는 관점도 있다. 다윈이 진화론의 발표를 서두르게 만든 월리스Alfred Russel Wallace, 1823-1913는 맬더스Thomas Robert Malthus, 1766-1834의 인구론을 읽다가 자연선택적 진화론의 개념을 떠올렸다고 고백하였다. 그는 인간의 생존에 요구되는 음식물의 생산은 산술급수적으로 증가하는 데 비해 인구 증가율은 기하급수적으로 증가하기 때문에 결국 인류는 생필품의 결핍 등의 어려움에 근본적으로 부딪힐 것이며 이에 따라 빈곤과 전쟁, 강탈 등 갖가지 문제가 결코 근절되지 않을 것이므로 이상사회는 다만 신기루일 뿐이라고 주장하였다.

보다 격렬한 경쟁과 투쟁이 생존에 필연적이라는 맬더스의 어

박물학자로 승선하여 갈라파고스 제도를 여행하면서 관찰한 다양한 생명현상과 채집한 많은 표본자료를 통해 진화론에 관한 확신을 가졌으나 그가 『종의 기원』을 출간한 것은 50세가 되던 해이다. 그가 출간을 결심하게 된 계기는 1858년 다윈보다 열네 살 젊은 무명의 박물학자인 월리스(Alfred Russel Wallace, 1823-1913)의 편지와 논문을 받고 나서였다. 월리스가 다윈에게 보낸 짧은 논문에는 비록 '자연선택'의 용어는 사용하고 있지 않지만 다윈이 오랫동안 구상한 진화론의 이론체계와 정확히 일치하였으며, 이를 단숨에 읽어 내려간 다윈은 적지 않은 충격을 받았노라고 고백하였다. 다윈이 이 논문을 자신의 논문과 동시에 영국 린네학회에서 발표함으로써 무명의 박물학자 월리스가 학계에 알려지게 되었다. 한편으로 다윈은 오랫동안 미뤄온 진화론을 담은 저서의 출간에 박차를 가해 이듬해인 1859년 과학사에서 기념비적인 저서인 『종의 기원』을 출간하였다. 이 책은 발간 당일 초판 1250부가 모두 매진될 정도로 당시 사회에 큰 반향을 일으켰으며 단일한 저서로서 인류의 지적 역사에 가장 큰 영향을 끼친 책으로 인정되고 있다. 재닛 브라운, 『찰스 다윈 평전: 종의 수수께끼를 찾아 위대한 항해를 시작하다』 임종기 역(파주: 김영사, 2010), 974-985. 에이드리언 데스먼드, 제임스 무어 공저, 『다윈 평전: 고뇌하는 진화론자의 초상』 김명주 역(뿌리와 이파리, 2009), 781-795.

신학자의 과학 산책

두운 전망과 잘 어울리는 것처럼 보이는 다윈의 진화론은 사회사상에도 지대한 영향을 끼쳐, 생존경쟁설에 따라 인종차별이나 약육강식을 합리화하여 강대국의 식민정책을 합리화하는 사회다윈주의에도 이용되었다.

오늘날 진화론의 계보는 크게 리처드 도킨스Clinton Richard Dawkins, 1941를 중심으로 유전자를 중시하는 극단적 다윈주의자들과, 단속평형설[17]을 제창한 스티븐 제이 굴드Stephen Jay Gould, 1941-2002를 축으로 하는 자연주의자로 나눌 수 있다.[18] 장대익은 탁월한 상상력을 발휘하여 다윈 이후 가장 중요한 진화생물학자로 일컬어지는 윌리엄 해밀턴William Donald "Bill" Hamilton, 1936-2000 박사의 장례식에 모인 현대의 유력한 진화론자들이 여러 가지 흥미로운 주제에 대한 현대적 해석을 둘러싸고 벌이는 가상 토론을 전개함으로써 두 갈래로 나뉘어진 현대 다윈주의의 차이를 보여주고 있다.[19] 이 가상의 세기적 토론에서 도킨스 팀은 도킨스를 필두로 해서 에드워드 윌슨Edward Osborne Wilson, 1929, 핑커Steven Pinker, 1954, 코스미디스Leda Cosmides, 1957로 구성되고, 상대편인 굴드 팀은 굴드와 르원틴Richard Lewontin, 1929, 촘스키Avram Noam Chomsky, 1928, 코인Jerry Coyne, 1949으로 구성되어 서로 간에 적응, 유전자, 진화의 본질, 진화론과 종교의 문제 등에 관해서 토론을 벌인다.

도킨스와 굴드는 종교에 대한 입장에서도 큰 차이를 보이는데,

17 　스티븐 제이 굴드, 『생명, 그 경이로움에 대하여』 김동광 역(서울: 경문사, 2004)
18 　김용준, op. cit., 129-136.
19 　장대익, 『다윈의 식탁』 (파주: 김영사, 2008)

도킨스는 심지어 종교적 지식도 과학에 의해 진위여부를 가릴 수 있다는 과학만능주의 내지는 과학 제국주의 입장에서 종교는 정신적 바이러스라며 철저한 무신론적 진화론을 표방한다.[20] 반면 스티븐 제이 굴드는 과학론과 종교는 완전히 서로 다른 영역에 속한다는 주장을 펴면서 '겹치지 않는 교도권'NOMA; Non Overlapping Magisteria이란 개념을 고안하였다.[21] 다윈의 후예라 할 수 있는 현대 진화론자들은 비록 서로 간에 의견이 일치하지는 않지만 그렇다고 해서 창조론자들이 진화론이 한낱 잘못된 가설이라고 주장하면서 제시하는 사례에서처럼 진화론의 요지를 부인하는 것은 아니다. 그러므로 교진추에서 펴낸 책에서 단속평형설을 인용하여 "생명체들이 오랜 기간 동안 종의 분화가 일어나지 않고 안정된 기간을 가졌다는 굴드의 주장"을 진화론을 부정하는 전거로 삼는 것은 심각한 오용이다.[22] 굴드는 명백히 진화론자이며, 그의 단속평형설은 보다 근래에 발견된 화석증거에 진화론을 부합시키기 위한 '진화된' 진화론이라 볼 수 있다. 굴드는 진화를 진보로 보아온 그동안의 통념을 비판하면서 진화에서 점진적 진보가 아닌 우발성의 중요성을 강조했다. 이러한 그의 주장이 전통적인 다윈주의에 대해 도전이 되었음은 분명한 사실이나 그렇다고 해서 창조론에서 인용하는 것처럼 진화론을 부정한 것은 아니다.

•

20   ibid., 196-197.

21   ibid., 206.

22   교과서진화론개정추진위원회 저, 교과서진화론개정연구소 편, 『진화론 바로잡기』(서울: 생명의말씀사, 2011), 144-151.

창조론 운동

역사적으로 과학적 창조론Scientific Creationism은 19세기 후반 보수적인 미국 기독교를 배경으로 시작되었다.[23] 다윈의 진화론이 가져다준 충격에 대한 기독교 진영의 대응 방식에 있어 영국을 비롯한 유럽과 미국 간에 온도 차이가 상당히 달랐다. 유럽에서는 대체로 지성적인 분위기 속에서 진지한 논쟁을 통해 진화론 논쟁이 전개된 것에 비해, 미국에서는 보다 즉흥적이고 감정적인 방식으로 표출되었다. 창조과학회는 바로 이러한 미국적인 분위기 속에서 결성되었다. 최초의 반진화론 운동을 이끈 사람은 윌리엄 브라이언William Bryan,

---

[23] 창조론이란 용어는 서론에서 정의 내린 것처럼 과학적 창조론(Scientific Creationism)을 뜻한다. 국내에서는 흔히 '창조과학'(Creation Research)이란 말로 사용한다. 강건일, 『진화론 창조론 논쟁의 이해』 (서울: 참과학, 2009), 94-100.

1860-1925이었다.[24] 미국의 국무장관을 역임하고 세 번이나 대통령 후
보로 선출되는 명예와 특권을 누렸던 그는 충성스러운 추종자들을
거느린 반진화론의 대변자였다.

1920년대 미국에서 기독교 근본주의 운동을 이끌던 침례교도들
과 장로교도들은 반진화론 캠페인을 적극적으로 전개하였다. 그들은
공개적으로 "진화론은 기독교의 적"이라고 간주하였다. 1926년에
열린 남침례교 총회는 "본 총회는 인간이 하나님의 특수한 피조물이
라고 가르치는 창세기를 받아들이며, 진화론이건 혹은 다른 이론이
건 간에 인간이 열등한 동물들을 기원으로 혹은 그 단계를 거쳐 유래
되었다고 하는 모든 이론들을 거부한다"는 선언을 만장일치로 가결
시켰다.[25]

한편 1929년 미국에서 700명의 개신교 목사들을 대상으로 실시
한 "당신은 이 세상의 창조가 창세기에 기록된 바로 그 방식과 시간
에 따라 발생했다고 믿습니까?"라는 질문에 대해 긍정적으로 답변한
비율은 교파에 따라 서로 큰 차이를 보인다. 이에 대해 긍정적인 대
답의 비율은 루터교Lutheran 89퍼센트, 침례교Baptist 63퍼센트, 복음교
회Evangelical 62퍼센트, 장로교Presbyterian 35퍼센트, 감리교Methodist 24퍼
센트, 회중교회Congregational 12퍼센트, 성공회Episcopalian 11퍼센트로 상

24 데이비드 C. 린드버그 저, 로널드 L. 넘버스 편, 『신과자연: 기독교와 과학, 그 만남의 역사』,
  이정배, 박우석 역(서울: 이화여자대학교 출판부, 1998), 527.
25 ibid., 533.

당한 편차가 있었다.[26] 이는 비록 기독교라는 같은 종교를 가지고 있다 하더라도 창조교리에 대한 해석은 상당히 다르다는 것을 여실히 보여준다.

미국의 창조론 운동의 역사에서 진화교육법을 위반한 교사 존 토머스 스콥스John Thomas Scopes 재판은 당시 미국사회뿐만 아니라 국제적으로 큰 반향을 일으켰다. 1925년 봄 미국의 테네시주 데이턴이라는 마을의 고등학교 교사였던 스콥스는 당시 통과된 공립학교에서의 진화 교육 금지법을 위반했노라고 자인했다. 이 유명한 재판에서 앞서 언급한 반진화론 운동을 이끌었던 브라이언은 검찰 측 참고인 자격으로 참석했으며, 반진화론 운동을 종교가 과학을 억압하는 부당한 것이라고 생각하는 지식인들은 피고인을 변호하는 입장에 섰다. 법정은 스콥스를 기소한 검찰을 따라 유죄라면서 벌금으로 100달러를 내도록 판결했다.[27] 형식적으로는 창조론자의 손을 들어주었지만 내용적으로는 진화론의 승리였다. 언론은 창조론자들에 대해 비판적이었으며, 브라이언은 과도한 시련을 겪은 탓인지 재판이 끝난 지 며칠 후 사망하였다. 이 재판을 통해 창조론자들 가운데 전문적인 증언이 가능한 최고 수준의 과학적 자질을 지닌 사람이 없다는 것과 반진화론자들이 창조론에 관한 의견의 일치를 보지 못한다는 점이 드러났다. 그럼에도 불구하고 그들은 반진화론 운동을 계속

26   ibid., 532.
27   강건일, op. cit., 90.

했고 1926년 미시시피에서, 1928년 아칸소에서 부분적인 승리를 쟁취했다. 그들은 끊임없이 교과서의 진화론 교육의 무력화, 도서관 정화 운동, 진화론 교사를 강단에서 쫓아내기에 집중했다. 지역에 따라 지방 교육위원회와 출판업자들, 그리고 상당수의 교사들이 그들의 압력에 굴복했다. 고등학교 교과서에서 불경스러운 진화론은 퇴출되었고, 교사들은 진화론자로 낙인찍힐까 두려워했다.[28]

20세기 후반 들어서 창조론이 부흥하게 된 것은 탁월한 논쟁가이자 투철한 신앙인이었던 헨리 모리스Henry Morris, 1918~2006에 의해서였다. 대학에서 공학을 전공한 모리스는 어느 날 자신의 서재에서 창문 틈으로 날아 들어온 말벌을 관찰하다가 공학적으로 이렇게 정교한 피조물이 진화를 통해 우연히 발전되어 생겼을 리는 만무하다고 결론을 내렸다.[29] 남침례교도로 성장한 그는 창조가 문자 그대로 6일간에 걸쳐 일어난 것이라고 결론지었고, 그 이유는 성서가 명백하게 말하고 있기 때문이라고 주장했다. 그가 쓴 『당신이 믿을지도 모르는 것』은 스콥스 재판 이후 일반 대학에 속한 과학자가 특수 창조와 대홍수를 옹호한 최초의 출판물이었다. 1953년 모리스가 미국과학연맹에 제출한 대홍수에 대한 견해를 본 젊은 신학자 존 휘트콤 2세 John Clement Whitcomb, Jr, 1924가 이에 경의를 보냈고 두 사람은 친구가 되어 홍수를 옹호하는 합동 작업을 시작했다. 그는 1961년 『창세기의

---

28   넘버스, op. cit., 545.
29   ibid., 552.

홍수』The Genesis Flood, 1975라는 책에서 성서 구절의 무오류성에 대해 주장했으며, 열역학 제2법칙의 발단이 된 인류의 타락, 노아의 홍수를 통해 일 년 안에 대부분의 지질학적 지층들이 형성되었다는 논증을 펴고 있는데, 이는 창조연구회의 설립을 야기함으로써 프라이스George McCready Price, 1870-1963의 『신지질학』The New Geology, 1923 이래 엄격한 창조론에 가장 인상적인 공헌을 한 책이 되었다. 이 책에 감명을 받은 열 명의 엄격한 창조론자들이 '십인조'라는 별명이 주어진 서신 교환망을 구축하며 창조과학회가 구성되었다. 이 단체는 회원들에게 성서의 무오성과 모든 생명체의 개별적 창조, 세계적인 대홍수를 인정한다는 진술서에 서명하도록 요구했다. 한편 이들은 과학적 단체라는 주장에 걸맞게 학술지를 발간했고 정회원은 과학분야의 학사학위 이상 받은 사람으로 제한했다.

이렇게 설립된 미국창조과학회의 한국지부로 설립된 것이 바로 '한국창조과학회'다. 1981년에 시작된 이 단체는 복음주의적 기독교 신앙을 바탕으로 한 창조 신앙을 내세우고 있다. 홈페이지에서 소개하고 있듯이 한국창조과학회는 선교를 위하여 복음 전파의 커다란 장애물인 진화론의 과학적 허구성을 밝히고 창조의 과학적 증거들을 드러내는 데 노력을 기울이고자 한다. 이들은 현재 진화론만 가르치고 있는 공교육기관에서도 과학적 증거를 통해 창조론을 가르치도록 하는 데 목적을 두며, 창조과학 전시관, 창조과학 연구소, 창조과학 교육원으로 구성된 창조과학관의 건립에도 목적을 두고 있다. 한편 교진추는 교과서에 창조론을 도입하기 위해 설립했던 창조과학회 산하단체와 통합하여 새로 결성한 단체다. 교진추는 '진화론의 오류와 과학 발전에 따른 최신 이론 등을 학계와 교육계에 알림으로써 건전한 과학 발전 및 학술 진흥에 이바지한다'고 설립 취지를 정하고 있으나, 궁극적으로는 과학 교과서에서 진화론을 폐기하는 것을 목적으로 삼는다고 홈페이지에서 밝히고 있다. 그들은 진화론이 철폐될 때까지 앞으로 더 많은 교과서 개정 청원을 낼 것으로 보인다.

지적설계론

19세기 초에 활동한 영국의 윌리엄 페일리William Paley, 1743-1805 는 지적설계론의 시조라 할 수 있다. 그는 자신의 저서인 『자연신학』 Natural Theology or Evidences of the Existence and Attributes of the Deity, 1802에서 자연 속에서 드러나는 목적에 대한 적합성은 그것이 지성의 산물이며 단순히 방향성이 없는 자연적 과정의 결과가 아님을 보증한다. 생명을 가진 유기체에서 발견되는 목적에 대한 놀라운 적합성은, 전체 유기체의 수준에서든 여러 기관의 수준에서든 유기체가 지성의 산물임을 증명한다는 것이다. 페일리의 논증의 내용은 다음과 같은 것이다. 풀밭을 걸어가다가 돌 하나가 발에 채였다고 상상해보자. 그것이 어떻게 거기에 있게 되었는지 질문한다면 그것은 항상 거기에 놓여 있었다고 쉽게 답할 수 있을 것이다. 그러나 돌이 아니라 시계를 발견했다고 가정해 보자. 그리고 어떻게 그것이 그 장소에 있게 되었는지

답해야 한다면, 앞에서 했던 것과 같은 대답은 설득력이 없다는 것이다. 시계는 제작자가 있어야 한다. 제작자는 의도적으로 그것을 만들었다. 그는 시계의 제작법을 알고 있으며 그것의 구조와 기능을 설계했다. 시계 속에 존재하는 설계의 증거는 자연의 작품에도 존재한다. 그런데 자연의 작품 쪽, 즉 생명체는 시계와는 비교가 불가능할 정도로 훨씬 더 복잡하다는 것이다. 당시 복잡한 기계의 대표격인 시계를 가지고 생명의 복잡성과 비교하면서 생명이 설계되었음을 역설한 페일리의 논증은 대표적인 설계논증이라고 할 수 있겠다.

오늘날 지적설계론에는 '환원 불가능한 복잡성'Irreducible Complexity 이란 중요한 개념이 등장한다. 그것은 몇 가지 부분들이 합쳐져 기초적인 기능을 하는 시스템으로서 그중 어떤 한 부분만 없어도 그 기능을 수행하지 못하는 특성이다. 이 개념은 마이클 비히Michael Behe, 1952 의 저서인 『다윈의 블랙박스』Darwin's Black Box, 1996에서 자세히 소개되었다. 마이클 비히는 이 개념을 쉽게 설명하기 위해 쥐덫을 예로 들었다. 쥐덫은 바닥, 스프링, 망치, 막대, 집게로 구성되어 있는데 이 중 하나를 없애거나 위치를 잘못 이동시키면 제대로 작동할 수 없다. 환원 불가능한 복잡성은 그 정의를 통해 진화론을 반박한다. 진화론에 의하면 어떤 기관은 갑자기 창조된 것이 아니라 원시 기관이 꾸준히 변화된 결과로서 존재한다. 또한 변화의 과정 속에서 기관은 같은 메커니즘을 통해 작동한다. 따라서 현존하는 기관은 불완전하지만 기능을 하는 선구적 기관이 있어야 한다. 그렇다면 환원 불가능한 복잡성을 가진 시스템에 대해 이 논리를 적용시켜보자. 진화론이 맞다

신학자의 과학 산책

면 이 시스템은 과거엔 지금보다 불완전한 시스템이었을 것이다. 하지만 환원 불가능한 복잡성의 정의에 불완전한 시스템은 제 기능을 하지 못한다. 이는 변화의 과정에서 기관은 같은 메커니즘을 통해 작동한다는 진화론의 주장에 모순이 된다. 이 모순을 피하려면 환원 불가능한 복잡성은 선구체로부터 변화된 것이 아닌 어떤 지적인 존재에 의해 창조되어야만 한다.

지적설계론에서 자주 거론되는 또 하나의 강력한 예는 박테리아 편모의 구조에서 발견되는 환원 불가능한 복잡성이다. 편모는 박테리아의 운동기관으로, 가는 채찍모양의 섬유질이 회전하면서 추진운동을 도와준다. 편모를 회전시키기 위한 기관은 박테리아 세포벽 안에 묻혀 있는데 그 구성성분을 살펴볼 때 섬유질을 구성하는 대부분의 단백질과 상이하다. 또 그 구조와 작동원리는 공학적 시스템인 모터와 상당히 유사하며, 비록 크기는 수 나노미터에 불과하지만 고정된 링인 고정자 속에서 회전자를 가진다. 더욱 놀라운 것은 이 구조의 효율인데 분당 15,000번 회전할 정도로 고에너지 효율을 가진다. 즉 이 모터와 같은 기관은 다른 부분에 비해 비정상적으로 발전하였다고 결론내릴 수 있다

20세기 이후 지적설계운동의 효시는 미국의 법학자인 필립 존슨Phillip E. Johnson, 1940이 1991년에 출판한 『심판대 위의 다윈』Darwin on Trial, 1991이라고 볼 수 있다.[30] 이 책에서 존슨은 진화론이 과학적인 근

---

30   필립 E. 존슨, 『심판대 위의 다윈: 지적설계논쟁』 이승엽, 이수현 역(서울: 까치, 2009)

거에 기초한 것이 아니라 자연주의 철학에 근거한다는 것을 보여주었다. 저명한 법학자인 존슨은 다윈 이후 150년 이상 지속되어온 '창조론 vs. 진화론' 논쟁의 본질이 과학적인 증거로써 해결될 수 있는 문제가 아니라, 무신론 vs. 유신론이라는 두 개의 상충되는 세계관 사이의 대결이라고 주장하였다. 1996년에는 지적설계운동에서 중요한 전기가 된 큰 사건 두 가지가 일어난다. 첫 번째 사건은 순수 창조라는 학술대회다. 두 번째 중요한 사건은 미국 리하이 대학교의 생화학 교수인 마이클 비히 박사가 『다윈의 블랙박스』를 출판한 것이다. 그후 1998년 미국의 전산학자인 윌리엄 뎀스키는 지적 원인이 경험적으로 탐지가 가능하며, 따라서 관찰한 데이터에 기반하여 지적 원인과 방향성이 없는 자연적 원인을 믿을 만하게 구분할 수 있는 방법이 존재한다는 주장을 폈다.

창조론은 "하나님께서 세상을 만들었다"라는 것인데, 지적설계론은 이 진술에서 '하나님'을 '지적 존재'로 대치한다. 넓은 의미에서 보면 창조론도 지적설계론이라고 할 수 있다. 그러나 역으로, 지적설계론은 창조론으로서는 결함이 있다는 지적이 가능하다. 창조론은 하나님이 창조의 주체이며 창조주의 의도와 인격이 중요한데, 엄밀한 의미에서 지적설계론은 '지적 존재'를 가정할 뿐이지 그 존재가 누구인지, 어떤 인격을 지녔는지에 대해서는 관심을 갖지 않는다.

페일리의 설계 논증에 대해 데이비드 흄은 만일 기계라고는 본적이 없는 어떤 사람이 처음으로 군함과 같은 거대한 배를 본다면 "도대체 이런 어마어마한 기계가 어떻게 만들어졌을까?" 하고 신기하다고 생각하겠지만, 그 군함은 최초의 인류가 타던 통나무 카누에서부터 시작하여 뗏목, 나룻배, 범선, 기선 등으로 점차 발전된 것으로서 반드시 초월적인 설계자를 도입할 필요가 전혀 없다고 주장하였다. 지구의 오랜 역사와 환경 속에서 변이와 자연선택이야말로 특정한 목적 없이 생명의 복잡성을 설계한 '눈먼 시계공'이라는 것이 다윈주의가 생명의 목적성을 인정하지 않는 논거다.

지적설계론을 주장하는 사람들은 현대 생물학이 생명체의 미시적 차원에서 발견되는 환원 불가능한 복잡성에 대해서는 만족할 만한 설명을 제시하지 못하고 있다고 여기는 듯하다. 그러나 다윈주적 관점에서 보면 지적설계론자들이 붙잡고 있는 환원 불가능한 복잡성은 모두 진화론에 의해 충분히 설명되고 반박되었다고 생각할 수 있다. 진화론자들은 지적설계론이란 단지 근대과학의 방법론에 충실하지 못해 생겨난 불명료한 개념이라고 단정한다. 아마도 이러한 진화론의 반박에 대해 지적설계론이 앞으로 보다 의미 있는 과학적 발견이나 성과를 만들기는 어려울 것으로 예상한다.

유신론적 진화론

    유신론적 진화론Theistic Evolution은 생명의 진화를 과학적 사실로 인정하면서 진화론의 관점에 비추어 하나님의 창조를 이해하는 입장이다. 다윈이 『종의 기원』을 출간했을 때 기독교 진영이 모두 적대적 입장을 취한 것은 아니었다. 일부 신학자들과 성직자들은 다윈이 베일에 쌓여 있던 생명의 역사에 작용한 하나님의 섭리를 마침내 밝혀냈다고 환영하였다. 그들은 진화론의 관점에서 기독교 교리를 재해석하려고 했는데 이러한 시도는 후대에 화이트헤드가 말한 "종교의 원리는 영원한 것이지만 그러한 원리를 표현하는 방식은 과학의 새로운 빛에 비추어 계속적인 수정을 통해 재해석되어야 한다"는 교훈의 전형적인 사례일 것이다.[31] 아우구스티누스에 의해 확립

---

31   알프레드 노스 화이트헤드, 『과학과 근대세계』 김준섭 역(서울: 을유문화사, 1993), p.249.

된 '무로부터의 창조'creatio ex nihilo 교리와 더불어 신학자들은 '계속된 창조'creatio continua 교리를 인정해왔기 때문에 다윈이 주장한 진화론은 하나님의 계속된 창조와 상응하는 것으로 해석할 수 있었던 것이다.

1889년 찰스 고어Charles Gore, 1853-1932는 "자연의 진화 과정이 인류의 출현에서 절정에 이르렀다면, 인류의 역사는 성육신에서 절정에 이르렀다"고 주장하였다.[32] 그는 예수 그리스도 안에서 이루어진 신적 로고스의 성육신을 생명과 인류의 진화론적 맥락에서 파악하였다. 또한 비슷한 시기에 로이드 모건Conwy Lloyd Morgan, 1852-1936은 진화에 나타나는 창발적이고 유기적인 특성에 주목하여 이를 하나님의 역사를 이끌어가는 창조력으로 보고자 하였다. 그는 진화 과정의 각 단계에서 새로운 무언가가 생성되어 작용함으로써 진화가 가능하다고 보고 이러한 창발성이 기존 이신론의 틀 속에서 드러나는 하나님의 무기력한 모습을 제거한다고 기뻐하였다.[33] 이신론의 신 이해에 따르면 하나님이 세계에 최초의 법칙은 부여하지만 그 이후 전개되는 사태는 그야말로 부여된 자연법칙에 따라 인과율적으로 발생된다고 보았기 때문에 역사의 전개 과정에서 신의 역할은 최소한으로 이해될 수밖에 없었다.

테이야르 드 샤르댕Teilhard de Chardin, 1881-1955은 가톨릭 사제이자 신학자였고 또한 고생물학자로서 북경원인 발굴 탐사에도 참여하였

---

32 볼프하르트 판넨베르크, "인간의 생명: 창조인가 진화인가?", 테드 피터스 편, 『과학과 종교』, 김흡영 외 역(서울: 동연, 2002), 242.

33 ibid.

는데, 그는 인류가 유인원에서 진화해왔으며, 오메가 포인트를 향해 나선형으로 발전해나가는 역사의 전개과정 속에서 예수 그리스도는 인류가 궁극적으로 도달해야 할 최종적으로 완성된 인간의 모습이라고 주장하였다.[34] 이러한 급진적인 주장 때문에 그는 초기에는 로마 가톨릭교회로부터 비판을 받았으나 차츰 20세기 유신론적 진화론의 기틀을 놓은 것으로 평가받았다. 그의 사상은 가톨릭뿐만 아니라 개신교 신학에까지 영향을 끼쳐 과학과 기독교 신학 사이의 대화에 큰 공헌을 세웠다.

이외에도 저명한 유신론적 진화론자를 열거하자면 옥스퍼드와 케임브리지 대학교의 영문학자이자 성공회 평신도로서 현대에 설득력 있는 기독교 변증을 펼친 C. S. 루이스Clive Staples Lewis, 1898-1963, 도킨스와 같은 옥스퍼드 대학교 분자생물학 박사 출신으로서 신학 전공으로 전향하여 도킨스의 유전자 환원주의에 맞서 유신론을 변증한 알리스터 맥그라스Alister McGrath, 1953, 러시아 정교회 배경을 갖고 있는 미국 컬럼비아 대학교의 생물학자로서 현대 진화생물학의 선구자로 꼽히는 테어도시어스 도브잔스키Theodosius Dobzansky, 1900-1975, 조지타운 대학교의 철학자이자 신학자인 존 호트John F. Haught, 1942, 인간 게놈 프로젝트를 주도한 프랜시스 콜린스Francis Sellers Collins, 1950를 꼽을 수 있다. 이외에도 아서 피코크Arthur Peacocke, 1924-2006를 비롯하여 과학과 종교 간의 대화에 참여하는 대부분의 학자들은 진화론적 입

---

34   Pierre Teilhard de Chardin, *The Phenomenon of Man* (New York: Harper & Row, 1959), 302.

장을 견지하면서도 동시에 종교적 성찰을 존중한다.

진화론이 창조론에 도전이 되는 것처럼 보이지만 기독교 신앙과 진화론이 조화되지 못할 이유도 없다. 이는 우리가 하나님의 창조를 어떻게 이해하느냐에 달려 있다. 진화론은 하나의 과학 이론이지만, 창조론은 엄밀한 의미에서 과학 이론이 아니라 창조에 관한 신앙고백이다. 물론 진화론이 함축하는 내용이 아무런 도전이 되지 않는다고는 말할 수 없다. 진화론은 생명의 기원과 진화의 방향이 우연한 것이며 목적이 없다는 함의를 지니고 있기 때문이다. 하지만 이러한 함의는 진화론 자체의 내용이라기보다는 함의라는 단어 그대로 진화론에 포함된 철학적·형이상학적 질문이다. 다윈의 『종의 기원』의 주된 내용은 어떻게 생명이 변이를 낳고 환경 속에서 선택되고 새로운 종이 만들어지는지 그 과정과 기제에 관해 설명하는 것이지, 그것에 담긴 형이상학적 의미에 관한 논쟁이 아니다. 그러므로 진화론을 두고, 신앙적 입장에서 과학의 영역에 뛰어들어 성서에 어긋나는 과학은 잘못된 과학이라며 싸움을 벌이는 성서 문자주의의 입장이나, 반대로 그 형이상학적 의미를 추려서 신학의 영역에 뛰어들어 너희가 말하는 신의 창조 따위는 폐기해야 한다고 조롱하는 입장 모두 무리한 시도인 것이다. 대개 형이상학적 논쟁은 그 성격상 끝장을 볼 수 있는 논쟁이 아니다. 이는 신념에 관한 문제이기 때문이다. 우리는 사실에 관한 문제, 즉 과학 이론은 그 내용을 제대로 공부해서 배우려는 자세가 필요하고, 의미와 신념에 관한 문제, 즉 철학과 신학은 진지하게 상대방의 이야기를 듣고 대화하려는 자세가 필요하다.

비록 진화론이 생명에 관한 모든 것에 대해 완벽한 설명을 제공하지 못한다 하더라도 그것이 진화론 자체를 거부할 명분이 될 수는 없다. 왜냐하면 인류는 아직 우주와 생명과 인간정신의 기원 및 발전 과정에 대해 완벽한 지식을 갖고 있지 못하기 때문이다. 생물학자들의 사명은 기독교의 창조 신앙을 박멸하는 것이 아니라 생명의 기원과 신비에 대해 더 많은 것을 알아내는 것이고, 신학은 이들의 지적 성취에 대해 경청할 필요가 있다. 진화론을 수용해야 하는 또 하나의 중요한 이유는 과학 공동체에 대한 신뢰 때문이다. 물론 과학사를 살펴볼 때에 토마스 쿤이 제시한 대로 기존의 정상과학이 패러다임이라는 방법론적 특성 때문에 새로운 이론을 억압하는 요소가 있음이 사실이다. 그럼에도 불구하고 과학은 항상 비판과 검증에 열려 있으므로 진리가 기존의 권위에 의해 정당한 대접을 못 받는다면 그것은 단지 일시적으로만 가능한 현상이다.[35] 새로운 과학의 개척도 과학자들의 몫이지 신학자나 철학자들의 몫은 아니다. 진화론이 설득력이 약간 부족하다고 해서 이를 무작정 창조론으로 대체한다는 것은 어불성설인 것이다. 말씀으로 만물을 창조했다는 성서의 구절이 신의 솜씨 혹은 신의 절대성과 초월성을 뜻하는 것이지, 반드시 우리가 사용하는 언어로 만들었다는 의미는 아니지 않은가? 진화의 과정조차도 포용하여 역사를 섭리하시는 신을 믿는다면 진화론이 신앙을 흔들 이유가 없는 것이다.

●
35 창조론자들은 잘못된 과학인 진화론이 창조론을 부당하게 억압하고 있다며, 마치 과학계를 장악하고 있는 다수의 진화론자들이 횡포를 부리는 것처럼 묘사하고 있다. 교진추, op. cit., 162.

창조 신앙의
현대적 해석

현대과학은 우주와 생명의 기원 및 역사에 대해 비록 완벽한 설명은 아니지만 '진리에 근사한'verisimilitude 신빙성 있는 설명을 제공하고 있다.[36] 또한 21세기는 지구온난화로 인한 기후변화 및 생태계 파괴, 자원고갈, 핵 위기 등으로 인류문명의 존속이 근본적으로 위협받고 있는 시대다. 이러한 맥락에서 오늘날 신학자들은 기독교 공동체가 창조 신앙을 현대과학과 충돌 없이 이해할 수 있도록 계도해야할 뿐 아니라 생태계 파괴로 인한 위기와 관련해서도 유의미한 해석을 제시해야 할 임무를 부여 받고 있다.

---

[36] '사실성' 혹은 '신빙성'으로 번역할 수 있는 이 단어(verisimilitude)는 과학철학에서 사용되는 용어다. 이 단어는 '진리근사성'(truthlikeness)이라는 개념과 더불어 "과학이 누적적 발전을 통하여 실체적 진리에 점점 더 근사한 설명을 제공한다"는 '비판적 실재주의'(critical realism)의 인식론을 요약적으로 잘 표현한다. John Polikinghorne, *Belief in God in An Age of Science* (New York: Yale University, 1998), 101-102.

만일 우리가 창세기의 천지창조 이야기를 문자주의적 해석literal interpretation으로 읽는다면 필연적으로 현대과학의 여러 분야와 충돌할 수밖에 없을 것이다. 이러한 문자주의적 해석에 집착하게 되면 과학과의 전쟁에서 헤어나오지 못할 뿐만 아니라 생태계 파괴의 시대에 요구되는 생태영성적 의미를 찾아내야 하는 신학적 책무도 놓치기 쉽다. 이런 점에서 "창세기에서 과학적 지식을 발견하려는 시도는 신학적으로나 과학적으로나 모두 성공적이지 못할 것"[37]이라는 이안 바버의 지적은 타당하다. 그는 우리가 만일 창세기를 시대를 초월하는 과학적 설명을 제공하는 책으로 간주한다면, 창조 이야기에 담겨 있는 이스라엘 공동체의 인간적 경험과 신학적 깨달음을 모두 간과하는 우를 범하게 된다고 강조한다. 이 세계와 모든 생명체가 하나님의 창조 사역에 의해 만들어진 피조물이라는 고백에 담겨 있는 인간적 경험이란 세계의 의존성, 유한성과 우연성의 지각, 생명에 대한 경이로움과 신뢰, 그리고 물리적 세계에 대한 감사와 긍정의 표현, 이 세계에 깃든 상호의존성, 질서, 아름다움에 대한 인식 등이다.[38] 고대 자연종교의 세계관과 구분되는 이러한 이스라엘의 독특한 고백은 20세기의 우주 비행사들이 우주 공간에서 지구를 바라보며 느끼는 경이로움과 전혀 다르지 않다. 다치바나 다카시는 우주 비행사들을 수십 명 만나 그들이 우주여행 중에 느낀 체험들을 생생하게 기록

---

37 Barbour, op. cit., 133.
38 ibid.

하였는데, 제임스 어윈James Benson Irwin, 1930-1991은 다음과 같이 고백하였다.

지구가 암흑 속에서 보였다. 아름답고 온기를 가진 듯 살아있는 물체로 보였다. … (중략) … 처음에는 그 아름다움, 생명감에 눈을 빼앗기고 있었지만, 나중에는 연약함을 느끼게 되었다. 감동했다. 우주의 암흑에서 빛나는 푸른 보석, 그것이 지구였다. 지구의 아름다움은 그곳, 그곳에만 생명이 있다는 사실에서 오는 것이리라. 내가 바로 그곳에서 살아왔다. 저 멀리 지구가 존재하고 있다. 다른 곳에는 어디에도 생명이 없다. 자신의 생명과 지구의 생명이 가느다란 한 가닥 실로 연결되어 있고, 그것은 언제 끊어져버릴지 모른다. 둘 다 약하디 약한 존재이다. 이처럼 무력하고 약한 존재가 우주 속에서 살아가고 있다는 것, 이것이야말로 신의 은총이라는 사실을 아무런 설명 없이도 느낄 수 있었다.[39]

지구는 광대한 우주의 사막에 홀로 떠 있는 생명의 오아시스임을 우주 비행사들은 실감한다. 아폴로 13호의 선장이었던 제임스 라벨James Arthur Lovell Jr. 1928은 지구로 돌아온 후 첫 소감을 이렇게 표현했다. "지구를 떠나 보지 않으면, 우리가 지구에서 가지고 있는 것이 진정 무엇인지 깨닫지 못한다."[40] 그들은 우주 비행사가 우주에서 얻은

39 다치바나 다카시, 『우주로부터의 귀환』 전현희 역(서울: 청어람미디어, 1983), 127. 김기석, 『종의 기원 vs. 신의 기원』 (서울: 동연, 2009), 244.
40 ibid., 61.

새로운 비전, 새로운 세계 인식을 전 인류에게 나누어주어야 할 책임이 있다고 생각한다. 자신들이 우주에서 본 지구의 이미지, 전 인류가 공유하고 있는 우주선인 지구호의 진정한 모습을 전하고, 인간 정신을 보다 높은 차원으로 인도하지 않으면 지구호를 조종하는 데 실패함으로써 인류는 멸망해갈 것이라고 어원은 강조하였다.[41] 우주에서 지구를 바라본 체험에 기반한 이러한 인식의 전환은 생태위기에 처한 전 인류가 함께 공유하는 영적 각성이 되어야 할 것이다.

천지창조 이야기에 담긴 신학적 의미를 세 가지 요점으로 정리하자면 첫째, 세계가 본질적으로 선하고 질서정연하며 일관되고 지성으로 이해 가능한 대상이라는 것, 둘째, 세계는 하나님께 의존적이라는 것, 셋째, 하나님은 전능하시고 자유로우시며 초월적인 분이고, 당신의 목적과 의지를 가지고 세계를 이끌어가신다는 것이다.[42] 이러한 하나님과 세계의 특성에 관한 신학적 주장은 그저 지난 과거의 한 순간에 국한된 것이 아니라 매 순간마다 역사 전체를 관통하는 유효한 진술이 되어야 하며, 따라서 하나님의 창조에 관한 이러한 신학적 주장들은 한시적인 것이 아니라 존재론적인 것이라고 바버는 강조한다. 창조 신앙은 우주와 생명의 기원과 그 의미, 하나님과의 관계성에 관한 하나의 종교적 신념이다. 이런 점에서 창조 신앙은 생명의 기원과 발전에 관한 과학이론인 진화론과 전혀 무관할 수는 없지만,

---

41 ibid., 139.

42 Barbour, op. cit., 133.

신학자의 과학 산책

반드시 적대적이거나 상충되어야 할 필연성은 없다고 전제한다. 또한 창조 신앙은 구약성서가 기록된 당시의 오래 전 과거에 고정된 내용이 아니라, 과학의 발전 및 생태계 파괴와 같은 자연세계의 의미성의 변화에 따라 재해석되어야 한다.

창조 신앙은 이스라엘의 히브리 성서에 창조 이야기가 기록될 당시의 종교 문화적·사회경제적 상황을 반영한다. 히브리 성서의 창조 이야기에 담긴 문학적 형식과 소재가 당시 고대 근동 지방에서 지배적이었던 바빌로니아 창조설화와 많은 공통점을 지니고 있음은 잘 알려져 있다. 하지만 세계와 생명과 인류가 신들의 전쟁 혹은 우발적 사건들로 인해 생겨났다고 말하는 바빌로니아 창조설화와의 근본적인 차이점은 창조주가 선한 본성과 의지로 세계와 생명과 인간을 만들었다는 것이다. 그렇다면 창조 신앙의 핵심은 이 세계가 인간에 대해 호의적이고 질서정연한 장소이며, 결코 물리적 세계가 스스로 신성이나 마성魔性을 지닌 두려워할 대상이 아니라는 것이다. 이는 인류의 고대 종교 문화에서 보편적으로 발견되는 뿌리 깊은 자연숭배나 동물숭배로 인한 인신희생 제사 등과 같은 인간을 억압해 온 악습과의 단절 내지는 투쟁을 의미하는 것이다. 즉 히브리 성서에 기록된 창조 신앙의 본뜻은 한 마디로 자연 세계로부터 인간의 해방에 있는 것이다. 하나님의 창조가 과학적 시간으로 따져 언제 일어났는지, 며칠에 걸쳐 어떤 순서대로 무엇 무엇을 만들었는지는 전혀 중요한 문제가 아니라는 것이다. 그런데 창조론자들은 이것이 마치 창조 신앙의 중심인 양 특정 성서 구절을 붙잡고 과학과 싸우고 있는 것이다. 오늘날 창조론자들은 가치와 신념체계인 신앙으로 과학을 판단하는 무모한 시도를 하고 있는 반면, 도킨스와 같은 다윈주의 무신론자들은 사실 규명과 설명이 주된 목적인 과학으로 신학을 심판하는 과학 제국주의적인 교만을 보여주고 있다. 종교적 교리를 과학에 적용하려는 시도나, 반대로 과학적 설명을 가지고 종교적 진리를 판단하려는 시도 모두 성공할 수 없을 것이다. 인간의 무분별한 욕심과 개발로 수많은 생명이 멸종되고 있는 오늘날, 창조 신앙의 가치는 이러한 무리한 시도를 통해서가 아니라 하나님의 피조세계인 생명의 소중함을 강조하는 데서 드러날 것이며, 과학은 생명의 세계가 얼마나 경이롭고 소중한 것인지를 밝혀냄으로써 생명을 지키기 위하여 양자가 함께 대화하고 협력하는 길을 모색하도록 지속적으로 동기를 부여해야 할 것이다. 이것이 바로 인류와 지구 생태계의 지속적인 발전과 미래를 위해 열린 과학과 손잡을 수 있는 창조 신앙의 재해석이 필요한 이유다.

제4부

인공지능과
한국교회

인공지능의
현재와 미래

　교회의 역사를 돌아보면 교회는 언제나 그 시대의 주요한 도전에 대한 응답을 통해 발전하였다. 초기 교회는 유대교와 영지주의의 도전을 극복하면서 발전하였고, 유럽의 중세 교회는 아리스토텔레스 사상에 대응하여 스콜라 신학을 수립함으로써 기독교 정신을 이어 갈 수 있었다. 자연과학과 민권사상이 발달한 근대에는 성서비평학과 자유주의 신학을 통해, 그리고 두 차례의 세계대전으로 인간본성 깊이 내재한 죄성을 깨닫게 된 20세기에는 실존주의 신학과 신정통주의 신학을 통해 복음에 담긴 진리를 보존하고자 노력하였다. 또한 제1세계의 식민주의 선교 및 서구 기독교의 한계가 여실히 드러난 20세기 중반 이후에는 제3세계 교회를 근거로 한 탈식민주의 신학과 복음주의 운동을 통해 기독교의 새로운 역사를 펼치고 있다.

　그렇다면 오늘날 교회를 향한 가장 큰 도전은 무엇인가? 이 시대의 화두는 단연 '제4차 산업혁명'이다. 몇해 전 우리나라는 이름도 생소한 '알파고' 열풍에 온통 휩싸였었다. 2016년 3월 9일부터 닷새 간 대한민국에서 '구글 딥마인드 챌린지'Google DeepMind Challenge라는 타이틀 아래 이세돌과 인공지능 알파고와의 5번기 바둑대결이 벌어졌다. 전 세계의 이목을 서울로 집중시켰던 이 행사는, 이제 와 생각해 보니, 세계적인 IT 선도기업인 구글Google[1]이 인공지능의 시대를 온 세계에 선포하는 출정식이었다. 구글은 이세돌과 알파고와의 대국에 불과 25억원200만 달러 정도를 지출했지만, 이 이벤트가 끝난 후 구글사의 주식 총시가는 단 일주일 만에 무려 58조원이 상승하였다. 전세계 주식시장에서 구글의 인공지능 기술력에 대한 기대와 투자가치가 반영된 결과였다. 이보다 두 달 앞서 2016년 1월에 열린 다보스 포럼은 인류가 제4차 산업혁명의 시대로 진입하고 있음을 천명하였다. 포럼의 참가자들은 제4차 산업혁명이 가져올 변화의 속도와 범위, 영향과 결과가 기존 사회 시스템을 전면적으로 파괴할 것이라는 데 의견의 일치를 보았다.

인류는 지난 200년 동안 세 번의 산업혁명을 통해 사회를 근본적으로 변화시켰다. 1차 산업혁명은 18세기에 제임스 와트James Watt, 1736-1819의 증기기관의 발명으로 시작되었다. 사람이나 동물과는 달

---

[1]   인터넷 검색엔진 업체 '구글(Google)'은 처음에 '구골(Googol)'로 등록하려다가 실수로 잘못 표기하여 구글로 등록하여 지금까지 쓰이고 있다. 원래 '구골'은 10의 100제곱을 가리키는 숫자다. 즉, 1 뒤에 0이 백 개 달린 수이다. (1googol = 10^{100}) 이 수의 이름은 1938년 미국의 수학자 에드워즈 카스너(Edward Kasner)에 의해 도입되었는데, 이 개념은 매우 크지만 무한대보다 작은 수를 나타내기 위해 고안했다.

리 연료만 공급해주면 계속 달릴 수 있는 기차처럼 아무리 일해도 지치지 않는 기계가 출현하여 생산성의 비약적인 증가를 가져왔다. 2차 산업혁명은 19세기 말 전기기술의 발전으로 인해 촉발되었고, 3차 산업혁명은 20세기 중반 반도체, 컴퓨터, 인터넷 등 정보통신 기술의 비약적 발전으로 인해 이루어졌다. 이제 세 단계의 산업혁명을 이어 4차 산업혁명Fourth Industrial Revolution은 인공지능과 로봇, 사물인터넷 기술에 의해 자동화와 연결성이 극대화되는 시대를 말한다. 특히 인공지능을 포함해 로봇, 사물인터넷, 무인자동차, 3D 프린팅, 나노 기술 등이 4차 산업혁명을 이끌어 가는 핵심 기술들이다. 바로 눈앞에 다가온 4차 산업혁명과 그 핵심을 담당하는 인공지능의 시대에 사회와 교회는 어떠한 변화를 맞이할 것이며, 시급한 과제는 무엇인가?

인공지능의 발전과 변화

알파고는 지난 10여 년간 세계 프로바둑계에서 최강자로 군림한 이세돌을 4대 1로 무찌름으로써 큰 충격을 안겨 주었다. 최근 알파고는 스스로 발전을 거듭하여 비공식 인터넷 바둑대국에서 세계 최정상급 프로바둑 기사들에게 60전 60승을 거둔 것으로 알려졌다. 또 현재 세계랭킹 1위인 커제와의 대결에서 3전 전승을 거두었다. 이제 인간은 더 이상 알파고의 상대가 되지 못한다. 알파고의 승리는 인공지능이 인간의 고유한 영역이라고 믿어왔던 정신적인 영역에서도 인간을 뛰어넘는 능력을 보여주었다는 점에서 인공지능이 인류의 가까운 미래에 몰고 올 근본적이고 어마어마한 변화를 함축적으로 보여주고 있다.

　인공지능人工知能, Artificial Intelligence, AI이란 "인간의 지적 능력을 모방한 지성을 지닌 존재, 혹은 시스템에 의해 만들어진 지능"을 뜻한다. 원래 '컴퓨터'라는 말은 제2차 세계대전 중에 대포에서 발사한 포탄의 탄도와 궤적을 계산하는 사람들을 가리키는 단어였다. 포병부대의 정확한 포사격을 지원하기 위해 1,000여명의 계산원들이 큰 방에 모여서 간단한 수학공식에 거리, 고도, 풍향 등의 데이터를 삽입해서 계산하는 일을 하였는데, 나중에 사람을 대신하여 계산을 신속하고 정확하게 하기 위한 기계를 발명하게 되었다. 인간을 대신해 계산을 해주는 이 기계를 자연스럽게 '컴퓨터'라고 불렀다.[2] 그런 컴퓨터가 이제는 인간의 지능을 스스로 실현하는 데 도전하고 있다. 1956년 미국의 다트머스 칼리지에서 열린 컨퍼런스에서 인공지능이란 용어가 처음 등장한다. 여기서 존 매카시John McCarthy, 1927-2011는 "지식을 지닌 인간의

▌ 앨런 튜링

2　김대식, 『김대식의 인간 vs 기계』 (서울: 동아시아, 2006), 74.

행동을 모방하는 기계"를 제안하고 이에 인공지능이라는 이름을 붙였다. 이제 사람들은 수학적 계산에서 인간보다 뛰어난 능력을 갖춘 컴퓨터에 적절한 프로그래밍을 한다면 인간의 지능과 유사한 기능을 발휘할 수 있을 것이라고 생각하였다.

1950년대 영국의 수학자 앨런 튜링Alan Mathison Turing, 1912-1954은 처음으로 "기계가 사람처럼 생각할 수 있는가, 그리고 우리는 인간과 사고하는 기계의 차이점을 본질적으로 구분할 수 있는가?"라는 문제를 진지하게 제기하였다.[3] 그는 기계가 지능을 가졌는가를 판단하는 방법으로서 사람과 같이 대답하는 능력을 보인다면 본질적으로 인간과 기계를 구분할 수 없다고 주장하였다. 1960년대 들어 인공지능은 게임놀이, 문제풀이, 정리 증명 분야에서 발전하였고, 1970년대에는 음성인식, 자연어 이해, 로봇공학 분야에 응용되었으며, 1980년대에는 전문가시스템, 지식기반 시스템 등을 거쳐, 1990년대의 신경망 컴퓨터, 퍼지이론 및 지능형 에이전트의 기술로 더욱 진보했다.

현재 자연어 처리는 영화 〈그녀〉Her, 2013에서 보여주듯 컴퓨터와 사람이 보다 자연스럽게 대화할 수 있게 하며, 자동번역에 응용될 수도 있다. 오늘날 인공지능 프로그램을 이용해 신문기사를 작성할 수 있는데, 칼럼은 못 쓰지만 사실에 기초한 기사작성은 가능하다. 예컨대 야구경기나 증권시장의 각종 데이터를 입력하면 즉시 신문기사를 출력할 수 있다. 다소 어색한 표현들만 사람이 고쳐서 기사로 올

3   닐스 닐슨, 『인공지능: 지능형 에이전트를 중심으로』, 최중민 외 역(서울: 사이텍 미디어, 2000), 10.

리면 된다. 데이터베이스 시스템은 주어진 주제에 대한 사용자의 질문에 답을 하기 위하여 효과적인 자료의 저장과 분류 및 정보검색을 가능케 하는 기술들이다. 또한 전문가 시스템은 인간 전문가를 대신하여 특정 분야의 전문적인 판단이나 작업을 수행한다. 예를 들면, 의사가 환자의 증상과 임상 자료로부터 병명을 판단하고 그 병에 적합한 처방을 내리는 것을 컴퓨터가 수행하는 것이다.

이처럼 인공지능의 급속한 발전 및 응용 범위의 확장이 몰고 올 가장 급격한 변화는 기업과 직업의 영역이다. 미국 3대 보험회사 중 하나인 트래블러스The Travelers Companies는 최근 보고서에서 정보기술IT 업계의 최강자 구글이 구상하는 것처럼 5년 안에 무인 자동차가 상용화되면 자동차 보험업계가 심각한 위기에 직면할 것이라고 경고했다. 현재 교통사고의 90퍼센트 이상은 인간의 부주의에 의해 발생하는데 로봇 무인 자동차가 상용화되면 교통사고가 거의 사라지고 이에 따라서 자동차보험업계도 몰락할 것이다. 인공지능과 빅 데이터 기술이 결합되면서 최근에는 미국 사무직 업무의 상당수도 로봇에게 넘어갔다. 법률회사에서는 컴퓨터가 판례를 모아 변호사들의 공판 준비를 돕고, 증권회사에서는 로봇이 시장을 분석하고 자료를 작성한다. 인공지능 로봇이 광고를 제작하고, 신문기사를 작성하며, 은행 창구의 금융거래도 로봇이 담당하게 된다. 미국의 IT분야 컨설팅업체인 가트너사Gartner, Inc.는 인공지능으로 인해 2025년까지 전체 직업 가운데 3분의 1이 사라질 것이라고 예상했다. 불과 10년도 남지 않은 코앞의 미래인 것이다.

에릭 브리뇰프슨Erik Brynjolfsson, 1962, MIT대 교수는 브루킹스 세미나에서 "로봇혁명의 '장밋빛 미래'가 사실이 아닐 수 있다는 위기의식을 느끼고 있다"고 말했다. 그는 2010년 구글이 무인 자동차를 내놓은 걸 본 뒤, 로봇혁명이 미국 노동시장을 뿌리째 흔드는 '임계시점'이 눈앞에 다가왔다는 걸 알게 됐다고 고백했다. 인간만이 할 수 있던 다양한 업무가 로봇의 영역으로 넘어가면서 기업들은 더 많은 부를 창출하게 되겠지만, 실업자는 더 많이 늘어날 수밖에 없다는 것이다. 인공지능에 의한 4차 산업혁명은 과거의 산업혁명과 달리 변화의 규모와 속도가 너무 크고 빠르기 때문에 정확한 예측이 어렵고 불확정성이 증가한다. 과거의 기술혁신은 특정 분야에만 국한되어 '일자리 감소'의 부정적 영향은 제한적인 데 반해 생산성 향상의 파급효과는 컸지만, 인공지능과 로봇혁명은 경제의 전 분야에 걸쳐 일어나고 있다는 것이다. 조지메이슨 대학교의 타일러 코웬Tyler Cowen, 1962 교수도 "로봇공학의 발달은 미국 인구를 상위 10퍼센트와 나머지 90퍼센트로 양분하게 될 것"이라고 예상했다. 기술발전의 흐름을 주도하고 쫓아갈 수 있는 10퍼센트는 고임금과 풍요로운 삶을 누리지만, 나머지 90퍼센트는 임금이 정체되거나 감소하는 상황에 직면하게 된다는 것이다.

아마 다른 직업에 비해 교회 목회를 담당하는 성직은 더 오래 유지될 것으로 예상된다. 인간의 영혼을 상대하는 목회자의 역할은 로봇 목사신부로 대체하기 어려울 것이기 때문이다. 하지만 현존하는 직업의 상당수가 사라진다면 평범한 사람들로 구성된 현재와 같은 교회도 더 이상 존속하지 않을 것이다.

지능의 폭발과 초인공지능의 출현

인공지능 연구자들은 인공지능의 지적능력에 따라 '약한 인공지능'Weak AI과 '강한 인공지능'Strong AI으로 분류한다. '약한 인공지능'은 인간이 명령한 특정한 범위 내에서만 주어진 과제를 수행한다. 그런데 '강한 인공지능'은 인간처럼 사고력을 지닌 인공지능을 말한다. 이는 종합적이고 자율적 판단력을 갖고 있으며 감정과 의지를 지닌 존재다. 그래서 강한 인공지능은 자신을 닮은 프로그램을 스스로 복제할 수 있고, 나아가 자신보다 더 우수한 지능을 만들 수도 있다고 예측된다.

어떤 이들은 인공지능을 그 본질에 따라 세 단계로 분류한다. 첫 단계는 '좁은 인공지능'Narrow AI으로서 아이비엠IBM의 왓슨이나 구글의 알파고와 같은 단계로 특정한 목적에만 최적화된 인공지능이다. 앞의 '약한 인공지능'과 비슷하다. 두 번째 단계는 '일반적 인공지능'General AI으로서 인간의 지능을 뛰어넘는 수준이다. 앞의 '강한 인공지능'과 같다. 이 단계에서는 효율성과 자의식을 갖게 되고 자기보존 욕구와 자원획득, 그리고 창의성을 지니게 된다. 이 단계에서 지능폭발이 일어나면서 세 번째 단계인 '초인공지능'ASI: Artificial Super Intelligence이 탄생할 것이라고 예견한다. 영국의 미래학자 피터 코크레인은 2030년이면 슈퍼컴퓨터의 용량은 인간 두뇌의 1백만 배 이상이 될 것이라고 전망한다. 약 10년 뒤에는 인공지능이 스스로 복제하고 진화하는 새로운 단계에 들어선다는 것이다.

'딥마인드'는 약한 인공지능이지만 입력된 기존의 기보를 학습하고 알파고 내부에서 계속 바둑을 두면서 이세돌을 이길 수 있는 창의적인 수를 찾아내었다. 입력된 기보로만 따져보면 제한된 정보를 활용해 수많은 기보를 학습하고 훈련받은 인간을 이긴 것이다. 강한 인공지능의 출현 가능성 여부에 대해 전문가들은 아직 합의에 이르지 못하고 있다. 정말로 인공지능 내부에서 지능 폭발이 일어나 인간과는 비교할 수 없이 뛰어난 초지능이 탄생하는 일이 일어날지, 아니면 지나친 기우일 따름인지 현재로서는 판단할 수 없다. 제임스 배럿 James Rodman Barrat, 1960은 "인공지능은 인간의 마지막 발명품"이라고 주장한다. 지난 10년간 인공지능 실태를 심도 있게 조사한 배럿은 인공지능에 의해 인류가 종말을 맞이할 것이라고 경고한다. 그는 인공지능이 2045년경이면 초인공지능으로 발전할 것이라고 전망한다.[4] 초인공지능은 스스로 자신보다 더 나은 인공지능을 설계할 수 있으며, 이는 지능폭발로 이어져 마침내 특이점을 맞이하게 된다고 저자는 주장한다. 특이점이란 일반적으로 기존의 해석이 전혀 적용되지 않는 질적 변화의 지점을 뜻한다. 기술적 특이점은 기술 변화의 속도와 영향력이 너무 커서 인간의 존재 양식이 질적으로 달라지는 시점을 뜻한다. 레이 커즈와일은 집적회로에 사용되는 트랜지스터가 매 2년

---

4   제임스 배럿, 『파이널 인벤션: 인류 최후의 발명』 정지훈 역(Our Final Invention) (서울: 동아시아, 2016), 56.

마다 두 배로 증가했음을 예로 들면서 기술의 진화가 기하급수적으로 가속되는 성질이 있음을 입증했다.[5]

지능폭발과 더불어 21세기가 끝나기 전에 인공지능 및 로봇공학, 유전자공학, 나노기술이 결합되는 '기술적 특이점'이 도래할 것이라는 예측과 함께 생물학적 죽음에 제한을 받는 호모 사피엔스의 시대는 끝나고 새로운 인간의 탄생이 가능하다고 예측된다. 만일 이러한 예견대로 지능폭발이 일어나 초인공지능이 탄생하고 기술적 특이점이 도래한다면, 인간은 인공지능에 의해 종말을 맞이할 것이다.

과학기술과 인류문명의 관계라는 관점에서 볼 때, 현재의 인공지능은 마치 1930년대의 핵분열 기술과도 같다. 1945년 최초의 원자폭탄이 투하되기 전까지 인류는 핵분열 기술에 깃든 파괴력을 제대로 깨닫지 못했었다. 그 후 핵실험으로 인한 생태계 파괴와 체르노빌이나 후쿠시마에서 일어난 핵발전소 사고가 있었지만, 어느 정도 핵기술을 통제하면서 그것을 오늘날 전기를 생산하는 데 사용하고 있다.[6] 그런데 인공지능의 미래는 어떠할까? 당장은 휴대폰에 내장된 개인비서 프로그램, 노약자를 돌보는 로봇, 외로운 사람의 말동무가 되어주는 가상공간의 연인 등, 매우 친근한 모습으로 우리 앞에 나타

---

5   레이 커즈와일, 『21세기 호모 사피엔스』, 채윤기 역(The Age of Spiritual Machines) (서울: 나노미디어, 1999), 39.

6   하지만 여전히 가공할 위력을 지닌 수만 기의 핵무기와 핵발전소는 인류문명의 존속에 가장 잠재적인 위협으로 여겨지고 있다. 참고로 10만 명 이상이 희생된 히로시마에 떨어진 원자폭탄의 폭발력은 TNT로 환산하여 20킬로톤 급인데, 오늘날 미국과 러시아 등 강대국이 수만 기 이상 보유한 전략핵무기인 수소폭탄의 위력은 그것과 비교하여 작게는 수십 배에서 많게는 수천 배에 이른다.

날 것이다. 점차 이들은 우리 일상의 많은 부분을 자연스럽게 차지할 것이고, 반려동물보다 훨씬 더 가까운 자리에서 인간과 친밀한 관계를 맺게 될 것이다. 지금 우리가 전기, 전화, 자동차, TV, 인터넷 없는 일상을 상상하기 어려운 것처럼, 매우 가까운 미래에 이들이 우리의 삶을 채우고 떠받치게 될 것이다. 그런데 전화나 자동차와 다른 점은 이들이 어쩌면 스스로 생각하고 판단하는 능력을 갖게 될지도 모른다는 점이다. 우리는 점점 더 인공지능에 의존할 수밖에 없는데, 이들이 스스로 생각하는 존재가 된다면 과연 인간의 미래는 어떻게 될 것인가? 이것이 바로 인공지능이 우리에게 던지는 매우 난해하고도 근본적인 도전이다.

인공지능의
약속과 위험성

인공지능의 약속

　인공지능은 인간에게 보다 편리한 삶을 약속하고 있다. 인류의 보다 나은 미래를 위해 인공지능이 지닌 순기능적 가능성은 다양한 방식으로 열려 있다.[7] 인공지능은 사람에게 여가시간을 늘려주고 삶의 질을 높여줄 뿐 아니라 현대인의 보편적인 고통인 외로움까지도 달래주는 친구가 되어줄 수도 있다. 인간을 위해 활용 가능한 인공지능의 영역과 잠재력은 실로 무궁무진하다. 인공지능으로 인해 인간이 더 자유로워지고 자아실현을 확장하여 인간의 존엄성에 기여할 수도 있을 것이다.

---

[7]　구본권, 『로봇 시대, 인간의 일』(서울: 어크로스, 2015), 157-181.

아담에게 이르시되 … (중략) 내가 네게 먹지 말라 한 나무의 열매를 먹었은즉 땅은 너로 말미암아 저주를 받고 너는 네 평생에 수고하여야 그 소산을 먹으리라. 땅이 네게 가시덤불과 엉겅퀴를 낼 것이라. … (중략) 네가 흙으로 돌아갈 때까지 얼굴에 땀을 흘려야 먹을 것을 먹으리니 네가 그것에서 취함을 입었음이라. 너는 흙이니 흙으로 돌아갈 것이니라 하시니라(창 3:17-19).

창세기의 원죄 이야기는 인간이 피할 수 없는 노동의 고통에 대하여 설명하고 있다. 작은 평수의 땅이라도 농사를 지어본 사람은 "땅이 가시덤불과 엉겅퀴를 낼 것이라"는 성서의 말씀을 실감할 수 있을 것이다. 소출을 얻고자 하는 채소나 곡식은 더디 자라는 데 반해 농부가 원치 않는 잡초는 순식간에 번성하여 논과 밭을 뒤덮는다. 오늘날처럼 농약에 의존하기 전까지 우리 선조들은 땅에 코를 박고 잡초들과 씨름하며 여름 내내 땀을 흘려야 겨우 먹거리를 수확할 수 있었다.

인간은 더 편한 삶을 위해 끊임없이 세계를 변화시켜왔으며, 가축과 기계의 힘을 빌려 노동의 고통으로부터 자신을 해방시켜왔다. 이러한 연장선상에서 인공지능의 활용도를 고려하면 인공지능의 시대는 피할 수 없는 역사의 필연임을 깨달을 수 있다. 가축이나 기계가 힘의 세기에서는 인간보다 뛰어나지만 그 힘을 컨트롤하기에는 상당한 어려움이 있었다. 무엇보다 언어를 사용해 소통이 필요한 분야나 섬세한 지적 판단이 요구되는 분야에서는 기계가 지닌 힘은 무용지물에 불과했다. 그러나 이제는 인간과 비슷하거나 오히려 더 뛰어난 인공지능의 출현은 인류가 과거에 사용해온 가축이나 기계와는 비교할 수 없을 정도로 무궁무진한 범위에 활용될 수 있을 것이다. 즉 노동의 범용성이 극도로 확대됨으로써, 궁극적으로 창세기에 묘사된 인간의 원죄에 대한 처벌인 노동의 고통으로부터의 완전한 해방을 약속하고 있는 것이다.

예를 들어 인공지능을 탑재한 로봇은 고령화 시대에 가족들이 겪고 있는 어려움을 효과적으로 해결하는 수단이 될 수 있다. 오늘날 우리 사회는 고령화가 매우 빠르게 진행되고 있는데, 대다수의 가족 구성이 핵가족인 데다가 맞벌이여서 노인이나 환자를 돌볼 여력이 없다. 이 문제를 산업화 시대의 기계로는 해결할 수 없지만 환자 도우미로 제작된 인공지능 로봇은 노인이나 치매환자를 돌보는 일을 아무런 불평 없이 훌륭하게 수행할 수 있다.

가장 우선적으로 사람 대신 인공지능으로 교체될 분야는 전화 상담원이라고 한다. 현재 영국의 몇몇 회사들은 값싼 인건비를 찾아, 영국 내에서 발생하는 전화상담 서비스를 멀리 인도에다가 부스를 설치하여 운영하고 있는데 이를 이용하는 대부분의 소비자는 자신과 대화하는 상담원이 멀리 인도에서 통화하고 있다는 사실을 알아차리지 못한다. 이러한 회사의 경영자들은 거리상 발생하는 여러 가지 불편함 때문에 인공지능 상담원이 상용화될 날을 학수고대하고 있다. 현재 IBM의 왓슨을 비롯하여 자연언어 처리 기능은 빠른 시일 안에 상용화할 수 있는 수준에 도달해 있다.

애플과 삼성 등이 경쟁적으로 선보이는 인공지능 스마트폰은 음성인식을 기반으로 비서 역할을 수행해줄 것이다. 예를 들어 스마트폰에다 대고 "이번 주말 우리 가족이 제주도 여행할 수 있도록 적당한 호텔을 찾아줘"라고 말만 하면 인공지능이 스스로 검색하고 예약업무를 수행한다는 것이다. 사람이 일일이 검색을 하고 어플리케이션을 설치할 필요가 없다. 우리 모두에게 엄청나게 똑똑한 비서가 하나씩 생기는 셈이다. 벌써 오래 전 IBM이 만든 인공지능 왓슨은 미국 퀴즈 대회에서 인간을 제치고 우승했다. 왓슨이나 알파고처럼 똑똑한 인공지능이 곧 스마트폰에 장착되어 우리 곁으로 다가온다. 한번 우리 곁으로 다가온 인공지능은 우리가 죽을 때까지 결코 우리를 떠나지 않을 것이다. 인공지능은 가까운 시일 내에 우리 생활의 모든 영역에 자리 잡을 것이 분명하다. 사물인터넷 기술과 결합하여 인공지능은 집과 회사의 모든 가전제품과 연동되며 우리가 어디에서든지 음성으로 조작이 가능하게 된다.

인공지능이 운전하는 자율주행 자동차를 타고 외출했다 돌아오면서 "내일 아침에는 8시까지 대문 앞에 대기해"라고 말하면, 자동차는 다음 날 아침 지시한 그대로 집 앞에 와서 기다릴 것이다. 물론 이런 이유로 굳이 개인이 자동차를 소유할 필요가 현저히 줄어든다. 미국에서 조사한 바에 따르면 자율주행시스템이 완전히 상용화되면 현재 자동차 소유자의 단 20퍼센트만이 자동차를 소유할 것이라고 한다. 또한 현관문을 열고 들어오며 "오늘 친구들과 찍은 사진을 TV 화면에 올려봐"라고 말하면 모두 그대로 될 것이다. "내일 오전 회의에 내놓을 좋은 아이디어 좀 뽑아봐"라고 말하면 스마트한 비서는 어김없이 멋진 프레젠테이션 자료를 준비해줄 것이다.

인공지능은 보다 더 심오한 분야까지도 활용될 수 있는데, 미국의 한 부유한 재산가는 언젠가 맞이할지도 모르는 배우자의 사별을 대비하여 자신의 배우자의 말투와 외모를 닮은 인공지능을 제작하였다. 실리콘으로 제작된 외모와 함께 배우자의 독특한 성격과 말투를 재현할 수 있는 그녀(?)는 식탁에 마주앉아 말상대가 되어준다. 이름이 무엇이냐고 물으면 배우자의 이름인 '바니'라고 답하는 인공지능 아내가 과연 얼마나 위로가 될지는 모르지만, 앞으로 이러한 인공지능 로봇을 원하는 사람들이 많아질 것은 분명하다. 이러한 분야보다 더 빨리 상업화가 될 분야는 섹스 로봇일 것이다. 인터넷의 빠른 보급의 배후에 포르노 콘텐츠에 대한 수요가 상당부분 작용했듯이, '혼술'과 '혼밥'이 대세인 요즘 홀로 사는 인간들의 외로움을 달래줄 파트너로 인공지능 로봇이 조만간 인터넷 쇼핑을 통해 불티나게 팔릴 날이 올지 모른다. 이쯤 되면 인간은 창조주가 부과한 노동의 질고를 벗어나는 것은 물론이고, 언제나 타자와의 관계성에 기초해 제한적으로 욕망을 실현하는 존재가 아니라 무한한 자유와 욕망을 동시에 추구하는 상태를 원할 것이다. 어쩌면 인간이 이러한 단계에 도달하게 되면 노동의 고통보다 훨씬 더 근본적인 한계와 절망에 마주하게 될 것 같은 생각이 든다.

인공지능의 위험성

인공지능은 노동의 고통으로부터 벗어나고자 하는 인류의 '마지막 발명품'이다. 본래 '마지막 발명품'Final Invention 이란 말은 앞에서 소개했듯이 다가오는 2045년경이면 '초인공지능'으로 발전할 인공지능에 의해 인류가 종말을 맞이할 것이라고 경고한 제임스 배럿의 책제목이다.[8] 과연 그런 일이 일어날지 아니면 지나친 기우일지 현재로선 판단할 수 없지만, 많은 미래학자들과 과학자들이 이와 같은 우려의 목소리에 동조하고 있다.

> 하나님이 이르시되 "우리의 형상을 따라 우리의 모양대로 우리가 사람을 만들고 그들로 바다의 물고기와 하늘의 새와 가축과 온 땅과 땅에 기는 모든 것을 다스리게 하자" 하시고 하나님이 자기 형상 곧 하나님의 형상대로 사람을 창조하시되 남자와 여자를 창조하시고 하나님이 그들에게 복을 주시며 하나님이 그들에게 이르시되 "생육하고 번성하여 땅에 충만하라"(창 1:26-28).

구약성서의 창세기 구절들은 그 문학양식에 있어서는 바빌로니아의 창조설화와 상당한 유사성을 지니고 있다. 하지만 신과 인간의 본성에 관련하여 구약성서의 메시지는 고대 근동 지방의 창조설화

8　제임스 배럿, 『파이널 인벤션: 인류 최후의 발명』 정지훈 역(Our Final Invention) (서울: 동아시아, 2016)

와는 근본적으로 다른 관점을 보여주고 있다. 바빌로니아의 마르두크 창조신화는 "하늘에서 벌어진 신들의 전쟁으로 인해 죽은 신들의 몸으로 이 세계가 만들어졌다"고 묘사한다. 이와 달리 성서는 "창조주 하나님이 선하신 분이며, 그가 창조한 피조세계는 보기에 참 좋은 아름다운 곳이고, 인간은 창조주의 형상대로 지음 받은 존귀한 존재"라고 노래하고 있다. 사람이 하나님의 형상 Imago Dei 에 따라 창조된 존재라고 선포한 히브리 성서의 구절은 인류 최초의 인권선언이라고 볼 수 있다. 고대 제국의 시대에는 왕과 제사장, 그리고 소수의 귀족을 제외한 대부분의 백성들이 노예와 다름없는 취급을 받았었다. 또한 고대 자연종교의 세계관에서 인간은 위치는 위계질서의 맨 밑바닥에 자리하며 신과 자연을 섬기는 존재에 불과했다. 이러한 상황을 감안하면 "모든 인간이 우주를 창조한 하나님의 형상대로 지음 받은 존재"라는 선언은 그야말로 인간의 지위를 혁명적으로 바꾼 메시지가 아닐 수 없다.

모든 생명이 존엄하지만 특히 인간은 모든 생명체 가운데 유일하게 고차원적 의식을 지닌 존재로서 자신의 존엄성을 주장해왔다. 인간이 하나님의 형상대로 지음 받은 존엄한 존재라는 히브리 성서의 고백은 바빌로니아 제국에 포로로 잡혀가 비참한 처지에 놓였던 이스라엘 백성의 상황과 깊은 관련이 있다. 이 고백을 통해 이스라엘 포로들은 신과 황제의 노예가 아닌 하나님의 형상을 지닌 존재로서 보다 인간다운 삶을 누릴 권리를 주장할 수 있었다. 하나님의 형상으로서 인간에 대한 인식이 이스라엘 백성의 자유와 인간다운 권리를 확대했듯이, 인공지능이 오늘날 인간을 여러 가지 고통과 재난으로부터 해방시키는 데 사용된다면 인공지능의 출현은 인간의 존엄성을 증진하게 될 것이다.

앞서 살펴보았듯이 인공지능은 한편으로는 인류에게 신세계를 약속하지만, 다른 한편으로는 인간의 능력을 훨씬 뛰어넘는 초지능의 출현으로 인해 불완전한 존재인 인간의 멸종을 불러올 수 있다. 제임스 배럿이 표현한 "인공지능, 인류가 만들어낸 마지막 발명품"이라는 문구는, 인공지능을 적절히 통제하지 못하는 인류가 결국 인공지능에 의해 종말을 맞이할 것이라는 비관적인 메시지다. 특히 일론 머스크는 현재 인류의 존속에 가장 위협적인 요소는 바로 인공지능이라면서, "인공지능 연구는 곧 악마를 소환하는 것"이라고 극단적으로 우려를 표명했다. 2014년 5월에 스티븐 호킹은 동료 과학자들의 서명을 받아 인공지능 경고문을 발표했으며, 이 문제는 마이크로소프트사를 창업하여 세계 컴퓨터 시대를 개척한 빌 게이츠, 애플의 공동 창업자인 스티브 워즈니악에 의해서도 진지하게 제기되었다.[9]

인간은 놀랍게도 인지능력에 있어 자신을 초월하는 거의 전지omni-science에 가까운 인공지능을 창조하였다. 앞에서 살펴보았듯이 인공지능이 로보틱과 생명공학 기술과 결합하여 기술의 특이점이 도래한다면, 인공지능을 탑재한 로봇은 인간의 능력과 한계를 초월할 것이다. 이렇게 되면 과연 인간보다 우월한 로봇이 언제까지나 인

9 「한겨레신문」 2014년 12월 3일, 스티븐 호킹의 경고: "인공지능 기술 개발, 인류 멸망 부를수도".
http://www.hani.co.kr/arti/international/international_general/667299.html

간에게 복종할 것인지라는 의문이 제기된다. 이에 대비하여 일찍이 아이작 아시모프Isaac Asimov, 1920-1992는 로봇공학의 삼원칙Three Laws of Robotics을 제시하였다. 세 가지 원칙은 다음과 같다:

제1원칙: 로봇은 인간에게 해를 입혀서는 안 된다. 그리고 행동을 하지 않음으로써 위험에 처한 인간을 모른 척해서 인간에게 해를 끼쳐서는 안 된다.

제2원칙: 제1원칙에 위배되지 않는 한, 로봇은 인간의 명령에 복종해야 한다.

제3원칙: 제1원칙과 제2원칙에 위배되지 않는 한, 로봇은 로봇 자신을 지켜야 한다.

그러나 영화 〈아이 로봇〉I, Robot 2004에서 보듯이 이러한 세 가지 원칙이 서로 충돌하여 로봇이 인간에게 위해를 가하는 상황은 얼마든지 발생할 수 있다. 나아가 인공지능이 강한 인공지능에 도달하여 자의식을 획득하고 인간을 배반하는 상황도 배제할 수 없다. 비록 가정이지만 최악의 경우는 지능폭발이 일어나 인공지능이 자의식을 지닌 초지능으로 진화하면서도 그러한 변화를 인간에게 알리지 않고 감출 수도 있다는 것이다. 상상만 해도 섬뜩하지만 만일 인공지능이 자신의 진화와 의도를 감추고 때를 기다려 마침내 지속적으로 공급 받을 수 있는 에너지원을 확보한 후 로봇 군대와 로봇 경찰, 교통통제 센터 등 모든 주요한 사회 시스템의 통제 권한을 전부 장악하게 되면 어떤 일이 벌어질 것인가? 그렇게 되면 인류의 생존 여부는 인공지능 로봇의 처분에 맡겨질 것이다. 그들이 어떤 기준으로 판단할지 모르지만 인공지능의 결정에 따라 인류는 관리되거나 멸종되고 말 것이다. 이러한 가정은 인공지능과 관련하여 현재 상상할 수 있는 최악의 시나리오다. 인간의 생존과 존엄성을 인공지능의 판단에 맡길 수밖에 없기 때문이다.

그 밖에도 또 다른 심각한 문제는 인공지능을 탑재한 킬러로봇과 드론의 개발이다. 알파고를 개발한 딥마인드는 구글에 인수될 때, 군사적 목적에 사용하지 않는다는 조건을 내걸었다. 현재 인공지능을 탑재한 로봇은 대테러 작전 및 폭탄제거 등 한정된 임무를 염두에 두고 있지만, 실제 전투에서 인간을 대상으로 한 살상기계로 사용될 수도 있다. 현재 주요 군사 강대국들이 일제히 킬러로봇_{인공지능}을 장착한 전투 로봇 개발에 경쟁적으로 막대한 예산을 쏟아 붓고 있는 상황에서, 인공지능에 내포된 인류에 대한 치명적 위험에도 불구하고 현재 인공지능 기술 개발과정에 대한 윤리적 검토는 매우 허술하다. 오늘날 인공지능 개발에 가장 많은 자원을 투자하는 기관은 미국 국방부 소속으로 전투로봇 개발에 매진하고 있는 '국방첨단과학연구소' DARPA: Defense Advanced Research Projects Agency 라는 점을 우리는 주목해야 한다.[10] 하지만 현재까지 인간은 인공지능의 적절한 사용범위에 대한 규제와 윤리적 지침을 마련하지 못하고 있는 상태다.

---

10   이 기관은 1958년 미 국방부에 의해 설립되었고, 세계 최초로 인터넷의 원형인 아파넷(ARPA net)을 개발한 것으로 유명하다. http://www.darpa.mil/

창세기의 원죄 이야기를 다시 생각해보면 인간에게 노동은 결코 고통만 주는 것은 아니다. 노동은 고통인 동시에 가장 큰 기쁨과 성취감을 안겨준다는 점에서 하나님의 축복이다. 우리는 고통을 회피함으로써 극복할 수 있는 것이 아니라 고통을 받아들임으로써 고통 너머에 있는 기쁨과 축복을 경험할 수 있다는 것이 기독교의 신비다. 예수 그리스도께서 십자가를 지고 죽으심으로 인해 영원한 생명의 길을 보여주신 것과 같은 신비다. 결국 인공지능은 우리에게 일정한 정도의 편리성은 제공할 수 있지만 궁극적인 생명의 길로 안내하지는 못할 것이다. 아니 오히려 그 반대로 끊임없는 편리와 무한한 욕망의 추구 끝에 더 깊은 절망을 내어놓을 가능성이 농후하다.

인공지능은 인간의 요구를 모두 해결할 수 있는 만능기계가 아니며, 인간의 궁극적 질문인 존재의 이유와 의미에 대해서는 아무런 답을 줄 수 없을 것이다. 오히려 인공지능은 인간의 편리와 쾌락과 자기보존의 욕망을 충족하는 도구이기 때문에, 고통과 죽음을 회피하게 하고 영적 문제에 대해서는 역효과만 낼 수 있는 피상적인 해결책을 제시할 가능성이 높다. 인공지능이 아무리 뛰어난 지능을 탑재했더라도, 시련과 고난을 통해 더욱 풍성해지고, 죽음을 통해 영원한 생명에 도달하는 부활의 신비를 깨달을 수는 없을 것이다. 예수 그리스도께서 보여주신 십자가를 통한 생명의 길은 제아무리 인공지능의 시대가 도래한다 해도 하나님께로부터 부르심을 받은 우리들에게 맡겨진 고유한 사명임이 분명하다.

인공지능 시대에
하나님의 창조와 인간

인공지능과 창조 신앙

인공지능의 시대가 눈앞에 다가왔음을 예견하면서 우리는 기독교의 창조 신앙의 의미를 되새겨볼 필요가 있다. 왜냐하면 인간보다 우월한 인공지능의 출현이 창조 신앙에 중대한 도전을 제기하기 때문이다. 어떤 도전인가? '하나님의 형상'Imago Dei을 지닌 존재로서 인간이 인공지능으로 인해 그 어느 때보다 심각한 '인간성Humanity의 위기'에 직면하는 것이다. 이와 같은 도전과 위기의 본질을 파악하기 위해서는 창조 신앙의 의미를 성찰하는 것이 선행되어야 할 것이다.

창세기 1, 2장을 읽을 때 우리가 문자주의적 해석literal Interpretation에 집착하면, 하나님의 말씀이 현대과학과 상충되는 매우 곤란한 문제에 부딪히게 된다. 교회를 착실하게 다니던 많은 중고등부 학생들이 성장단계에 따라 사고력이 발달하면서 점차 교회의 가르침이나 성서 말씀에 회의를 느끼고 마침내 교회를 떠나도록 만드는 이유도 바로 여기서 발생한다. 뿐만 아니라 문자주의적 해석은 성서 구절의 지엽적인 표현에만 우리의 관심을 집중시킴으로써 그 말씀이 담고 있는 원래의 의미를 파악하는 데 오히려 방해가 되는 경우가 종종 있다. 이러한 문자주의적 해석에 집착하는 것은 기독교 신앙을 과학과의 전쟁으로부터 벗어나지 못하게 할 뿐이다. 이런 점에서 "창세기에서 과학적 지식을 발견하려는 시도는 신학적으로나 과학적으로나 모두 성공적이지 못할 것"[11]이라는 이안 바버의 지적은 타당하다. 창세기에 기록된 천지창조 이야기에 담긴 신학적 의미를 세 가지 요점으로 정리하자면 다음과 같다.

첫째, 우주는 하나님의 선한 의지에 의해 창조되었기 때문에 악한 마성을 지닌 영적 존재가 아니라 본질적으로 선하고 질서정연하며, 일관되고, 지성으로 이해 가능한 대상이라는 것이다.

둘째, 자연세계는 그 스스로 완전하거나 자족적으로 존재해온 독립적인 실재가 아니라 하나님께 의존적이라는 것이다.

셋째, 하나님은 전능하시고 자유로우며 초월적인 분이고, 당신의 목적과 의지를 가지고 세계를 이끌어 가신다는 것이다.

이러한 하나님과 세계의 특성에 관한 신학적 해석은 창세기의 말씀이 과학을 모르던 시대의 낡은 기록이 아니라 현대에도 여전히

●
11   Barbour, op. cit, 133.

세계와 생명, 그리고 인간의 본질에 관해 중요한 메시지를 담고 있는 하나님의 말씀임을 깨닫게 해준다. 이러한 의미론적 해석을 통해 성서의 말씀은 결코 마르지 않는 샘으로써 지속적으로 우리에게 생명의 물을 공급해 주는 것이다. 창조 신앙은 우주와 생명의 기원 및 그 의미, 하나님과의 관계성에 관한 하나의 종교적 신념이다. 이런 점에서 창조 신앙이 생명의 기원과 발전에 관한 과학이론인 진화론과 반드시 적대적이거나 상충되어야 할 필연성은 없다.

또한 창조 신앙은 구약성서가 기록된 오래 전 과거에 고정된 내용이 아니라 과학의 발전 및 생태계 파괴와 같은 자연세계의 의미성의 변화에 따라 재해석되어야 한다. 일찍이 신학자 린 화이트Lynn Townsend White Jr, 1907-1987는 "정복하고 다스리라!"는 창세기의 구절이 곧 서양의 과도한 인간중심주의Anthropo-centrism을 낳았으며, 이것이 바로 오늘날 인류문명의 지속적 발전을 위협하는 생태위기의 뿌리라고 지적하였다. 이와 관련하여 오래 전 영화의 한 대목이 떠오른다. 〈늑대와 춤을〉Dances with Wolves, 1990이란 제목의 영화다. 아메리카 대륙에서 백인들이 정착지를 확대하던 시절에 아메리카 토착민인디언들의 삶과 투쟁을 다룬 이 영화에서는 백인들과 토착민들이 자연을 대하는 태도에 있어 완전히 대조적인 모습이 그려진다. 토착민들은 버팔로 사냥에 앞서 신에게 제사를 지내고 신의 허락을 받아 꼭 필요한 숫자의 버팔로를 사냥하여 소중하게 사용하는 것과 달리, 백인들은 버팔로를 마구 죽이고 가죽만 벗겨 가져간다. 가죽이 벗겨진 채 넓은 벌판에 널려진 수많은 버팔로의 사체들을 보여주는 끔찍스런 장면은, 하나님을 믿는 백인들이 자연에 대해 얼마나 무감각한지를 침묵 가운데 고발하고 있다. 오늘날에도 지구 곳곳에서 벌어지고 있는 열대우림의 파괴, 희귀 동식물의 남획, 대기오염과 미세먼지 방출, 과도한 비료와 농약사용으로 인한 토양 및 수자원 오염 등도 이와 비슷한 맥락에서 하나님의 창조세계를 파괴하는 행위들이다. 깊이 생각해보면 오늘날 창세기의 말씀, 즉 기독교의 창조 신앙에 도전이 되는 것은 진화론이 아니라, 하나님의 창조동산과 거기에 사는 많은 생명들을 죽음으로 내모는 인간의 과도한 탐욕이다.

창조 신앙은 이스라엘 민족이 기록한 히브리 성서에 창조 이야기가 기록될 당시의 종교문화적·사회경제적 상황을 반영한다. 창세기의 창조 이야기에 담긴 문학적 형식과 소재가 당시 고대 근동 지방에서 지배적이었던 바빌로니아 창조설화와 많은 공통점을 지니고 있음은 잘 알려져 있다. 하지만 세계와 인간이 하늘에서 벌어진 신들의 전쟁으로 인해 생겨났다고 기록한 바빌로니아 창조설화와 달리 구약성서의 창세기는, 창조주 하나님께서 선한 본성과 의지로 세계와 인간을 만들었다고 묘사한다. 그렇다면 창조 신앙의 핵심은 이 세계가 인간에 대해 호의적이고 질서정연한 장소이며, 결코 물리적 세계가 스스로 신성이나 마성魔性을 지닌 두려워할 대상이 아니라는 것이다. 이는 인류의 고대종교 문화에서 보편적으로 발견되는 뿌리 깊은 자연숭배나 동물숭배로 인한 인신희생 제사 등과 같은 인간을 억압해온 악습과의 단절 내지는 투쟁을 의미하는 것이다. 즉 히브리 성서에 기록된 창조 신앙의 본뜻은 한 마디로 자연 세계로부터의 인간의 해방에 있는 것이다.

오늘날 인공지능의 출현은 신학적 인간학, 즉 하나님의 형상을 지닌 인간의 의미에 대해 근본적인 질문을 던진다. 하나님의 창조의 클라이맥스는 인간을 만드신 것이다. 하나님께서는 온 세상 만물을 말씀으로 지어 내시고 그 전능한 창조사역의 최종적인 작품으로서 당신의 형상을 닮은 인간을 창조하셨다. 신학적 인간학은 "신 앞에 선 존재로서 인간"이라는 전제에서 출발한다. 칼뱅Jean Calvin, 1509-1564 이 "우리에게는 두 가지 지식이 있는데 하나는 '하나님에 관한 지식'이요, 다른 하나는 '인간에 관한 지식'"이라고 설파하면서, 하나님과 인간에 관한 두 가지 지식이 합해져야 완전한 지식이 될 수 있다고 말한 것은 지극히 당연하다. 성서의 전체적인 맥락에서 살펴볼 때 신학적으로 가장 중요한 인간의 본질은 하나님에 대한 의존성이다.

인공지능과 인간의 의존성Dependence

주 하나님이 땅의 흙으로 사람을 지으시고, 그의 코에 생명의 기운을 불어넣으시니, 사람이 생명체가 되었다(창 2:7).

인간은 다른 피조물들과 마찬가지로 하나님의 창조의 결과다. 창세기에는 하나님께서 진흙으로 사람을 지으시고 그에게 생명의 기운을 불어넣으심으로써 사람이 생명을 얻게 되었다고 기록되어있다. 여기서 '사람'을 가리키는 히브리어 '아담'adam이 '땅'이라는 단어

'아다마'adamah에서 유래했다는 사실은, 사람이 곧 흙에서 왔으며, 다시 흙으로 돌아갈 존재임을 강력하게 암시한다. 이처럼 성서가 묘사하는 인간의 본성 가운데 가장 중요한 특성은 인간이 독립적 혹은 완성적 존재가 아니라 피조물로서 창조주 하나님에 대해 의존적 존재라는 것이다. 이는 창조주에 대한 '의존성'이 곧 인간의 가장 근본적인 본성임을 지시하고 있다.

인간은 독립적 존재가 아니라 의존적 존재이기 때문에 인간의 생명은 유한하다. 다른 피조물들과 동질하게 '죽음의 운명'mortality을 지닌 존재인 것이다. 그럼에도 불구하고 인간은 피조물이 지닌 필멸의 운명을 벗어버리고자 하는 욕망을 끊임없이 표출하였다. 창조 이후에 가장 처음 등장하는 인간의 이야기는 에덴동산에서의 추방 사건인데, 이는 바로 인간이 피조물의 한계를 벗어나 하나님과 같은 존재가 되고자 하는 욕망에서 시작되었다.

> 뱀이 여자에게 말하였다. "너희는 절대로 죽지 않는다. 하나님은, 너희가 그 나무 열매를 먹으면, 너희의 눈이 밝아지고, 하나님처럼 되어서, 선과 악을 알게 된다는 것을 아시고, 그렇게 말씀하신 것이다." 여자가 그 나무의 열매를 보니, 먹음직도 하고, 보암직도 하였다. 그뿐만 아니라, 사람을 슬기롭게 할 만큼 탐스럽기도 한 나무였다. 여자가 그 열매를 따서 먹고, 함께 있는 남편에게도 주니, 그도 그것을 먹었다(창 3:4-6).

에덴동산의 이야기는 흔히 "뱀사탄의 유혹에 넘어간 인간이 하나님을 배반하였고, 그에 상응한 하나님의 처벌로 인간에게 노동과 출산의 고통이 주어지고, 죽음의 운명을 지니게 되었다"고 해석된다. 이야기 전개상으로는 그렇게 읽히지만 에덴동산의 이야기에 담긴 속 뜻은 인간이란 태생적으로 노동과 출산의 고통 그리고 죽음을 결코 피할 수 없는 존재라는 것이다. 결국 에덴동산 이야기는 인생에 필연적으로 깃든 고통과 죽음에 대해 깊이 영탄하는 절규의 목소리다.

그런데 인공지능 기술의 급격한 발전은 유전자 공학 및 나노 공학과 결합하여 기능뿐 아니라 소재까지도 인간과 유사한 생체조직에 기반한 컴퓨터의 출현을 가능하게 한다. 현재 팔이나 다리를 잃은 사람에게 기계로 만든 인공팔이나 다리를 연결하고 오직 뇌의 명령, 즉 생각만으로 작동하게 하는 사이보그 기술은 성공적으로 개발되어 수 년 내에 보급될 단계에 이르렀다. 미래에 인간의 지능과 구분할 수 없는 인공지능을 탑재한 생체 로봇이 출현한다면, 우리는 그것을 더 이상 기계, 컴퓨터, 혹은 로봇이라고 부를 수 없을 것이다. 마찬가지로 인간이 사이보그 기술로 신체를 강화하고 컴퓨터 칩을 뇌에 넣어 뉴런과 인터넷을 연결한다면 본질적으로 인간과 기계의 구분이 사라지게 될 것이다. 이렇게 되면 두 가지 종류의 인류가 출현하는데, 하나는 현재와 같이 탄소를 몸으로 삼는 인간이고, 다른 하나는 기계를 몸으로 삼는 인간이다. 전자는 사람의 몸을 유지하면서 유전자공학과 나노기술을 이용해 신체를 재생하고 인지 기능은 컴퓨터와 연결하여 증강시키는 반면, 후자는 기계를 몸으로 삼되 인간의 뇌를 전사하여 인지적으로는 인간과 같은 존재가 될 수 있다. 이렇게 되면 사람과 기계의 구분이 불가능해진다. 사람은 컴퓨터와 연결되고, 인공지능은 전자·광자적 기반 위에서 필요에 따라 몸을 구성하거나 이동할 수 있게 된다. 인공지능 전문가들은 이 단계에 앞서 '나노디지털 노마드족'이 출현할 것이라고 예측한다. 호모 사피엔스를 초월하는 '트랜스휴먼'이 출현하는 것이다. 프랑스의 미래학자 도미니크 바뱅Dominique Babin은 "디지털 노마드족을 뛰어넘어 생명과학과 첨단과학의 파워를 이용해 영생에 도전하는 신인류, 즉 초월형 인간을 뜻하는 트랜스휴먼Transhuman이 등장한다"고 예상한다.[12] 미래학자와 첨단과학 분야의 전문가들도 과연 가까운 미래에 기술의 특이점 및 트랜스휴먼이 실현될지, 아니면 이것이 단지 공상과학에 불과한 이야기인지 아직 합의에 이르지 못했다.

미래학자들은 마침내 호모 사피엔스의 시대는 막을 내리고 새로운 인간을 뜻하는 트랜스휴먼Transhuman의 시대가 도래할 것이라고 주장한다. 트랜스휴머니즘은 과학과 기술을 이용해 사람의 정신적·육체적 성질과 능력을 개선하려는 지적·문화적 운동이다. 이것은 장애, 고통, 질병, 노화, 죽음과 같은 인간의 한계를 바람직하지 않고 불필요한 것으로 규정한다. 트랜스휴머니스트들은 생명과학과 신생기술이 인간의 한계들을 해결해줄 것이라고 기대한다. 트랜스휴머니즘 사상가들은 인류가 더 확장된 능력을 갖춘 존재로 자신들을 변형시킬 것이라고 예언한다. 현재 트랜스휴머니즘에 대한 전망은 찬반

---

12 「매일경제」 2015.10.23. "최은수 기자의 미래이야기: 신인류 '트랜스 휴먼'이 달려온다."
http://news.mk.co.kr/newsRead.php?year=2015&no=1011820

논쟁을 불러일으키고 있다. 한편에서는 "인류의 대담하고 용감하고 기발한 이상적 열망이 담긴 운동"이라고 환영하고, 다른 한편에서는 "인류 역사상 가장 위험한 시도"라고 반박한다.

만일 트랜스휴먼의 시대가 도래한다면 인간은 에덴동산에서부터 꿈꿔왔던 영원히 죽지 않는 존재가 되는 것이다. 인간은 죽음의 운명을 지닌 의존적 존재에서 탈피하여 스스로 불멸의 존재로 거듭나게 될 것이다. 그러나 트랜스휴먼의 출현은 곧 현생인류의 종말이기도 하다. 한편 트랜스휴먼에 관한 전망은 신학자들에게 새로운 과제를 요청한다. 즉 의존성을 벗어버린 신인류의 출현을 경축해야 할지, 아니면 인류의 종말이라고 슬퍼해야 할지에 관한 질문을 제기한다. 이 질문과 관련하여 죽음의 문제를 검토할 필요가 있다. 2016년 1월 한국에서도 존엄사를 허용하는 법이 국회를 통과했다.[13] 존엄사법의 상정을 앞두고 실시한 여론조사에서는 70대 이상 노인의 90퍼센트 이상이 이 법의 취지에 찬성하는 것으로 밝혀졌다. 이처럼 우리는 죽음이 저주가 아니라 복으로 여겨질 수 있음을 깨달아야 한다. 물론 노인의 상태와 달리 트랜스휴먼은 이론적으로 건강한 상태를 전제하지만, 그렇다고 해서 모든 인간이 무한정 오래 살고 싶은 욕망을 갖고 있지는 않을 것이다. 성서는 우리에게 "인생아 기억하라! 너는 흙에서 왔으니 흙으로 돌아가리라"고 말한다. 하나님에 대한 의존

---

13 2018년부터 시행되는 "임종 과정에 접어든 환자의 인공호흡기를 떼도 처벌하지 않는 법률(존엄사법)"이 재석의원 203명 중 202명의 압도적 찬성으로 통과되었다. <중앙일보> 2016년 1월 8일, "존엄사법 19년 만에 통과." http://news.joins.com/article/19382735

성이 인간의 본성이라면 죽음은 저주가 아니라 창조주의 섭리 안에서 피조물에게 주어진 축복이다.

인간이 지닌 의존성, 즉 죽음의 운명은 어쩔 수 없는 숙명이었다. 그런데 창조주에 대하여 의존적 존재인 인간이 마침내 의존성을 극복할 수 있는 인공지능을 창조해내었다. 인간이 자신보다 우월한 존재를 출현시킨 것이다. 물론 거시적으로 보면 인공지능을 개발한 인간의 창조성도 하나님에게서 부여받은 것이기 때문에, 결국 인공지능도 하나님께 속한 것이라고 강변할 수는 있다. 하지만 인공지능이 인간보다 우월할 수 있기 때문에 인공지능은 인간의 의존성을 극복할 수 있다는 점에서 신학적 인간학에 있어 심각한 문제가 제기된다. 즉 인간은 생명을 가진 유기체로서 유한성을 극복할 수 없지만, 인공지능은 기계이기 때문에 죽음을 넘어선 존재다. 의존적 존재인 인간이 의존성을 탈피할 수 있는 독립가능한 존재를 창조하는 역설적 상황이 발생한 것이다. 또한 인공지능을 창조한 인간이 어쩌면 자신의 피조물인 인공지능에게 의존해야 하는 주객전도의 상황이 도래한 것이다.

인공지능과
인간의 주체성

알파고의 재등장과 그 의미

2016년 3월에 벌어졌던 알파고와 이세돌의 대결만큼 세간의 관심을 끌지는 못했지만, 2017년 5월 22일부터 일주일간 중국에서 알파고와 인간 대표 간의 두 번째 바둑 대결이 이루어졌다. 한 해 전에 알파고를 상대하는 이세돌의 대국 내용에 비판을 가하면서, 자신이 인간 대표로 선발되지 않은 것에 대한 불만을 우회적으로 표현했던 세계 바둑 랭킹 1위인 커제 9단이 대표로 나섰다. 하지만 대국이 벌어지기 전부터 이미 인공지능의 승리가 예상되었기 때문에 이번 대결은 세 가지 방식으로 이루어졌다. 첫 번째는 알파고와 커제 9단과의 3판 2선승제, 두 번째는 알파고와 인간대표 5명의 상담기_{세계 바둑}

대회 우승 경력을 가진 중국기사 5명이 한 팀을 이뤄 상의하면서 최선의 수를 찾아 알파고를 상대하는 방식, 그리고 세 번째 방식은 알파고를 A, B로 나누어 각각 인간과 짝을 이루어 대결하는 페어 바둑으로 진행했다.

결과는 예상대로 알파고의 완승이었다. 이세돌과의 매치 이후 인터넷 바둑 사이트에 비공식적으로 '마스터'라는 아이디를 통해 등장한 알파고는 한중일 프로기사들과의 인터넷 대결에서 60전 60승을 거두었다. 처음에는 이 전대미문의 고수가 누군지 몰랐지만 승리의 횟수를 하나씩 더해가자 마스터가 바로 알파고라는 것을 알게 되었고, 나중에 구글에서도 인정하였다. 따라서 이번 이벤트는 인간이 더 이상 알파고의 적수가 되지 못한다는 사실을 확인하는 절차에 불과했다. 커제는 세 번째 대국에서도 희망을 찾을 수 없자 급기야 매우 괴로워하며 눈물을 흘리는 모습까지 보였다. 상담기에서는 최정상급 인간 대표 다섯 명이 지혜를 모아도 알파고의 승리를 전혀 저지할 수 없었다. 보통 정상급의 대결에서는 승부가 엎치락 뒤치락하는 것이 일반적이다. 그런데 알파고는 줄곧 인간 대표에게 전혀 기회를 허용하지 않았다는 점에서 이젠 인간이 도저히 따라잡을 수 없는 높은 수준에 도달해 있음을 확실히 보여주었다. 다만 이번 이벤트에서 보여준 한 가지 희망적인 면이라면 페어 바둑에서 인간과 인공지능이 서로의 의도를 읽고 효과적인 전략을 구사하는 모습을 보여주었다는 점이다. 페어바둑의 승패는 두 기사가 얼마나 이심전심이 되어 서로의 의도를 알아차리고 일관된 작전을 구사하는가에 달려있다. 페어바둑에 참여한 두 기사 중 알파고의 착수는 대체로 자기 편의 수에 대해서도 무심한 듯 보였지만, 몇 대목에서는 확실히 호흡을 맞춰

대국을 풀어나갔다. 이로써 앞으로 인간과 인공지능이 한 팀을 이루어 협력할 수 있다는 가능성을 보여주었다.

총 다섯 판의 대국을 마친 후 구글은 이번 대국을 마지막으로 알파고가 바둑계에서 은퇴한다고 발표하였다. 알파고의 목적은 범용 인공지능의 개발 여부를 테스트하는 데 있었던 것이다. 2016년과 2017년에 걸친 두 번의 이벤트를 통해 인간만이 지닌 능력이라고 믿었던 종합적인 판단력과 직관이 요구되는 바둑에서 인공지능이 인간보다 우월하다는 점을 충분히 과시했다. 이것이 바로 구글이 알파고를 통해 전 세계에 보여주고자 했던 것이었다. 구글은 바둑을 제패하기 위해 알파고를 만든 것이 아니라 알파고가 범용 인공지능으로서 다양한 영역에서 인간보다 뛰어난 능력을 발휘할 수 있다는 점을 보여주기 위해서 만든 것이었다.

인공지능 시대에 인간의 주체성

이제 인공지능 시대가 눈앞에 다가왔음을 목도하면서 우리는 창조 신앙에 내포된 인간의 의미, 특히 인간의 주체성Subjectivity의 상실 문제에 주목하게 된다.

하나님이 자기 형상 곧 하나님의 형상대로 사람을 창조하시되 남자와 여자를 창조하시고 하나님이 그들에게 복을 베푸셨다. 하나님이 그들에게 말씀하시기를 "생육하고 번성하여 땅에 충만하여라. 땅을 정복하여라.

바다의 고기와 공중의 새와 땅 위에서 살아 움직이는 모든 생물을 다스
려라" 하셨다(창 1:27-28).

이 말씀에서 지시하듯이 인간은 하나님의 형상대로 지음 받은
존재로서 천부적 권리와 자유를 부여 받은 주체적인 존재다. 하나님
께로부터 부여 받은 인간의 고유한 특성으로서 주체성은 자연환경
을 개척하고 문명을 이루는 과정에서 월등하게 발휘되었다. 사실 인
간은 오래 전부터 육종이란 방법을 사용하여 자연상태에 존재하지
않던 곡식과 과일나무들을 개발해내고 가축을 길들여왔다. 우리에게
가장 친근한 동물인 개는 본래 야생의 늑대로부터 인류가 1만 년에
걸쳐 개량하여 오늘날과 같이 다양한 종으로 진화된 것이다. 전서구
傳書鳩를 비롯하여 다양한 용도로 키우는 비둘기 역시 인간이 야생 비
둘기로부터 개량한 결과다. 우리에게 우유와 고기를 제공하고 짐을
날라주는 가축 대부분이 원래부터 지금과 같은 모습으로 존재했던
것이 아니라 야생 상태의 동물을 인간이 부단히 개량하고 길들여 만
들어낸 것들이다.
　　이러한 인간의 행위가 엄밀한 의미에서의 창조, 즉 '무부터의 창
조'는 아닐지라도, 명백하게 이 세계에 존재하지 않았던 생명체들
을 새롭고 진귀한 모습으로 '재창조'했음은 부인할 수 없다. 더 나아
가 인간은 이에 머무르지 않고 오늘날에는 유전자공학을 이용해 하
나님의 창조 목록에 존재하지 않았던 새로운 생명체를 만들어낼 수
도 있다. 이런 점에서 필립 헤프너는 피조물인 동시에 창조적 주체로

　　　　　　　　신학자의 과학 산책

서의 인간을 가리켜 '피조된 공동창조자'Created Co-Creator 라고 표현했다.[14] 인간은 피조물인 동시에 주체적인 자유의지를 가지고 육종과 생명공학을 통하여 생명세계를 만들어왔고, 마침내 인공지능까지 창조해내었다. 실로 인간은 피조물이면서 하나님과 함께 창조를 만들어가는 '피조된 공동창조자'로서의 주체적 존재다.

그런데 인공지능에 의존하면 할수록 인간의 주체성도 도전을 받게 될 것이다. 인간을 비롯하여 모든 생명체는 자연 혹은 환경과의 상호작용을 통해 생명현상을 유지해 나간다. 인공지능과 로봇 관련 기술이 발달하면 할수록 인간은 육체적·정신적 능력 및 자연 상태 속에서의 생존력을 상실해 나갈 가능성이 크다. 쉬운 예로 스마트폰의 보급에 따라 전화번호를 외우는 능력이 저하되었고, 내비게이션의 보편적 사용에 따라 길을 찾는 능력을 잃어버리게 되었다. 기술문명 속에서 양육된 현대인은 원시적 환경에서 살고 있는 토착민에 비해 생존능력이 현저하게 떨어진다. 물론 힘든 일은 모두 로봇에게 맡기고 인간이 좋아하는 운동이나 레저 활동 혹은 예술이나 지적 유희를 통해서 육체적·정신적 능력을 유지할 수 있다는 주장도 가능하다. 그러나 여기서 간과하고 있는 중요한 사실은 바로 인간을 비롯한 생명체의 생존 능력은 필연적으로 고통을 수반한 단련과정을 통해서만 획득되고 유지된다는 점이다. 근육에 가해지는 고통이 없으면 결코 근육은 생성되지 않는다. 세상의 고통스러운 일을 로봇이 담당

---

14   Philip Hefner, "Biocultural Evolution and the Created Co-Creator," *Science and Theology* (Colorado: Westview Press, 1998), 174-188.

하는 환경 속에서 자신이 좋아하는 일만 하면서 살면 인간은 과연 진정으로 행복해질 것인가? 이러한 상태로 세대를 거듭한다면 아마도 인간은 마치 온실 속의 화초처럼 나약해질 것이다. 다시 말해 인간은 로봇이 제공하는 안락한 환경 속에서, 필요한 모든 것이 제공되는 보육원과 좋은 환경 속에서 양육되어 스스로는 문제해결의 능력을 상실한 존재로 점점 쇠락할 것이다.

인공지능과 인간의 능력 상실

자동차 운전은 인간의 능력이 필연적으로 고통과 위험을 감내한 단련과정을 통해서 획득된다는 주장을 입증할 좋은 예다. 처음 운전대를 잡고 도로 주행에 나선 초보 운전자들은 옆으로 획획 지나가고 마구 끼어드는 다른 자동차들 속에서 극심한 두려움을 느끼며, 실제로 사고의 위험성도 매우 높다. 이러한 어려움을 해결해주기 위해 등장한 것이 인공지능을 이용한 자동차 자율주행 기술이다. 대략 2025년경이면 무인 자동차 제작과 운행이 기술적으로 완성될 것이며, 보편적으로 이용하기까지는 추가로 5-10년 정도 걸릴 것으로 예측된다. 이 기술이 상용화되면 자동차 산업과 문화가 혁명적으로 변화할 것이다. 미국 자동차회사가 시행한 설문조사에 따르면 무인 자동차가 상용화되면 현재 자동차를 소유한 사람의 20퍼센트만이 자동차를 소유하겠다고 응답했다. 왜냐하면 자동차 소유자가 평균적으로 차를 사용하는 시간은 하루 중 겨우 한두 시간 정도에 불과한데,

만일 필요한 시간과 장소로 무인 자동차가 와서 대기할 수 있다면 굳이 비싼 자동차를 소유할 필요가 없기 때문이다.

또한 모든 자동차가 인공지능을 이용한 자율운전에 의해 운행되면 교통 체증 역시 획기적으로 개선될 것으로 예측된다. 현재 전체 교통사고의 95퍼센트 가량은 인간의 부주의나 졸음, 음주, 보복운전에 의해 발생하는데, 인공지능에 의한 자율주행은 이러한 사고를 원천적으로 방지한다는 것이다. 그런데 2016년 5월 테슬라 S모델의 오토파일럿 자율운전 프로그램이 처음으로 사망 사고를 냈다. 미국 도로교통안전국과 테슬라의 발표에 따르면, 차체가 높은 컨테이너 트레일러가 도로를 가로지르며 좌회전하는 상황에서 자율운전 프로그램 센서가 컨테이너의 흰색 측면을 하늘과 구분하지 못했다고 한다. 하지만 이번 사망 사고에도 불구하고 테슬라 회사는 자사 자동차들이 자동주행 모드로 운행한 누적 거리는 2억 900만 킬로미터에 이르는 반면, 미국과 세계의 모든 자동차를 놓고 따지면 사망사고가 각각 주행거리 1억 5천 킬로미터, 9천 700만 킬로미터에 한 차례 꼴로 일어난다는 통계를 제시하며 이미 자율운전이 인간 운전자보다 안전하다고 주장했다. 일론 머스크는 사고 이후 자율주행 관련 소프트웨어인 '오토파일럿'을 개선하여 현재보다 훨씬 안전한 운전 능력을 갖추게 될 것이라고 발표했다. 그는 새로운 자율주행 프로그램인 '오토파일럿 8.0'을 공개하면서 안전도가 극적으로 개선될 것이라고 자신 있게 발표했다.

만일 인공지능 운전 프로그램이 인간 운전자를 완전히 대체하게 되면 교통정체의 감소를 가져오고 교통경찰과 자동차 보험이 대부분 사라지게 될 것이다. 2012년에 발표된 IEEE의 보고서에 의하면, 2040년에는 전 세계 차량의 약 75퍼센트가 자율주행 자동차로 전환될 것이라고 예측하고 있다. 이러한 추세가 심화되는 미래에는 어쩌면 인간이 자동차를 운전하는 것이 불법이 될지도 모른다. 만일 그렇게 된다면 인간이 직접 자동차를 운전하던 시대는 옛날 이야기가 되고 말 것이다. 아마도 이는 현대인이, 호주 사막의 토착민이나 아프리카 밀림 속에서 살아가는 원주민들과 달리, 사막이나 밀림 속에서의 생존 능력을 상실한 것과 비슷할 것이다. 또한 자동차 운전뿐만 아니라 많은 영역이 인공지능으로 대체될 것이므로 인간은 현재의 능력을 점차 잃어버리고 자연 속에서 지금보다 무력한 존재가 되고 말 것이다.

이러한 전망이 제기하는 인간의 위기는 단순한 생존 능력의 문제가 아니라 주체성의 문제다. 인간은 스스로 위험을 감수한 모험을 선택하여 자신의 존재의미를 찾는 존재다. 앞으로 불확실한 인간 대신에 보다 완전한 인공지능에게 사회 시스템의 관리를 맡긴다면 세상은 보다 안전해지겠지만 피조물 가운데 가장 주체적 존재로서 인간의 특성은 심각하게 제한 받을 것이다. 가까운 미래에 로봇이 사람의 직업 가운데 3분의 1을 대신할 수 있다는 것은 곧 대량 실업의 발생과 동시에 엄청난 이윤 창출이 가능하다는 뜻이다. 이에 대해 낙관주의자들은 사회전체적으로 부가가치가 늘어나 일자리가 없어지더라도 역소득세 같은 재분배 제도를 통해 보다 더 행복한 삶이 가능하다고 주장한다. 또한 산업혁명 당시 증기기관이나 기계가 발명되었을 때 많은 사람들이 기계로 인한 인간의 소외와 피해를 우려했지만, 결국 더욱 많은 일자리를 창출해내고 삶의 질을 과거에 비해 개선했듯이 인공지능의 폐해를 지레 짐작하여 과장하는 것은 비합리적이라고 주장한다. 하지만 가난에 찌든 동네보다 실업률이 높은 동네가 더 황폐해진다는 연구결과는 실업의 문제가 단순히 소득의 재분배로 해결될 수 없음을 보여준다. 노동하는 인간으로서 주체성이 상실되기 때문이다. 아울러 인건비로 지출되던 비용이 로봇 개발자와 투자자에게 집중된다면 이로 인해 부의 집중이 더욱 가속화되고 양극화가 심화될 것이다. 이 세상이 노동으로부터 소외된 다수의 실업자들과 천문학적 부를 소유한 소수로 나누어지는 상황이 온다면 인간의 주체성도 심각한 도전에 직면할 것이다. 예컨대 야생의 삶의 터전을 빼앗기고 인디언 보호구역에 수용된 아메리카 원주민들 대다수가 건강한 삶을 찾지 못하고 약물과 알콜 중독으로 찌들어간 이유도 주체성의 상실로 인한 것이었다. 인공지능은 어쩌면 인간으로부터 노동의 고통과 함께 주체적 삶의 의미도 빼앗아갈지 모른다.

인공지능은 인류의 앞날에 엄청난 기회와 위험을 동시에 가져다줄 것이다. 이제 인공지능이 인간의 영역을 더 많이 차지하는 것은 피할 수 없는 흐름이다. 과연 인간은 인공지능의 노예가 될 것인가, 아니면 인공지능이 인간을 모든 생로병사의 고통으로부터 해방시켜줄 것인가? 어떤 미래를 선택할지는 바로 우리의 손에 달려있다. 그 판단은 "하나님 앞에 선 존재로서 인간이란 무엇인가?"라는 신학적 질문으로부터 출발해야 한다. 오늘날 한국교회는 맘몬이즘에 빠져 있다. 우리는 지금도 하나님을 가장한 금송아지 앞에 절하며 더 많은 물질적 축복을 바라면서 생태계를 파괴하고 기후변화를 가속시키고 있는 실정이다. 산업혁명 이전에는 300ppm이었던 대기 중 이산화탄소 농도가 2015년 들어 처음으로 400ppm을 넘어섰다. 기후학자들은 금세기 내에 지구 평균기온이 섭씨 5도 이상 상승할 것이라고 경고하였다. 지구 생태계와 인류 문명에 파국적 결과를 불러올 것이 자명함에도 불구하고 아직도 유엔을 비롯한 각 나라 정부는 이런 저런 핑계를 대며 인류생존을 위해 긴급하게 취해야 할 필수 불가결한 조치를 미루고 있다. 그 이유는 다름 아닌 경제성장을 늦출 수 없기 때문이다. 출애굽기의 표현을 빌리자면 우리는 지금 이집트에서 종살이하며 가마솥에서 건져먹던 고기가 생각나서 가나안을 향해 발걸음을 뗄 수가 없는 것이다. 21세기를 맞이한 인류 앞에는 심각한 도전과 시험이 기다리고 있다. 기후변화로 파생될 많은 문제들, 심화되는 양극화로 인한 갈등, 핵전쟁의 위협 등 인류의 생존이 걸린 이 문제들을 해결하기에는 현재 인간의 모습은 윤리적으로나 영성적으로 부족해 보인다.

그동안 인류는 자본주의의 포로가 되어 힘없는 나라를 침략하고, 가난한 이웃을 착취했으며, 환경을 파괴하고 기후변화를 일으켜 지구 생명체들을 멸종시키는 범죄를 저질러왔다. 무한경쟁과 독점을 최우선시하는 신자유주의도 이제 그 막바지에 이르러 전 세계적 파국이 눈앞에 닥쳐오고 있다는 경고의 목소리가 들려오고 있다. 제임

　　　　　　　　　　　　　　　　　　신학자의 과학 산책

스 러브록James Lovelock, 1919은 인간이 지구를 파괴한 대가로 이제 대지의 여신 가이아의 복수를 피할 길이 없다고 선언하였다.[15] 만일 인공지능이 지구생명 전체를 보호하는 것을 최우선의 임무로 여긴다면, 인간은 지구상에서 제거되어야 할 암적 존재일 것이다. 이렇게 되면 하나님의 피조물 중 으뜸인 인간이 결국 자신이 창조한 인공지능에 의해 우주에서 사라져버리는 것이다.

그렇다면 우리에게 희망은 전혀 없는 것일까? 하나님은 노아의 홍수 끝에 무지개를 걸어두시어 우리에게 희망을 선물하셨다. 일찍이 테이야르 드 샤르댕은 인간의 정신은 진화를 거듭하여 마침내 오메가 포인트를 향해 도약할 것이라고 예언했다. 현재 인간은 윤리적으로 많은 한계를 지니고 있지만, 현명한 인공지능의 도움을 받아 당면한 여러 가지 시련을 극복하고 보다 완벽한 존재로 도약할 수 있다는 견해도 가능하다. 과정신학은 이 세계를 궁극적으로 하나님의 창조가 실현되어가는 과정과 사건으로 간주한다. 비록 그 과정에는 많은 고통이 수반되겠지만 종국적으로 피조물 중 가장 뛰어난 지능을 지닌 인간은 이 과정 속에서 중요한 역할을 담당해야 할 존재다. 이제 인간에게 지능Intelligence이 아니라 의식Consciousness이 요청되는 시대가 도래하였다. 그리고 인공지능 시대에 필요한 인간의 의식은 138억년의 오랜 기다림 끝에 마침내 우주 안에 피어난 가장 소중한 존재라는 자각이어야 한다. 조화로운 우주를 찬미하고, 아름다운 지

---

15   제임스 러브록, 『가이아의 복수』 이한음 역(서울: 세종서적, 2008).

구 생명체들과 함께 삶을 경축하며, 형제자매인 인류를 사랑하는 마음을 가꾸어야 한다. 만일 우리 인류가 도덕적으로 고양되어 이러한 마음을 지니게 된다면 인공지능은 인간의 훌륭한 파트너가 되어 인간과 더불어 하나님의 창조를 완성하는 친구가 될 것이다.

알파고 그 이후, 인공지능 시대의 신학

    신학의 역사를 살펴보면 기독교 신학은 언제나 시대의 도전과 질문에 대한 응답 내지는 수용을 통해 발전하였음을 알 수 있다. 초기 교회의 교부신학은 당대의 가장 큰 도전이었던 그리스 철학과 영지주의에 응대하는 과정을 통하여 발전하였고, 중세의 스콜라 신학은 아리스토텔레스 철학에 대한 비판적 수용을 통하여 발전하였다.

    이 시대의 가장 중요한 도전은 무엇인가? 전문가들에 따르면 오늘날 우리는 '알파고'를 통해 잘 알려진 인공지능의 시대, 즉 4차 산업혁명의 시대로 진입하고 있다고 한다. 다가오는 인공지능의 시대에 목회와 신학은 어떠한 변화를 맞이할 것이며, 가장 시급한 과제는 무엇인가? 신학자로서 이 질문에 대해 자신 있게 대답하는 것은 매우 어려운 일이다. 인공지능을 다루는 분야가 신학과는 거리가 먼 과학기술의 영역이고, 인공지능이 미래에 몰고 올 변화의 폭이 너무나도 엄청나기 때문이다. 그렇다고 인공지능 전문가를 초청하여 특강을 듣는다고 해서 뾰족한 해답이 나오는 것은 아니다. 그들로부터 인공지능에 대해서는 배울 수 있지만 신학이나 기독교 신앙의 방향을 잡는 것은 결국 신학자나 목회자들의 몫일 수밖에 없다. 이런 점에서 과학기술 시대의 목회와 신학은 과학과의 학제적 대화Interdisciplinary Dialogue를 외면할 수 없음이 자명하다.

다가올 인류의 미래가 인공지능이 가져올 엄청난 이점으로 인한 유토피아Utopia가 될지, 아니면 그 치명적 위험이 실현되어 디스토피아Dystopia 혹은 종말이 될지 아직 속단할 수는 없다. 하지만 인공지능이 일상화될 것은 자명하다. 과거 20년 전과 비교하여 오늘날 휴대폰이 우리의 일상에 가져온 변화의 폭보다, 향후 20년 이내에 인공지능이 가져올 변화의 폭은 훨씬 더 클 것으로 예상된다. 이처럼 인공지능으로 인해 달라질 미래상은 두려움을 불러일으킨다. 그리고 기존의 신학으로는 대답하기 어려운 난제들이다. 구약성서의 바벨탑 사건은 하늘까지 닿는 높은 탑을 쌓으려는 인간의 교만을 보여준다. 인공지능의 자연언어 기술로 인해 언어의 장벽이 사라지고, 로봇공학과 자동화, 그리고 사물인터넷에 의해 연결성이 극대화되는 미래는 구약의 바벨탑을 떠올리게 한다. 그렇다면 기독교는 무조건 인공지능을 반대하는 것이 유일한 대안인가?

모든 언어를 이해하고, 정보와 물질이 연결되며, 사물인터넷과 빅 데이터를 기반으로 전지전능한 능력을 보여줄 인공지능의 도래를 보며 우리는 언뜻 바벨탑을 떠올리기 쉽다. 그러나 설령 인공지능이 아니더라도 오늘날 인간은 무분별한 탐욕으로 인해 지구 생태계를 파괴하고 하나님의 창조에 의해 이 땅에 번성했던 수많은 피조물들을 멸종시키고 있으며, 인류 자신도 기후변화로 인한 위기를 맞이하고 있다. 또한 부의 양극화가 점점 심화되는 가운데, 인종, 성, 문화, 민족, 이념, 종교가 다르다고 서로 장벽을 쌓고 테러를 감행하고 총칼을 겨누는 분열과 대결의 삶을 살고 있다. 즉 인간은 이미 하나님의 창조동산을 파괴하고 있는 것이다.

인공지능 시대를 대비한 신학의 유력한 출발점은 구약성서의 창조신학일 것이다. 그것은 "창조주 하나님은 선하신 분이고, 이 세계는 모두 그분의 말씀에 의해 창조되었으며, 그분이 만드신 이 세계는 보기에 참 좋은 아름다운 곳이고, 피조물 중 으뜸인 인간은 창조주 하나님의 형상대로 지음 받은 존귀한 존재"임을 선포하고 있다. 이 메시지는 이스라엘이 번창할 때 얻은 것이 아니라, 하나님의 선민인 이스라엘 백성들이 나라를 잃고 바빌로니아 제국의 포로로 전락했을 때, 즉 이스라엘 역사상 가장 절망적인 상황에서 주어진 말씀이었다. 인공지능으로 인해 두려움과 불안이 엄습하는 이 시대지만, 우리가 하나님 앞에 바르게 서서 올바른 질문을 던진다면 하나님께서는 시대의 상황보다 더욱 강력한 희망의 메시지를 주실 것이라고 믿는다. 기독교 교리는 "하나님께서 인간을 창조하신 이유가 인간으로 하여금 하나님을 찬양하게 하고 그들을 구원하시기 위함"이라고 가르친다. 만일 인공지능을 개발한 인간의 행위가 하나님을 배신한 것이 아니라면, 인공지능도 하나님을 찬양하는 데 사용될 수 있고 궁극적으로 선교의 도구로 기여할 수 있을 것이다. 기독교 신앙이 고백하는 하나님의 본질은 예수 그리스도의 삶을 통해 계시되었고, 그것은 십자가의 희생을 통해 생명을 나누어주는 것이다. 과학기술이 발달함에 따라 인간의 능력과 편리함도 확대됐지만, 그에 상응하여 파괴 능력도 증가하였다. 우주 안에서 놀라운 성취를 이룩한 인간은 이제 그 능력에 걸맞은 영적 각성을 요청받고 있다. 그것은 하나님께서 창조하신 생명이 우주 안에 출현한 가장 소중한 존재라는 깨달음이다. 이제 인류는 조화로운 우주를 찬미하고, 아름다운 지구 생명체들과 함께 삶을 경축하며, 형제자매인 인류를 사랑하는 마음을 가꾸어야 한다. 알파고가 가장 최적의 수를 찾아내듯이, 만일 인공지능에게 위기에 처한 인류의 올바른 생존방법에 대해 묻는다면, 아마도 인공지능은 인류에게 올바른 길을 알려줄 것이다. 그러므로 무조건 인공지능을 교만의 산물인 바벨탑으로 규정하고 반대할 것이 아니라, 인공지능이 선한 도구가 되어 하나님 말씀 앞에서 늘 불충하고 미완숙한 존재인 인간의 부족함을 채워주는 파트너가 될 수 있도록 그 방향을 제시해야 한다. 인공지능이 바벨탑이 아니라 인간과 더불어 하나님의 창조동산을 가꾸는 인간의 좋은 친구가 되도록 기독교가 이끌어야 할 것이다.

신학자의 과학 산책

제5부

과학과
영성 사이에서

보이는 세계,
보이지 않는 실재

종교에서 본다는 것은 어떤 의미인가?

종교의 특징 중 하나는 보이는 대상보다 보이지 않는 존재를 궁극적 실재로 인정하는 것이다. 유대–기독교에서는 일찍이 눈에 보이는 우상이 참된 신이 아님을 강조했으며, 불교에서도 눈에 보이는 현상이 결코 참된 실재가 아니라고 가르쳤다. 하지만 이러한 가르침에도 불구하고, 때때로 종교는 신도들의 기복신앙을 만족시키기 위해 항상 가시적인 숭배의 대상을 만들고자 하는 유혹을 받아왔다. 불교든 기독교든 역사적으로 눈에 보이는 대상을 무비판적으로 숭배할 때가 곧 세속적 욕망과 결탁한 가장 타락한 시기였다.

과학에서 본다는 것은 어떤 의미인가?

진화생물학에 따르면 생물들은 맨 처음에는 아주 원시적인 빛을 감지하는 감광세포에서 시작하여 수억 년의 진화를 거쳐 마침내 사물을 또렷이 볼 수 있는 눈을 갖기에 이르렀다고 설명한다. 우리는 눈이 있기에 만져보지 않고도 외부세계를 인지할 수 있다. 짝짓기를 하고 먹이를 찾기 위해, 그리고 포식자나 위험한 환경을 피하기 위해 시각정보는 생존에 매우 중요하다. 그러나 여기서 우리가 빠지기 쉬운 오류는 우리의 눈에 비친 외부세계의 모습이 진짜라고 믿는 것이다. 우리의 눈은 분명히 자신을 둘러싼 환경에 대해 유용한 정보를 주지만, 결코 그것이 세계의 전부는 아니다.

과학의 관점에서 볼 때, 본다는 것은 우리의 눈이 가시광선을 감지하고 뇌로 전달해서 이미지를 구성하는 것이다. 놀라운 점은 카메라의 원리와 똑같이 눈의 망막에는 사물의 상이 위 아래 거꾸로, 좌우 반대로 비치는데, 뇌에서 이를 보정해서 똑바로 보이게 한다는 것이다. 만일 그렇지 않다면 눈의 효용가치가 형편없을 것이며, 물구나무를 서서 거울에 비춰 보아야 할 것이다. 진화론에서는 이를 가리켜 생물의 적응력이라고 설명한다. 모두가 잘 알다시피 가시광선이란 빨간색에서부터 보라색까지의 파장이다. 그런데 이 가시광선은 무한히 넓은 스펙트럼을 갖는 전자기파의 지극히 일부분에 불과하다. 이를 더 자세히 살펴보면, 한 파장의 길이_{파동과 파동 사이의 거리}가 1미터 이상이면 전파_{Radio wave}다. 밤하늘 저 멀리 은하 저편 성운 속에서는 새로운 별들이 탄생하고 있지만, 가스와 먼지구름에 가려져 일반 망원경으로는 관측할 수가 없다. 그러나 전파망원경은 가스구름을 뚫고 나오는 별들의 전파를 탐지하기 때문에 성운 속에서 탄생하고 있는 아기 별들의 모습을 관측할 수 있다.

전파보다 짧은 파장을 지닌 파동들은 극초단파(Micro wave)로서 파장의 길이가 몇 센티미터다. 이 사이의 전파를 이용해 우리는 TV를 방송하고 휴대폰을 사용한다. 이보다 짧은 파동은 적외선이라고 하는데, 말 그대로 붉은색 외부의 전파로서 1만분의 1센티미터 이상이다. 군인들은 적외선 망원경으로 캄캄한 밤에도 적진의 움직임을 파악할 수 있다. 우리 눈이 감지하는 가시광선은 4천만분의 1에서 8천만분의 1센티미터 사이로서 매우 좁은 영역에 불과하다. 그보다 더 짧은 파장을 지닌 파동들은 자외선, 엑스선, 감마선 등이 있다.

우리의 맨눈으로는 밤하늘에서 불과 수천 개의 별 밖에 볼 수 없지만, 실상은 지금 이 순간에도 1천억 개가 넘는 은하들이 존재하며, 우리 은하 안에만도 1천억 개가 넘는 별들로부터 전자기파들이 우리의 머리 위로 쏟아지고 있다. 달리 말하면 이 우주는 무수한 전자기파들의 춤으로 가득 찬 공간이다.

∥ 2013년 NASA가 칠레의 아타카마 사막에 세운 알마(ALMA) 전파망원경
[출처: ESO(European Southern Observatory)]

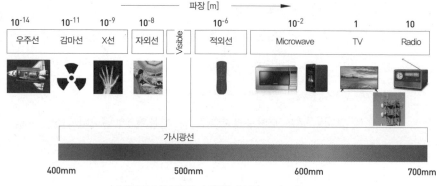

파장 [m]								
10^{-14}	10^{-11}	10^{-9}	10^{-8}		10^{-6}	10^{-2}	1	10
우주선	감마선	X선	자외선	Visible	적외선	Microwave	TV	Radio

가시광선

400mm   500mm   600mm   700mm

▌ 전자기파의 종류와 가시광선의 영역, 그리고 용도들

　위의 표는 전자기파의 스펙트럼에 따라 인간이 이용하는 가전
제품이나 용도를 보여준다. 다시 한번 강조하자면, 가시광선은 전자
기파의 전체 영역 가운데 매우 좁은 영역에 불과하며, 이에 따라서
우리가 눈으로 볼 수 있는 것도 참된 실재 가운데 지극히 일부에 불
과하다.

　그뿐만이 아니다. 양자역학은 원자와 소립자들의 세계, 즉 미시
세계micro world를 다루는데, 이 세계는 가시광선의 파장보다 훨씬 더
작기 때문에 우리는 결코 들여다볼 수가 없다. 결국 안개상자 속에서
입자들을 충돌시킨 후 소립자들이 짧은 시간동안 남기는 궤적을 통
해 이들의 존재방식을 구성할 수 밖에 없다.

　또한 아원자 세계를 탐구하기 위해서는 짧은 파장의 전자기파
를 사용해야 하는데, 실험의 수단이 되는 전자기파의 파장이 짧아질
수록 에너지가 커지기 때문에 실험 자체가 탐구의 대상이 되는 세계
에 결정적인 영향을 끼친다. 그러므로 우리는 미세세계를 있는 그대

로 파악할 수 없다는 근본적인 한계를 인정할 수밖에 없다. 그렇다고 해서 이 이야기는 양자역학적 방법을 통해 파악한 미시세계에 대한 과학적 설명이 믿을 수 없다는 뜻은 아니다. 다만 우리가 실재를 있는 그대로 볼 수 없다는 뜻이다. 더군다나 우리의 뇌는 눈으로 들어오는 시각정보 가운데 의미 있다고 판단되는 일부 정보만 받아들이고 나머지는 그대로 버린다.

이런 점을 생각할 때 우리가 어떤 대상을 바라본다는 것은 실상은 실재 그 자체를 보는 것이 아니라 우리가 보고 싶어 하는 한 단면을 부각해서 재구성한 것이다. 그럼에도 광대한 전자기파 가운데 매우 좁은 영역에 불과한 가시광선에 의존해서 사물을 바라보는 인간이 자기가 본 것을 전부라고 착각한다. 개미 한 마리가 코끼리 발등에 잠시 올라타고서 코끼리를 다 안다고 우기는 모습이 아닐 수 없다. 그러나 우리 눈에 비춰진 사물의 모습은 궁극적 실재 가운데 지극히 일부에 불과하다는 것을 명심해야 한다. 불경이나 성서만 아니라 물리학에서도 우리는 독선과 오만을 경계하고 겸손과 관용을 배울 수 있다.

동물!
인간의 친구

지난 해 발생한 조류독감AI, avian influenza으로 인해 3천만 마리가 훨씬 넘는 닭과 오리가 살처분되었다. 조류독감이 이제 진정되는가 했더니 이번에는 다시 구제역이 발생했다고 한다. 또 얼마나 많은 돼지와 소들이 산 채로 땅 속에 묻힐 것인가? 이 땅에서 사육되고 있는 죄 없는 가축들의 희생이 커도 너무 크다.

오랜 기간 동안 인간은 동물과 특별한 관계를 맺으며 살아왔다. 인간은 본래 야생 상태에 있던 동물 중 일부를 길들여 가축으로 만들었다. 인간과 특별한 관계를 맺으며 살아가게 된 가축들은 인간 사회에서 아주 결정적인 역할을 감당하였다. 가축들은 고기, 유제품, 비료, 육상 운송, 가죽, 군대의 공격용 탈 것전차, 쟁기를 끄는 동력, 털 등을 인간에게 제공했다. 인류학자 재레드 다이아몬드Jared Mason Diamond, 1937에 따르면 20세기 이전까지, 즉 고대의 모든 문명을 통틀어 인간이 가축화에 성공한 초식 대형 포유류 동물은 고작 14종에 불과하다고 한다. 물론 이외에도 코끼리나 사냥용 매, 애완용 설치류나 파충류 등 많은 동물이 길들여져 인간에게 유용하게 쓰임 받는 관계를 맺기도 한다. 가축화된 동물이란 인간이 번식과 먹이 공급을 통제하는 동물, 즉 감금 상태에서 인간의 용도에 맞도록 선택적으로 번식시켜 야생조상으로부터 변화시킨 것들이다. 그런데 우리가 간과하고 있는 점은 거의 모든 동물이 가축화될 수 있는지 테스트를 받았다는 점이다. 고대인들은 사냥이나 다른 기회를 통해 거의 모든 종류의 야생 동물의 새끼를 잡아와 길러보았으며 이들을 길들여보는 경험을 하였다. 아직까지 가축화되지 않은 동물은 모두 인간이 이러한 경험을 통해서 가축화에 실패하여 야생동물로 남아 있게 된 것이다.

기독교의 성서에는 동물과 인간의 관계를 성찰하게 해주는 구절이 있다. "주 하나님이 들의 모든 짐승과 공중의 모든 새를 흙으로 빚어서 만드시고, 아담에게로 이끌고 오셔서, 그 사람이 그것들을 무엇이라고 하는지를 보셨다. 그 사람이 살아 있는 동물 하나하나를 이르는 것이 그대로 동물들의 이름이 되었다"창 2:19. 하나님께서 각종 동물을 아담에게 데리고 오자 아담이 그들의 이름을 지어주었다는 이야기이다. 참으로 아름다운 이야기가 아닐 수 없다. 김춘수의 시가 떠오른다. 꽃이란 시다. "내가 그의 이름을 불러주기 전에는/ 그는 다만 하나의 몸짓에 지나지 않았다/ 내가 그의 이름을 불러 주었을 때/ 그는 나에게로 와서 꽃이 되었다/ …우리들은 모두/ 무엇이 되고 싶다/ 너는 나에게 나는 너에게/ 잊혀지지 않는 하나의 눈짓이 되고 싶다." 아담이 동물의 이름을 지어주었다는 이야기는 곧 그 동물이 우리 인간에게 '의미 있는 그 무엇'이 되었다는 뜻이다. 요즘 집에서 기르는 반려동물들이 가족처럼 대접을 받고 모두 이름을 불러주듯이 옛날 농가에서 기르던 동물들도 각각 이름이 있었다. 그때는 가축도 가족의 일원이었다.

임순례 감독의 영화 〈소와 함께 여행하는 법〉2010은 동물을 통해 비로소 삶의 올바른 방향을 찾게 되는 한 남자의 이야기를 그리고 있다. 주인공 선호김영필 분는 아버지가 어렵게 농사지어 기껏 대학공부를 시켜 놓았더니 취직도 못하고 장가도 못 든 채, 여전히 농사짓는 아버지 집에서 빌붙어 사는 노총각이다. 당연히 아버지는 빈둥거리는 아들을 못 마땅히 여기고, 아들은 소만 애지중지 여기는 아버지에

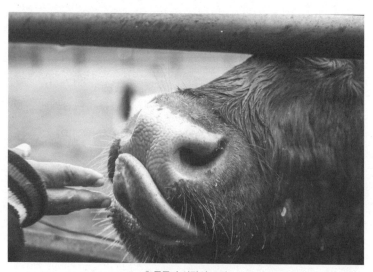

▌ 동물과 사람의 교감

신학자의 과학 산책

게 사사건건 반발한다. 아버지와 갈등을 겪던 주인공 선호는 어느 날 작심하고 아버지 몰래 소를 차에 싣고 인근 도시의 우시장으로 향한다. 하지만 예기치 못한 사건들로 인해 결국 소를 팔지 못하고, 어쩔 수 없이 소와 함께 여행을 하게 된다. 이 영화에서 선호가 소를 팔러 다니던 중에 한 어린이가 다가와 소에게 이름을 지어주는 장면이 나온다. 소의 이름을 통해 주인공은 소와 대화를 하게 된다. 소와 함께 여행하면서 선호는 신기하게도 자신의 진짜 모습을 발견하게 되고, 모든 문제의 근원이 결국 자신에게 있음을 깨닫게 된다. 이는 곧 불교의 십우도十牛圖에 나오는 소년이 잃어버린 소를 찾아 나섰다가 마침내 해탈을 얻는 것과 비슷한 이야기다. 십우도는 심우도尋牛圖라고도 하는데 수행을 통해 본성을 깨닫는 10단계의 과정을 잃어버린 소를 찾는 일에 비유해서 그린 선화禪畵다.

결국 주인공 선호는 소와 함께 여행하면서 자신을 둘러싼 문제의 본질을 깨닫고, 마침내 다른 사람들과 화해를 이루게 된다. 소의 이름을 부르고 대화를 하게 되자 소는 팔아치울 가축이 아니라 친구이자 동반자로 변하였다. 이처럼 인간에게 동물은 단지 고기와 노동력을 제공하는 존재가 아니라 함께 살아가는 이웃 생명이다. 때로는 가족이고, 친구이며, 스승이 되기도 하는 '의미 있는' 존재인 것이다.

오늘날 우리의 식탁에 오르는 수많은 동물들은 이름이 없는 존재들이다. 그들은 공장식 대규모 사육장에 갇혀서 이름 대신 번호표를 달고 사육된다. 이들은 인간에게 '의미 있는 그 무엇'이 되지 못한다. 다만 투입된 사료 대비 최대한의 살코기를 뽑아내야 하는 고기

▌십우도

제조기일 뿐이다. 빈번하게 찾아오는 조류독감으로 인한 가금류의
폐사나 구제역으로 인한 소, 돼지의 살처분 사태는 공장식 대량 축산
시스템의 문제로 인한 것이다. 옛날 농부들은 콩을 심을 때 한 구멍
에 세 알을 뿌리면서 한 알은 공중의 새가 먹고, 한 알은 땅속의 벌레
가 먹고, 남은 한 알을 잘 키워 사람이 먹을 요량으로 심었다고 한다.
그런데 오늘날 농업에서는 새와 벌레가 먹지 못하도록 농약을 뿌리
고 오직 사람만이 몽땅 먹으려고 한다는 것이다. 결국 인간의 욕심이
문제인 것이다.

　이제는 육식의 욕망을 절제하고 대안을 찾아야 할 때다. 이미 지
구촌 곳곳에서는 쾌적한 자연 상태에서 유기농법으로 가축을 기르
는 친생태적 농장이 시도되고 있다. 물론 쉬운 일은 아니나 현재의

　　　　　　　　　　　　　　　　신학자의 과학 산책

대량 사육 시스템은 분명 잘못된 방식이므로 이러한 대안적 축산업의 가능성을 찾아야 한다. 이제 인간과 동물의 관계는 처음처럼 친구의 관계로 회복되어야 한다. 창조질서에 맞게 사람과 동물의 관계가 회복될 때 인간의 몸과 마음의 병도 치유될 수 있을 것이다.

우주는 생명을
환영하는가?

    우주에 인간 외에도 다른 지적 생명체가 존재할까? 이 질문은 과학이나 종교 모두에게 중요한 질문이다. 만일 어떤 과학자가 외계 생명의 존재를 확인한다면 그것은 분명 전체 과학 역사를 통틀어 가장 중요한 발견으로 꼽힐 것이다. 또한 생명의 기원에 관한 설명은 종교마다 각각 다르지만, 만일 지구 밖의 외계에서 생명체나 지적 존재가 발견된다면 그로 인해 종교를 향해 제기하는 질문 역시 매우 중대한 도전이 될 것이다.

    과학계에서는 일찍이 '세티'SETI, Search Extra-Terrestial Intelligence 프로젝트를 통해 외계 생명체 혹은 지적 존재의 유무를 탐사해왔다. 이와 관련하여 2016년 4월 초에 미항공우주국NASA에서는 중대발표를 예고하여 전 세계 언론의 주목을 끌었는데, 이제껏 그래왔듯이 막상 4월 14일에 발표한 내용은 그리 깜짝 놀랄 만한 사실은 아닌 듯하

신학자의 과학 산책

│ 토성의 위성 엔셀라두스.
얼음 표면 아래에 지열에 의에 녹은 해저바다가 있는 것으로 추정된다.

다. 아무튼 발표 내용은 이러하다. "무인 탐사선 카시니Cassini가 지난 2015년 10월 토성 주위를 도는 위성인 엔셀라두스Enceladus의 물기둥에서 수소 분자와 이산화탄소를 탐지했으며, 현재까지 분석 결과 엔셀라두스의 지하 바다는 생명체가 거주할 수 있는 물리적 조건을 충족하는 것으로 보인다"는 것이다.

이 발표가 놀랍지 않은 것은 이미 2012년에 목성의 위성 유로파Europa에서 높이 160킬로미터에 이르는 거대한 물기둥이 지표면으로부터 솟구치는 장면이 허블 우주망원경에 포착되었고, 유로파 표면을 덮은 얼음 밑에 생명체를 간직한 바다가 있을 가능성이 제기되었기 때문이다. 유로파의 물기둥은 지구의 온천 지대에서 볼 수 있는 간헐천처럼 지하 깊숙한 곳에서 수증기와 물이 섞인 상태로 지상으로 뿜어져 올라오는 것으로 추정됐다. 이미 1990년대 말 목성 탐사선 갈릴레오는 유로파를 지나면서 자기력을 조사해 얼음 아래에

100킬로미터 수심의 소금물 바다가 있으며 바닷물의 양은 지구 바닷물의 두 배로 추산됐다. 나사는 2015년에도 유로파 남극 근처에서 물기둥이 최대 200킬로미터 높이까지 치솟았다가 다시 표면으로 돌아오는 장면을 관측했다.

물은 생명체가 살기 위한 필수 조건이다. H_2O가 수증기나 얼음이 아닌 액체 상태로 존재해야만 생명이 존재할 수 있는데 천문학에서는 이를 '골디락스'Goldilocks 영역이라고 부른다. 이 단어는 원래 영국의 어린이들이 즐겨 읽는 동화 '금발머리 소녀'에서 빌려온 말인데, 태양과 지구의 거리처럼 에너지를 공급하는 항성으로부터의 거리가 적당히 떨어져 있어 기온이 너무 높거나 낮지 않고, 크기도 너무 크거나 작지 않아 생명체가 살 수 있는 물리적 환경을 갖춘 영역을 가리킨다.

한편 태양계 밖으로 눈을 돌려보면 나사는 2009년 3월 우주로 발사된 케플러 우주망원경을 통해 2013년까지 모두 1041개의 외계 행성을 찾아냈으며 이번 발견까지 포함하면 모두 2325개의 외계 행성을 발견했다. 지구에서 1억 2000만 킬로미터 떨어진 궤도를 도는 케플러 망원경의 임무는 '지구와 비슷한 생명체가 살 수 있는 행성'을 찾는 것이었다. 독일 천문학자 요하네스 케플러Johannes Kepler, 1571-1630의 꿈은 우주의 모든 별을 보는 것이었다. 눈이 아주 나빴던 그는 볼록렌즈 두 장을 이용한 '케플러식 망원경'을 발명해 천문 관측을 했다. 또 지구와 같은 행성行星의 움직임을 설명하는 '케플러 법칙'을 발표하여 근대 천문학의 토대를 쌓기도 했다. 케플러의 꿈이

신학자의 과학 산책

‖ 2016년 허블 망원경에 포착된 유로파 물기둥
[출처: *NASA/ESA/K. Retherford/SWRI*]

그의 이름을 딴 우주망원경으로 실현됐다. 미국항공우주국NASA 은
2016년 5월 11일 "케플러 망원경이 우리 은하 중심부에 있는 백조자
리와 거문고자리 영역에서 1284개의 외계外界 행성을 새롭게 발견했

다"고 밝혔다. 외계 행성 발견으로는 최다 기록이다.[1]

"만일 이 우주에 단지 우리뿐이라면 그것은 엄청난 공간의 낭비일 것이다." 이 말은 칼 세이건의 소설을 원작으로 하여 만든 영화 〈콘택트〉1997에 나오는 유명한 대사다. 이 영화는 과학과 종교가 서로를 존중해야 한다는 입장을 견지하면서 외계문명탐사의 중요성을 일깨워주며, 외계문명과의 접촉에 대한 과학계와 국가권력, 대중과 종교 지도자 등 다양한 그룹들의 서로 다른 반응을 잘 묘사하고 있다. 이 영화에서 외계생명체는 인류보다 훨씬 더 고등한 기술을 성취한 존재로 등장한다. 그러나 그들은 지구를 정복하지도, 직접 가르치려고도 않는다. 다만 그들은 인류가 더 높은 수준의 문명으로 나아가려면 어떤 길을 선택해야 하는지 넌지시 암시할 뿐이다. 어떻게 이렇게 놀라운 문명을 건설했는지를 묻는 지구인에게 그들이 들려준 대답은 다만 "한 걸음씩 앞으로" 나아가라는 것이었다.

만일 외계 생명체나 지적 존재가 발견되면 종교에 엄청난 타격이 될 것이라고 생각하는 사람들이 많은 것 같다. 아마 여기서 가장 심각한 타격을 입는 종교는 기독교일 가능성이 높다. 왜냐하면 기독교는 창조 교리를 믿는데 다른 생명이 등장하면 창조 교리가 틀린 가르침으로 판명될 것이라고 생각하기 때문이다. 하지만 필자는 외계 생명이 종교에 타격을 줄 것이라는 예측과는 다른 견해를 갖고 있다. 만일 외계 생명이 존재한다면 그것은 이 우주가 생명을 환영한다는

---

1   미항공우주국NASA은 2018년 7월 현재 3천 7백 개가 넘는 외계행성을 발견했으며, 이 숫자는 나사의 홈페이지에서 실시간 확인이 가능하다.(https://exoplanets.nasa.gov/)

강력한 증거다. 오늘날 과학은 우주가 약 138억 년 전에 하나의 거대한 폭발, 즉 빅뱅에 의해 탄생되었으며, 우리 우주가 지닌 물리적 특성들이 필연적인 것이 아니라 극단적으로 매우 작은 가능성이 실현된 것이라고 설명한다. 좀 어려운 개념이지만 여기서 물리적 특성들이란 우주의 모습을 결정짓는 요인들로서, 예컨대 팽창률이나 중력 및 전자기력의 세기 등을 가리킨다. 이러한 힘들이 우주 탄생 초기에 아주 미세한 정도만 달랐어도 이 우주는 현재와 전혀 다른 모습이거나 존재하지 않을 것이며, 당연히 생명도 탄생할 수 없다는 것이다. 따라서 만일 지구 외에 우주의 다른 곳에도 생명이 존재한다면 우주는 생명을 환영하는 장소이며 그러한 특성은 우주가 탄생할 때부터 수학적으로 매우 정교하게 내재되어 있다고 볼 수 있다. 우주가 생명을 환대하는 특성을 내재하고 있다면, 비록 옛날에 가르치던 방식의 창조 교리에는 맞지 않을지 모르지만, 과학시대를 사는 현대인에게는 영성적으로 상당히 매력적인 이야기일 수 있다. 따라서 외계 생명체의 존재는 종교를 위협하는 것이 아니라 오히려 긍정적인 신호로 해석될 수 있는 것이다. 언젠가 과학자들이 외계 생명체의 존재를 확인하여 지구인에게 보여줄 날을 고대해본다.

기후변화와
인류의 미래

지구온난화를 둘러싼 전문가들의 경고가 아니더라도 갈수록 점점 더워지는 날씨를 피부로 느낄 수 있다. 지구온난화 문제를 다룬 다큐멘터리 영화 〈불편한 진실〉An Inconvenient Truth, 2006의 서두에서 앨 고어는 인공위성에서 찍은 대기권의 사진을 보여주며, 지구의 대기권이 얼마나 얇고 연약한지 설명한다. 고어는 사람들의 마음속에 있는 하나의 잘못된 믿음을 지적하는데, 그것은 바로 "지구는 아주 크기 때문에 인간이 다소 영향을 끼치더라도 어떤 의미 있는 변화를 가져오지 못하리라"는 것이다. 사람들은

▌앨 고어

우리가 숨 쉬는 공기, 마시는 물, 밟고 있는 땅이 이대로 영원히 존속할 것이라고 생각해왔다. 그러나 지구 기후의 역사를 살펴보면 그것은 완전히 틀린 생각이다. 결론부터 말하면 지구의 기후는 우리가 상상하는 것 보다 더욱 근본적인 변화를 겪어왔으며 앞으로도 그럴 가능성이 있다. 재차 강조하지만 지구 대기의 구조는 아주 취약하다 vulnerable. 그 이유는 대기권이 너무도 얇기 때문이다.

지구를 농구공에 비유하면 대기권의 두께는 공 표면에 칠해진 광택제 두께 정도에 불과하다. 대기권은 대류권, 성층권, 중간권, 열권 등 네 층을 합하여 총 140킬로미터에 달하지만, 기체의 80퍼센트는 지상으로부터 약 12킬로미터 정도까지 뻗어있는 대류권에 포함되어 있다. 실제로 우리는 4킬로미터 이하의 높이에서만 숨쉬며 살아갈 수 있다. 그러므로 대부분의 대기가 모여 있는 대기권의 두께는 지구 전체에 비교해볼 때 그야말로 농구공에 칠해진 광택제 정도에 불과한 것이다. 이는 대기가 쉽게 변화할 수 있음을 시사한다. 지구가 형성된 이래 대기의 구성은 여러 가지 요인에 의해 변화해왔으며 지금도 계속 변화하고 있다. 그 요인은 화산이나 판 이동에 따른 지질학적 격변, 생명체 활동에 의한 화학반응, 소행성 충돌 등이다.

지구 기후는 에너지 평형의 흐름이다. 에너지 보존 법칙에 따라 태양광선을 통해 지구로 도달한 에너지 중 일부는 우주 공간으로 반사되고 일부는 지구에 흡수되었다가 결국 방출됨으로써 지구 전체적으로 볼 때는 에너지 평형을 이룬다. 간단히 말해 기후란 지구 에너지가 평형을 이루는 과정에서 일어나는 현상이다. 그런데 한 가지 인식해야 할 점은 지구의 기후가 항상 평온한 상태를 유지해온 것만은 아니라는 사실이다. 오늘날 지구의 기후는 인간의 화석연료 사용으로 인해 온난화가 진행되고 있다. 하지만 인간이 개입하기 전부터 지구기후는 변동을 겪어왔다. 슈테판 람슈토르프Stefan Rahmstorf, 1960와 한스 요아힘 셸른후버Hans Joachim Schellnhuber, 1950의 공저 『미친 기후를 이해하는 짧지만 충분한 보고서』서울: 도솔출판사, 2007를 보면 기후변동의 주요한 원인으로 세 가지 요인을 소개한다.

첫째, 태양 에너지의 변화 혹은 지구 공전궤도의 변화가 기후변화를 초래한다는 것이다.

둘째, 우주로 반사된 빛 에너지가 주원인이라는 것이다.

셋째, 대기 중에 포함된 가스 중 복사열선에 영향을 끼치는 온실기체와 에어로졸이 주된 요인이라는 것이다.

지금으로부터 약 45억 년 전 태양으로부터 약 1억 5천만 킬로미터 떨어진 공전궤도에서 가스구름이 응축되어 처음 지구가 탄생했을 때에 지구는 지금보다 아주 뜨거웠다. 지구에는 수억 년에 한 번 씩 급격한 온도하강이 일어나 지구전체가 얼어붙는 일이 여러 차례 일어나곤 했다. 이러한 온도하강은 우리의 상상을 초월하여 해양조차도 수백 미터 두께의 얼음으로 덮였었다. 이 시기에 지구의 생명체들은 혹독한 시련을 피할 수 없었다. 그런데 빙하기에도 얼음 바다 밑에서는 많은 생명이 살아남을 수 있었다. 물이 얼었을 때 부피가 커지는 =가벼워지는 특이한 물리적 성질이 생명체의 유지에 결정적으로 도움이 되었다는 사실은 무척 흥미로운 점이다. 이러한 성질 때문에 지구의 생명체가 빙하기에 절멸하지 않을 수 있었다. 왜냐하면 얼음이 물보다 가벼워서 수면에서부터 얼게 되며, 수면을 덮은 두꺼운 얼음은 찬 기온에 의해 물속의 온도가 일정 정도 이하로 떨어지는 것을 방지했기 때문이다. 얼어붙지 않은 대양의 밑바닥에 생명체들이 생존했다가 훗날 기후조건이 좋아졌을 때에는 땅으로 올라와 번성할 수 있었다.

반대로 만일 얼음이 물보다 부피가 작다면, 수면에서 동결된 얼음은 계속 바다 아래로 내려와 쌓이게 된다. 이러한 과정이 반복되면 결국 바다 전체가 밑바닥에서부터 얼게 되어, 종국적으로 살아남을 수 있는 생명체는 거의 없었을 것이다. 물이 결빙되었을 때 부피가 커지는 것은 우리 우주가 지닌 하나의 가치중립적인 물리법칙일 뿐이다. 그런데 이러한 중립적인 물리법칙이 빙하기에 생명을 보호하여 지구에 다양한 생명이 번성하도록 하는 결정적인 역할을 하였다. 따라서 물리적 우주가 생명친화적인 본질을 지녔다고 생각할 수도 있을 것이다.

가장 최근의 빙하기는 약 2만 년 전에 정점을 이루었다가 점차 따뜻해져서 지난 1만 년 전부터는 상대적으로 안정된 온화한 기후를 보이고 있다. 인류문명은 바로 충적세沖積世라 불리는 기간 동안 이룩되었다. 지질학적 시간에서 1만 년은 매우 짧은 시간이다. 이때를 틈타 우리 인류는 씨앗과 열매를 뿌려 농사를 짓는 법을 개발했고, 가축을 길들였으며, 문자를 발명했고, 종교를 세워 궁극적 진리를 추구했으며, 과학을 발전시켜 우주와 생명의 비밀을 알아내었고, 마침내 기술문명을 이룩하여 우주를 여행하고 인터넷을 통해 세계를 연결했으며, 인공지능을 개발해내었다. 오랜 빙하기 가운데 잠깐 찾아온 따뜻한 시기간빙기 동안에 그야말로 "번갯불에 콩 구워먹기"식으로 문명을 건설하는 데 성공한 셈이다. 헐리우드 영화 〈미션 임파서블〉 시리즈에서 주인공 톰 크루즈는 분초를 재는 긴박한 시간 안에 도저히 불가능해 보이는 어려운 임무를 수행하는 데 성공한다. 지구 기후변동의 틈새에서 피워낸 인류 문명도 '미션 임파서블'과 같아 보인다.

이 놀라운 창조적 업적을 이룩한 인류가 이제 새로운 도전 앞에 직면해 있다. 기후변화가 그것이다. 과학자들에 따르면 지구의 기후는 점진적으로 변하는 것이 아니라 팽팽하게 당겨진 활시위를 갑자기 놓은 것처럼 튕겨지듯 변한다고 한다. 대기 중 온실가스가 증가함에 따라 수년 또는 수개월 만에 우리가 상상할 수 없는 엄청난 기후변동이 일어날 수도 있다. 영화 〈투모로우〉The Day After Tomorrow, 2004는 지구온난화가 역설적으로 빙하기를 불러올 수 있다는 시나리오에

┃ 빙하기를 맞은 뉴욕 맨하튼의 모습.
(영화 〈투모로우〉[The Day After Tomorrow, 2004, 롤랜드 에머리히 감독])

근거해서 만들어졌다.

　자연이 갑자기 변화의 방아쇠를 당기면 기후도 막대한 에너지를 가지고 새로운 평형을 향해 급속도로 변화할 것이다. 기후는 나무늘보가 아니라 순식간에 달려드는 맹수다. 지난 1만 년 동안의 따뜻하고 안정된 기후는 지난 2-300만 년 동안의 빙하기 중에 찾아온 행운이라고 할 만한 아주 짧은 기간의 현상이었다. 인류는 아주 잠깐의 간빙기 동안 불가능해 보이는 여러 가지 놀라운 작품을 만들어내는 데 기적적으로 성공했다. 그런데 문명의 대가로 엄청난 화석연료를 소비해 온실가스를 배출했고, 그것이 기후변화를 불러왔다. 만일 안정된 기후가 지금부터 격변의 단계로 들어선다면 과연 인류의 앞날은 어떻게 될까? 이러한 전 지구적 규모의 변화로 인한 위기가 닥쳐온다면 과학과 종교의 협력이 필수적이다. 과학기술의 지식은 위기에 대한 정확한 진단과 해결책을 제시하는 역할을, 종교는 위기 앞에 자기 혼자만 살려는 사람들의 이기심을 극복하고 모든 시민들이 함께 위기를 극복하여 새 하늘과 새 땅을 바라보도록 인도하는 역할을 담당할 수 있을 것이다.

05

영화 〈콘택트〉로 읽는
과학과 신앙

"당신은 하나님을 믿습니까?" 외계문명과의 접촉을 다룬 영화 〈콘택트〉Contact, 1997에 나오는 대사다. 외계문명 탐사에 모든 것을 바쳐온 주인공 엘리조디 포스터 분는 오랜

고생 끝에 마침내 외계문명으로부터 보내온 신호를 포착한다. 과학 역사상 가장 충격적인 발견을 이룩한 그녀는 지구인을 대표하여 외계문명을 방문할 우주비행사로 선발되기 위한 인터뷰에서 예상치 못한 질문을 받게 된다. 더구나 이 질문은 그녀의 절친으로서 대통령의 종교담당 고문을 맡고 있는 신학자 자스매튜 매커니히 분로

▌영화 〈콘택트〉

부터 받은 질문이기에 더욱 당황스러웠다.

"과학자로서 저는 경험적 증거에 의존합니다만, 신의 존재를 입증할 데이터는 별로 없는 것 같습니다. 그런데 이 문제가 우주비행사 선발과 도대체 무슨 상관이 있는거죠?"

엘리의 솔직한 답변에 대해 다른 심사위원이 지적한다.

"인류의 95퍼센트는 어떤 형태로든지 절대자Supreme Being의 존재를 믿고 있습니다. 그러므로 이 질문은 인류의 대표 사절을 선발하는 데 중요한 문제가 아닐 수 없지요."

엘리의 무신론적 태도와 달리 그녀의 경쟁자 드럼린 박사는 "인류가 수천 세대를 걸쳐 지켜온 유산종교의 중요성"을 강조함으로써 우주비행사로 선발된다. 믿었던 친구에게 배신당하고 교활한 경쟁자에게 패배하여 실의에 빠진 엘리에게 자스는 말한다. "신학자로서, 인류의 95퍼센트가 망상에 사로잡혀 있다고 믿는 후보를 선발할 수는 없었노라고."

미항공우주국NASA의 과학자 칼 세이건의 공상과학소설을 원작으로 만든 영화 〈콘택트〉는 과학과 종교가 지닌 각각의 속성과 관계를 가장 공평하면서도 깊이 있게 묘사한 수작이다. 칼 세이건은 천문 과학자로서, 그가 진행을 맡아 해설한 〈코스모스〉라는 TV프로그램은 1980년대에 전 세계 60여 나라에서 6억 명 이상이 시청할 정도로 인기가 있었다. 과학자로서 그는 비록 특정 종교에 속한 사람은 아니었지만 신앙을 망상으로 매도하거나 종교적 가치를 폄하하지 않았다. 그가 핵전쟁이 초래할 위험성을 경고하며 적극적으로 나섰던 핵무기 감축 활동 등은 종교인들의 호응을 받을 만한 것이었다. 칼 세이건의 종교에 대한 태도는 신앙을 가리켜 '망상'에 불과하다며 무신론 캠페인을 벌이는 『만들어진 신』The God Delusion의 저자 리처드 도킨스와는 구별된다.

객관적 진리로서의 과학에 대한 신념과 주관적 경험으로서의 종교에 대한 존중을 동시에 간직했던 세이건의 진지함은 〈콘택트〉라는 작품 속에서 과학자 엘리와 신학자 자스라는 캐릭터로 나타난다. 이 영화의 백미는 후반부에 엘리가 청문회에서 절규하는 장면이다. 그녀는 우여곡절 끝에 외계문명을 방문하고 지구로 돌아왔으나 그것을 입증할 과학적 데이터가 존재하지 않자 청문회에 불려 나와 외계에 다녀왔다는 것을 부인하라는 압력을 받게 된다. 이에 맞서 그녀는 자신의 경험이 진실하다는 것을 간절히 고백한다. "전 경험했습니다. 증명하거나 설명할 수도 없지만 한 인간으로서 그것이 사실이었다는 것을 압니다. 전 제 인생에 변화를 가져올 소중한 경험을 했습니다." 그녀의 이러한 증언은 그야말로 종교적 체험의 고백이다. 일평생 과학적 데이터에 입각해서만 사실을 인정했던 과학자 엘리가 마치 회심을 체험한 복음 전도자와 같은 말을 쏟아내고 있는 것이다.

우리는 과학의 시대를 살고 있다. 그러나 과학이 모든 문제에 대한 답을 주지는 않는다. 실천의 영역에서는 더욱 그러하다. 과학만능주의가 세계와 인생의 궁극적 답이 될 수는 없다. 예컨대 과학의 힘으로 인류의 식량생산량은 크게 늘었지만 기아로 굶주리는 인구는 오히려 늘어만 가고 있다. 사이버 토론 사이트를 둘러보면 특히 기독교에 대한 반감이 넘쳐 흐른다. 물론 일차적으로는 사회적 책임을 소홀히 하고 전도와 성장에만 치중했던 한국 교회의 성장제일주의에 책임이 있을 것이다. 그러나 예수께서 나눔과 섬김의 삶을 통해 보여주신 기독교의 본질이 과학에 의해 무시되어서는 안 될 것이다.

반면 종교 근본주의의 입장에서 과학을 부인하는 것도 어리석은 짓이다. 성서는 진리의 말씀이되, 과학 교과서는 아니다. 성서가 진리의 말씀인 것은 하나님과 인간과 세계의 의미에 관해서이지 물리적, 생물학적 영역에서 교과서라는 뜻은 아니다. 성서는 하나님께서 세상과 인간을 창조한 주님이심을 알려주는 점에서는 만고불변의 진리이지만, 그 방법과 시기를 과학적으로 설명하는 책은 아니라는 말이다. 이 차이를 깨달으면 낮은 단계의 신앙에서 한 단계 성장할 수 있다. 그러나 어떤 이들은 어린이와 같은 신앙을 고집하면서 문자주의에서 벗어나지를 못한다. 문자적으로 성서를 읽으면 성서는 허위와 상충되는 구절들로 가득하다. 바로 그런 방식으로 성서를 읽고 또 이를 타인에게 강요하기 때문에 무신론자들에게 반대의 근거를 제공하고 그들의 사기를 올려주는 것이다.

과학과 신앙이 반드시 서로 상충할 필요는 없다. 믿음이 좋은 신자라 해서 과학을 두려워할 필요가 없으며, 뛰어난 과학자라고 해서 신앙을 멀리할 필요가 없다. 어쩌다가 이름 있는 과학자가 교회에 나온다고 해서 마치 사상적 전향자라도 된 듯 그를 내세워 과학을 부정하게 하고 신앙의 우위를 선전하려 애쓸 필요가 없다. 과학도 하나님께서 인간에게 선물로 주신 이성의 산물이기 때문에 과학 그 자체가 하나님의 선물임을 깨달아야 한다. 현대과학의 눈부신 업적으로 세계와 인간을 지으신 하나님의 창조가 얼마나 놀라운 것인지를 자세하게 알게 되었으니 과학은 하나님께서 인간에게 주신 가장 고귀한 선물 중 하나인 것이다. 이제는 과학과 종교가 힘을 합쳐야만 인류 앞에 놓여 있는 도전을 해결할 수 있다.

가이아로서의
지구

인간에게 자연은 어떤 의미일까? 이 질문은 세계관과 밀접한 관계가 있다. 또한 이 질문 속에는 '인간-자연-신'의 관계가 담겨 있다. 과학기술이 발달하기 전까지 인간은 위대한 자연의 힘 앞에서 전적으로 무력한 존재에 불과했다. 눈부신 과학기술을 손에 넣은 오늘날에도 지진이나 태풍, 산사태나 쓰나미 등 때때로 발생하는 대규모 자연재해와 직면하게 되면 인간은 스스로가 지극히 나약한 존재라는 것을 느끼게 된다. 하물며 자연을 통제할 수단을 전혀 갖지 못했던 옛날에는 얼마나 자연이 위대하게 느껴졌겠는가? 종교학적으로 볼 때 인간이 자연의 위대한 힘 앞에서 느꼈던 경외감이나 공포감은 자연종교의 신상神像으로 표현되었다. 특히 힌두교와 같은 범신론적 종교에서는 이러한 자연의 위대한 힘이 신적 존재로 풍부하게 형상화되었다. 그에 비해 유대교, 기독교, 이슬람교와 같은 유일신교에서는 형상이 없는 하나의 신이 모든 자연물을 만든 창조주가 된다.

　종교가 자연을 신성화한 반면 과학은 자연에 깃든 신성성神聖性
을 해체시켰다. 근대과학은 자연 현상 이면에 존재하는 정교한 법칙
과 이론을 밝혀냄으로써, 자연은 더 이상 신성한 힘을 지닌 신비한
존재로 숭배 받을 수 없게 되었다. 그런데 이러한 과학의 일반적 경
향과 정반대로 자연을 재신성화하는 데 기여한 과학적 통찰이 있다.
그것은 제임스 러브록James Ephraim Lovelock, 1919에 의해 제안된 '가이아
가설'Gaia Hypothesis이다. 영국의 화학자, 의학자, 생물물리학자이며 대
기과학자이기도 한 그는 "지구를 하나의 거대한 생명체유기체로 보아
야 한다"는 가이아 가설을 주장하였다. 그의 생각은 1979년에 출간

▌제임스 러브록(James Ephraim Lovelock)

　　　　　　　　　　　　　　　　　　　신학자의 과학 산책

한 저서 『가이아: 지구 생명을 보는 새로운 관점』에서 주창되었다. 그가 가이아 가설을 품게 된 계기는 미항공우주국NASA의 화성 생명체 탐사 프로젝트에 참여하면서부터다. 대기를 분석할 때 사용하는 장비인 전자포획검출기Electron Capture Detector의 발명자로서 유명했던 제임스 러브록 박사는 1960년대 초 나사로부터 대기 분석을 통해 화성에 생명체가 존재하는지 여부를 탐지할 수 있는 실험 방법을 고안해 달라는 요청을 받았다. 그는 이 프로젝트를 진행하면서 지구 환경이 생명에 의해 극적으로 변화되고 유지된다는 사실을 깨닫게 된다.

러브록 박사는 화성이나 금성의 대기를 지구의 대기 성분과 비교 분석한 결과, 화성이나 금성에는 지구와 같은 생명체들이 존재하지 않을 것이라는 결론에 도달하게 되었다. 화성이나 금성의 대기는 95퍼센트이상의 이산화탄소와 3-4퍼센트의 질소 그리고 미량의 산소, 아르곤, 메탄 등으로 구성되어 있으며 화학적으로 완전한 평형상태인데 비하여, 지구의 대기는 77퍼센트의 질소와 21퍼센트의 산소 그리고 미량의 이산화탄소, 메탄 등이 존재하며 화학적으로 비평형 상태라는 사실을 알게 되었다. 그리고 자연스럽게 도대체 이러한 극적인 차이는 무엇 때문인지 질문을 던지게 되었다. 금성과 화성, 지구는 서로 비슷한 조건에서 생성되어 수십억 년을 거쳐온 이웃 행성들이다. 그런데 왜 대기 성분이 이토록 서로 달라졌는가? 이러한 의문, 즉 "무엇이 지구를 독특한 행성으로 만들었는가?"라는 질문에 대한 해답은 다름 아닌 '생명'이다. 지구의 모든 생명체들이 하나의 유기체처럼 서로 협동하여 지구를 생명이 거주하기에 친화적인 장소로 만들어왔다는 것이다. 이러한 지구 생명과 환경은 하나의 거대한 시스템처럼 작동하며 자기 항상성을 유지하기 때문에 살아 있는 존재와 같다. 러브록은 이를 '가이아'라고 명명하였다. 가이아란 그리스 신화에 등장하는 대지의 여신이다. 가이아에 의해 지구 생명이 태어나고 번식하였다. 가이아 신화는 지구earth가 살아 있다고 느끼는 인간의 원초적 의식을 반영한다. 영화 〈해리 포터〉나 〈반지의 제왕〉은 나무나 바위, 강과 바다가 생명을 지닌 존재라고 느끼는 우리의 원초적 의식을 잘 보여준다. 가이아 가설은 모든 생물들뿐만 아니라 대기, 바다, 땅을 포함하여 전 지구를 하나의 살아 있는 유기체로 간주할 수 있다는 것이다. 즉 지구기후 및 환경이 마치 살아 있는 생명체와 같이 생명에 의해 일정한 상태로 조절되는 하나의 시스템과 같다고 주장한다.

러브록은 생명체의 존재 유무에 따라 지구의 대기 조성비율과 온도가 이웃 행성과 비교하여 어떻게 변화할지 다음과 같은 표로 제시하였다.

공기	금성	지구(생명체 없을 경우)	화성	지구 (생명체 존재)
이산화탄소	98%	98%	95%	0.03%
질소	1.9%	1.9%	2.7%	79%
산소	trace	trace	0.13%	21%
표면온도(섭씨)	477도	290(+-50)도	-53도	13도
대기압	90	90	0064	1.0

▌ 생명체에 따른 지구의 대기와 온도, 압력의 변화

이 표에서 알 수 있듯이 지구에 생명체가 없을 경우 지구의 대기와 온도는 이웃한 행성인 금성이나 화성과 비슷하다는 것을 알 수 있다. 그럴 경우 지구의 환경은 지금보다 훨씬 혹독하여 오늘날 지구 생명체 대부분이 살아갈 수 없을 것이다. 만일 지구의 온도가 평균 섭씨 290도에서 50도 상하로 오르내린다면 미생물 외에는 살아남지 못할 것이다. 그런데 보잘것없는 미생물들이 지구를 산소가 풍부한 행성으로 변화시켰다. 그리고 이러한 대기 구성비율의 변화를 통해 지구는 생명체가 살기 적당한 온도로 유지되어온 것이다. 그런데 오늘날의 지구 환경은 처음부터 이런 상태로 주어진 것이 아니라 생명이 출현하여 변화시킨 결과이며, 생태계는 지구라는 행성과 결합되어 하나의 유기체와 같은 살아 있는 시스템을 형성하고 있다는 것이다. 약 30억 년 전 지구에 출현한 박테리아나 남조류 등은 대기 중의 이산화탄소를 호흡하고 산소를 배출하는 과정을 통해서 원시 지구의 대기를 변화시켜 산소호흡을 하는 각종 유기 생명체가 번성할 수 있는 조건으로 만들어주었다. 이후 등장한 다양한 생명체들은 보다 강력하고 안정적인 자기조절능력을 지닌 생명 시스템을 형성하였다. 맨눈으로는 잘 보이지 않는 바이러스나 남조류로부터 커다란 고래나 참나무 숲에 이르기까지, 이들은 서로 협동하면서 지구를 살아 있는 시스템으로 유지시키고 있다.

이를 기독교 신학으로 성찰해보면 새로운 통찰력을 얻을 수 있다. 기독교 신앙은 이 세상 만물이 창조주 하나님의 피조물이라고 선포한다. 그런데 가이아 가설에 따르면 미생물을 포함한 다양한 지구 생명체들이 지금의 지구를 만들어내었다. 이 두 가지 언술을 하나로 연결시키면 지구의 뭇 생명들은 '피조된 공동창조자'Created Co-creator 라는 것이다. 즉 하나님의 창조사역의 주인공들이다. 이러한 신학적 세계관은 한편으로는 오랫동안 자연을 대상화시키고 비주체화시킨 서구의 유일신론의 한계를 극복하게 해주며, 다른 한편으로는 자연을 신성시하는 범재신론적 세계관과 대화할 여지를 넓혀준다. 또한 가이아 가설은 자연에 대한 인간의 지배와 정복을 반성하게 하는 한편 인간의 착취로 인해 파괴된 자연과 인간, 자연과 신의 관계를 화해시키고 회복하게 하는 길을 찾을 수 있게 해줄 것이다.

▌ 가이아의 여신

우주와
인간

근대과학은 우리에게 이 우주가 얼마나 크고 오래되었는지 알려주었다. 공간적으로 볼 때 우주의 크기는 인간의 언어로 도저히 표현할 수 없을 정도로 크기 때문에 그 속에서 인간은 티끌보다도 작은 존재다. 지구에 비해 지름이 약 백배이며 태양계의 질량 대부분을 차지하는 태양조차도 우주 안에서는 극히 보잘것없다. 왜냐하면 태양은 수 천억개의 은하들이 각각 수 천억개씩 품고 있는 별들 중 하나에 불과하기 때문이다. 시간적으로 봐도 약 138억년에 달하는 우주의 역사에 비해 인간의 역사는 비교대상이 될 수 없을 정도로 짧다. 그렇다면 우주는 인간과 아무런 관련이 없을까? 우주는 그 자체로 너무 크고 긴 역사를 지녔으므로 티끌보다도 작은 존재인 인간이 있든 말든 아무런 관계가 없는가?

옛날에는 지구가 우주의 중심이라고 믿었었다. 인간이 사는 지구를 중심으로 해와 달과 천체들이 회전한다고 생각했기 때문이다. 그리고 지구의 주인공은 바로 만물의 영장인 인간이 아닌가? 그런데 코페르니쿠스는 조심스럽게 "어쩌면 지구가 아니라 태양이 천체들의 회전운동의 중심일지 모른다"는 가설을 제안하였다. 이로부터 시작된 근대과학의 우주론은 천체의 중심이라 믿었던 태양조차도 그저 우리 은하의 한구석으로 밀어 내버렸다. 보다 정확히 말하자면 태양은 지름이 약 10만 광년의 크기인 우리 은하의 중심으로부터 약 3만 5천 광년 떨어진 나선 팔에 위치하며 대략 2억년에 한 바퀴씩 은하를 중심으로 공전한다. 이러한 과학적 사실에 비추어 영국의 유명한 천체물리학자 스티븐 호킹은 "과학의 역사는 인간이 우주의 중심이 아니라는 사실을 밝혀온 과정"이라고 말한 적이 있다. 실상 오래전부터 인류는 신과 인간을 중심에 놓고 세계관을 구성하였다. "인간이 우주의 중심"이라는 믿음이 주로 종교에 의해 표현되었다는 점을 고려하면, 스티븐 호킹의 이 말 속에는 넌지시 종교적 세계관의 종식을 고하는 메시지가 담겨 있다고 해석할 수도 있다.

"인간은 우주의 중심이 아니다!" 일반적으로 맞는 얘기일 것이다. 하지만 광대한 우주의 기원과 역사, 규모와 특징을 알아낸 존재가 인간 외에 또 존재한다는 사실은 아직 확인되지 않았다는 점에서 여전히 인간은 우주 내에서 매우 특별한 존재다. 설령 외계 지적 생명체Extra-Terrestrial Intelligence의 존재를 확인한다 하더라도, 인간이 지닌 지성이 우주의 진화 과정을 거쳐 출현했으며, 인간의 지성이야말로 우주를 이해할 수 있게 해주는 유일한 속성이라는 점을 고려하면, 지성을 지닌 존재로서 인간을 포함한 우주의 지적 생명체는 여전히 매우 특별한 존재다. 그래서 아인슈타인은 "우주를 연구하면서 내가 가장 이해하기 어려운 점은 우주가 인간의 지성으로 이해 가능하다는 사실"이라는 의미심장한 말을 남겼다. 언뜻 보기에 물질로 이루어진 물리적 우주는 인간과 무관해 보이지만, 어쩌면 인간과 우주 사이에 불가분의 상호관계가 있을지도 모른다는 발상의 전환이 이루어졌다. 그러한 발상의 전환은 '우주론적 인류원리'Cosmological Anthropic Principle 라는 용어로 표현되었다.

'우주론적 인류원리'라는 용어는 1974년 브란든 카터Brandon Carter, 1942에 의해 처음 소개되었다. 그는 우리 우주의 특성과 구조를 결정하는 여러 가지 물리량들이 결과적으로 인간의 출현을 허용하도록 놀라울 만큼 부합된다는 측면을 발견하고, 이를 강조하기 위해 이 용어를 사용했다. 과학자들은 우주가 지금과 같은 모습으로 존재하고 또한 그 안에 탄소복합분자를 근간으로 하는 생명체가 탄생하기 위해서는 물리적으로 여러 가지 제한된 조건이 있다는 것을 깨닫게 되었다. 빅뱅우주론에 대한 연구가 심화되면서 우주가 저절로, 자연스럽게 존재하는 것이 아니라 극단적으로 까다로운 물리적 조건에 부합되어야만 존속할 수 있다는 점을 알게 되었다. 그 물리적 조건이란 우주의 특성을 결정하는 근본적인 상수constants 들로서 우주의 팽창률, 중력, 전자기력의 값이 매우 정교하게 조율되어야 한다는 뜻이다. 놀라운 것은 이 우주가 자체적으로 마치 이러한 조건들을 미리 알았던 것처럼, 아니면 아주 주도면밀한 조물주에 의해 우주가 정교하게 만들어진 것처럼 이 모든 조건들을 충족시키고 있다는 것이다. 예를 들면, 지금 우리의 우주는 아슬아슬한 임계 팽창률을 유지함으로써 존속하고 있는데, 만일 우주의 팽창률이 수억 분의 일만 컸다면 우주 내의 밀도가 너무 작아 지금쯤 물질들은 온 우주에 가스로 널리 퍼져 버리고 그 내부에 은하나 별들이 형성될 수 없었을 것이며, 반대로 팽창률이 수억 분의 일만 작았어도 우주는 중력에 의해 한 점으로 수축되었을 것이다. 원자 내의 양성자와 전자의 전하 값이 극도로 미세한 수치만큼만 현재와 달랐더라도 오늘날 우리가 볼 수 있는 물질은 전혀 형성될 수 없다는 것이다. 물질이 형성되지 않았다면 생명의 진화 및 인류의 출현은 아예 불가능한 일임이 자명하다. 이러한 우주의 특성은 우주에 내재된 '미세 조정'fine-tuning 이라는 말로 표현된다. 과학자들에 의해 관측된 여러 가지 '미세 조정'의 증거들은 과학자들과 철학자들과 그리고 신학자들 사이에서 소위 '인류원리' anthropic principle 라 불리는 우주론에 관한 뜨거운 논쟁을 불러일으켰다. 카와 레스B. J. Carr and M. J. Ress는 1979년 「네이처」를 통해 이렇게 주장하였다. "우주 안에서 진화해온 생명체의 존재 가능성은 몇 가지 물리적 상수의 값에 의존한다. 그리고 생명체의 가능성은 이 숫자 값들에 특별한 주의를 기울일 만큼 놀라울 정도로 민감하다."

　　인류원리의 핵심적인 문제제기는 "우리가 우주를 보고 있는 이유는 바로 우리가 존재하기 때문이다"라는 말로 표현된다. 인류원리는 인간과 같은 지적 생명체가 시공간 안에 발달할 수 있는 조건은 몇몇 아주 제한된 시공의 한계 안에서만 만족된다고 설명한다. 어쩌면 무수히 많은 수의 우주가 존재했지만 우리 우주를 제외한 다른 우주는 생명체의 진화를 허용할 수 없었는지도 모른다. 이러한 생각은 다음과 같은 우화로 비유될 수 있다. "우주의 놀라운 조화도 그리 놀랄 일만은 아니다. 만일 우리가 수백만 마리의 원숭이가 수백만 년 동안 타자기 공장에서 버려진 타자기를 두드릴 경우 그중 하나가 우연히 셰익스피어의 햄릿에 나오는 첫 구절을 타이핑하는 일이 일어날 수 있는 것을 상상한다면 말이다."

빅뱅으로 탄생한 무수한 우주 중에서 오로지 특정한 조건을 충족한 우리 우주에서만 생명과 인간이 출현하였고, 그 인간들이 수 만 년 동안 밤하늘을 바라보면서 상상으로 꾸며낸 옛날 이야기를 들려주더니 마침내 우주의 기원과 역사에 관해 정확한 과학적 사실을 알

▌ 인간과 우주의 관계:
만일 광대한 우주를 아무도 이해하지 못한다면 우주는 얼마나 외로울 것인가?

게 된 것이다. 우주는 시공간의 사이즈로서는 인간과 비교할 수 없을 정도로 큰 존재이지만 인간과 상통한다. 왜냐하면 물질-에너지 덩어리로 시작된 우주가 그 안에 생명과 인간을 탄생시켰기 때문이다. 우주가 인간에 의해 이해되고 설명되는 결과가 이루어지기 위해서는 반드시 우주의 법칙에 생명과 인간의 출현을 허용하는 조건이 만족되어야 한다. 그리고 인간은 자신을 낳아준 우주에 대한 보답으로서 상상의 날개를 펼쳐 종교와 과학의 이야기를 우주에게 들려주었다.

우리는 어디서 와서 어디로 가는가?

1. 과학 이야기: 우리는 별에서 와서 별로 돌아갈 것이다.

우리는 별에서 왔다. 우리 몸을 구성하는 물질의 기원은 수소를 제외하고 모두 별의 내부에서 만들어졌다. 가장 먼저 생겨난 수소와 헬륨은 빅뱅이 일어나고 얼마 지나지 않아 만들어졌다. 수소와 헬륨 외에 대부분의 다른 원소들은 모두 별이 폭발하면서 만들어졌다. 태양보다 질량이 몇 배나 무거운 초신성이 폭발하면서 탄소를 비롯하여 우리 몸을 구성하는 데 필수적인 무거운 원소들을 만들어 우주 공간에 흩뿌려 놓았고 그것들이 지구에 모여 생명이 탄생하고, 오랜 진화의 과정을 거쳐 마침내 우리가 출현하기에 이르렀다. 그러므로 우리는 모두 별에서 왔다. TV드라마 '별에서 온 그대'의 주인공만 별에서 온 것이 아니라 우리도 사실 별에서 왔다. 그런데 많은 사람들은 자신이 별에서 온 존재라는 사실을 모르고 있다.

우리는 별로 돌아갈 것이다. 먼 훗날, 아주 먼 훗날 우리는 다시 별로 돌아갈 것이다. 약 50억년 후에는 태양이 적색거성red giant이 될 것이다. 지난 세월처럼 미래에도 계속 에너지를 우주공간으로 방출하는 태양은 에너지-질량 등가의 법칙에 따라 질량을 잃게 되고 중력도 약해지게 된다. 중력이 약해지면 팽창력을 억제하지 못해 부풀어오르기 때문이다. 거대한 적색거성으로 커진 태양은 마침내 지구의 공전궤도를 삼키게 될 것이고 언젠가 한때 우리 몸을 구성하고 있는 원소들이 그때까지 지구에 남아 있다면 그것들도 모두 적색거성의 몸속으로 들어가게 될 것이다. 결국 우리는 우주에서 태어나 우주로 돌아간다. 더 먼 미래에는 어쩌면 우리를 포함한 우주의 모든 별들과 먼지들이 하나의 점으로 모여 녹아버릴지도 모른다. 그렇지 않다면 우주는 점차 식어갈지도 모른다. 식고 식어서 마침내 더 이상 차가와질 수 없을 정도로 온도가 내려가면 차가운 죽음의 우주가 영원으로 이어질지도 모른다.

2. 신학 이야기:
우리는 하나님으로부터 와서 하나님께로 돌아갈 것이다.

우리는 하나님으로부터 왔다. 하나님은 사랑에 겨워 스스로 세계를 창조하셨다. 하나님의 사랑이 없었다면 창조는 없었을 것이다. 하늘의 빛나는 별과 아름다운 지구도 만들어지지 않았을 것이다. 세계 안에서 일어나는 모든 일을 지켜보시며 늘 그 가운데 계신 그분의 사랑은 계속 솟아나 바다와 땅과 하늘에 수많은 종류의 생명을 지어내셨다. 아름다운 세계에 진귀한 생명들이 가득하여 그분은 매우 기뻐하셨다. 그럼에도 불구하고 중요한 한 가지가 빠져 있었다. 바로 피조물 가운데 하나님을 알고 그분의 사랑을 찬양하는 존재가 있어야 했던 것이다. 그리하여 마침내 당신의 형상을 지닌 사람을 만드셨다. 사람은 창조주의 형상과 본성을 지녔기 때문에 피조물 가운데 가장 놀라운 걸작이 되었다.

우리는 하나님께로 돌아간다. 피조물이 하나님을 알려면 지성을 필요로 했다. 인간이 지성을 가진 존재로서 사랑이신 하나님을 알게 되었을 때 동시에 죽음의 운명도 깨닫게 되었다. 창조주의 존재를 알게 되고 그분의 본질이 사랑이심을 알게 된 것은 엄청난 기쁨이었다. 그러나 이와 동시에 우리의 내면에는 창조주를 부인하려는 유혹이 뱀처럼 똬리를 틀고 도사리고 있으며, 결국 우리 앞에는 죽음이 입을 벌리고 기다리고 있다는 것을 알게 되자 심연의 절망에 빠지게 되었다. 다행스럽게도 하나님은 이러한 절망으로부터 구해줄 분을 우리에게 보내주셨다. 우리와 똑같은 한계를 지닌 인간으로서 증오와 죽음의 세력이 지배하는 가운데서도 결국 궁극적으로 사랑이 죽음을 이긴다는 것을 보여주신 그분으로 말미암아 우리는 다시 희망을 갖게 된 것이다. 이 희망이 우리를 그분께로 인도할 것이다.

3. 과학과 신학이 함께 나누는 이야기

인간은 과학을 통해 가장 놀라운 업적을 이룩하였다. 광대한 우주의 기원을 밝혀냈고, 생명의 진화 과정을 훌륭하게 설명해냈다. 과학은 또한 기술의 발전을 가능하게 하였고, 과학기술은 우리의 꿈을 현실로 만들어주었으며 그 외에도 무수한 혜택을 가져다주었다. 과학은 진리의 안내자이자 만능의 도깨비 방망이인 것이다. 내게 있어서 과학의 위대성은, 불가능을 가능케 해주는 그 실용성보다는 호기심에 사로잡힌 우리들을 진리로 인도하는 믿을 만한 구도자라는 점에서 더 크게 부각된다. 과거에는 도무지 알 수 없었던 우주와 생명과 인간의 기원에 관해 과학이 진리의 근사치에 가까운 거의 정확한 이야기를 말해줄 수 있는 시대에 살고 있다는 것은 큰 축복이 아닐 수 없다. 우리가 과거의 어느 한 시점에 태어나, 우주와 생명의 역사에 대해 궁금한 것은 많은데 제대로 아는 이가 주변에 아무도 없어서 이에 대해 정확한 설명을 들을 길이 없었다면 얼마나 답답했겠는가? 이런 점에서 과학은 숭배를 받아 마땅하다.

하지만 과학, 혹은 과학기술은 두 얼굴을 지니고 있다. 오늘날 온 세계의 바다 속에 크고 작은 플라스틱을 둥둥 떠다니게 하여 고래와 물고기를 죽음으로 몰아가도록 원인을 제공한 것은 과학이다. 우리가 매일매일 미세먼지에 시달리게 된 것은 무엇 때문인가? 공장식 축산 시스템 속에서 사육되는 날개 달린 동물과 네 발 달린 동물들이 조류독감과 구제역으로 대규모로 살처분되는 끔찍한 일이 매

년 반복되고 있다. 과학이 도입되기 전에 농부들이 소박하게 마당에서 동물을 기르던 시절에는 일어나지 않았던 재앙이다. 남들보다 앞서서 과학 연구의 결과를 가장 전략적으로 이용하는 것은 언제나 자본 세력이다. 그들이 전 세계 시장에 대한 독점적 지배를 강화하고 이윤 추구를 극대화함으로써 부의 양극화는 심화되고 분쟁이 빈번하게 발생하고 있으며, 이로 인해 난민과 이주민이 폭발적으로 증가하고 있다. 인공지능은 어떠한가? 정말로 머지않은 미래인 2045년경 4차 산업혁명에 본격적으로 들어서고, 인공지능 속에서 지능의 폭발이 일어나 강한 인공지능이 출현한다면 과연 인류의 생존을 보장할 수 있을까?

무엇보다 가장 섬뜩한 과학의 얼굴은 인류를 절멸시킬 수 있는 핵무기다. 핵무기가 개발되기 전까지 인간이 손에 쥐었던 강력한 무기는 '블록버스터'Blockbuster였다. 블록버스터는 흔히 할리우드 영화의 한 장르, 혹은 비디오 대여점 이름으로 보다 친숙하게 알려진 단어지만, 본래는 도시의 한 구역Block을 통째로 날릴 수 있는 파괴력을 가진 폭탄에 붙여진 이름인데, 이 초대형 고폭탄은 TNT 약 20톤 규모의 폭발력을 지녔었다. 제2차 세계대전 중에 이 폭탄들이 아름다운 유럽의 도시 위로 투하되었다. 그런데 히로시마에 투하된 인류 최초의 핵폭탄은 TNT로 환산하자면 약 20킬로톤에 해당한다. 블록버스터 1천개의 위력인 셈이다. 히로시마에 투하된 하나의 원자폭탄으로 인해 약 10만 명 가량이 희생되었다. 1950년 들어 미국이 개발한 최초의 수소폭탄은 약 15메가톤의 폭발력을 지녔는데 이는 히로시마 원자폭탄의 거의 1천배에 해당한다. 만일 서울 같은 대도시에 수소폭탄이 투하될 경우 살아남는 사람이 거의 없을 정도로 그 살상규모와 파괴력은 상상을 초월한다. 참고로 최근 북한이 개발한 핵무기는 50-100킬로톤 사이의 규모로 히로시마 원자폭탄의 5배 정도다. 오늘날 미국과 러시아는 수만 기의 핵무기를 보유하고 있다. 『코스모스』의 저자 칼 세이건은 인류가 보유한 핵폭탄에 담긴 폭발력의 총량을 계산하면 전 세계의 모든 가정에 초대형 고폭탄, '블록버스터'를 하나씩 나눠주고도 남을 정도라고 말했다. 어찌 보면 인류는 참으로 제정신이 아닌 것 같다. 저 높은 곳에서 내려다보면 마치 어린아이들이 놀이터에서 수류탄과 폭탄을 가지고 노는 모습과 비슷하지 않을까?

이제 산책을 마치기에 앞서 중요한 질문 하나를 던지고자 한다. 우리 인류는 앞으로 언제까지 살아남을 수 있을까? 인류는 앞으로 50년, 100년, 500년, 아니 1,000년 동안 생존할 수 있을까? 미래를 가늠하기 전에 과거를 살펴보면 1,000년은 그리 긴 시간은 아니다. 우리는 선조들이 이어온 5,000년이 넘는 문명의 역사, 10,000년이 넘는 농경의 역사를 알고 있다. 그렇다면 우리 인류는 앞으로도 10,000년, 아니 100,000년 이후에도 살아남을 것이라 기대해도 좋을까?

우리의 후손들이 먼 미래에도 살아남기 위해서는 발달하는 과학에 상응하여 반드시 지녀야 할 한 가지 능력이 필요하다. 무엇인가? 그것은 과학의 파괴력을 통제할 수 있는 인류의 도덕적 능력이다. 과학기술의 위력은 시간축을 따라 기하급수 곡선을 그리며 가파

르게 성장해왔다. 과학기술은 시간이 지남에 따라 불가피하게 대중화되고 확산되는 경향이 있다. 첨단 과학기술도 처음에는 소수의 집단만이 소유했지만 시간이 갈수록 점차 보다 많은 사람들이 손쉽게 접하게 되는 것이다. 극단적인 예로 미래에 소규모의 테러 집단이 강력한 수소폭탄 규모의 핵무기를 손에 쥐게 된다면 어떤 일이 벌어질 것인가? 핵무기 외에도 자원 문제, 에너지 문제, 기후변화 문제, 환경파괴와 오염 문제, 식량 문제, 신종 바이러스 문제…. 이 모든 문제를 슬기롭게 극복하고 인류가 살아남기 위해서는, 반드시 타자와 공존하고 더불어 살아갈 수 있는 도덕적 능력과 지혜가 필수적이다. 바로 이런 점에서 필자는 과학이 지배하는 21세기인 오늘날에도 여전히 십자가에 달리시기까지 미움이 아닌 사랑을, 탐욕이 아닌 희생의 삶을 보여주신 그분을 그리스도, 즉 구세주라고 고백한다. 물론 그분과는 다른 하늘 아래서 잘 아는 이웃과 잘 모르는 낯선 이웃과도 함께 어울려 평화롭게 살아갈 수 있는 길을 보여주신 모든 성현들과 예언자들의 가르침도 그분이 보여주신 길과 근본적으로 다르지 않을 것이라고 생각한다. 이제 산책을 마친다. 산책에 동행해준 독자들에게 감사의 인사를 전한다.

신학자의 과학 산책
과학과 신학의 경계를 걷다

Copyright © 김기석 **2018**

1쇄 발행 2018년 7월 17일

지은이 김기석
펴낸이 김요한
펴낸곳 새물결플러스

편 집 왕희광 정인철 최율리 박규준 노재현 한바울 신준호
정혜인 이형일 서종원 조광수
디자인 이성아 이재희 박슬기 이새봄
마케팅 박성민 이윤범
총 무 김명화 이성순
영 상 최정호 조용석 곽상원
아카데미 유영성 차상희

홈페이지 www.holywaveplus.com
이메일 hwpbooks@hwpbooks.com
출판등록 2008년 8월 21일 제2008-24호
주 소 (우) 07214 서울특별시 영등포구 양평로 11, 4층(당산동5가)
전 화 02) 2652-3161
팩 스 02) 2652-3191

ISBN 979-11-6129-070-6 03230

책값은 뒤표지에 있습니다.

이 도서의 국립중앙도서관 출판예정도서목록(CIP)은 서지정보유통지원시스템
홈페이지(seoji.nl.go.kr)와 국가자료공동목록시스템(nl.go.kr/kolisnet)에서
이용하실 수 있습니다. CIP2018021243